Doreen Virtue
Die Engel-Therapie

Doreen Virtue

Die Engel-Therapie

Grundlagen und Praxis
der Heilarbeit mit den Engeln

Aus dem Amerikanischen übersetzt
von Angelika Hansen

Die Originalausgabe erschien 2011 unter dem Titel
ANGEL THERAPY HANDBOOK
im Verlag Hay House, Inc., Carlsbad, CA, USA

Allegria ist ein Verlag der Ullstein Buchverlage GmbH
Herausgeber: Michael Görden

4. Auflage 2012

ISBN: 978-3-7934-2207-5

Übersetzung: Angelika Hansen
Umschlaggestaltung: FranklDesign, München
Titelabbildung: Hay House Inc.
Satz: Keller & Keller GbR
Gesetzt aus der Goudy Old Style
Druck und Bindearbeiten: CPI – Clausen & Bosse, Leck
Printed in Germany

Für Gott, den Heiligen Geist,
die Erzengel und Engel

Inhalt

Einführung

Die Anfänge der Engel-Therapie[1]

Als Kind habe ich immer mit den Engeln Kontakt aufgenommen, wenn ich mich einsam, traurig oder ängstlich fühlte. Sie erschienen als tanzende bunte Lichter, wie große Christbaumkugeln, die anmutig um mich herumschwebten. Ich hatte das Gefühl, als kämen sie aus einer anderen Dimension, und jedes Mal hörte ich bei ihrem Erscheinen wunderschöne überirdische Musik. Was immer es mit diesen Engeln auf sich hatte, fest steht, dass ihre Gegenwart mich tröstete.

Ich wuchs in einer nichttraditionellen christlichen Familie auf, wo das Studium der in der Bibel beschriebenen Heilungen, die Jesus vollbracht hatte, mit positiven Affirmationen und Visualisierungen kombiniert wurde. Meine Eltern benutzten diese Hilfswerkzeuge bei allen Situationen des täglichen Lebens. Als wir zum Beispiel ein neues Auto brauchten, das unser kaputtes altes ersetzen konnte, wurden mein Bruder und ich aufgefordert zu visualisieren, dass draußen in der Einfahrt ein neues Auto stand. Mein Vater kaufte sogar ein kleines Spielzeugmodell des Autos, das er manifestieren wollte (und malte es mit brauner Farbe an, weil er diese Farbe mochte). Kurz darauf hatten wir tatsächlich dieses neue braune Auto, genau wie wir es visualisiert hatten.

Ich erinnere mich, wie meine Mutter unsere Kinderkrankheiten und Verletzungen mit Beten heilte. Außerdem betete sie darum, dass unsere defekte Waschmaschine und ähnliche Apparaturen repariert werden, bis sie wieder funktionierten. Diese Gebete waren einzig und allein an Gott und Jesus Christus gerichtet. Engel waren lediglich an Weihnachten und am Valentinstag Teil unseres Vokabulars, und selbst dann spielten sie nur eine untergeordnete Rolle. Während ich heranwuchs, lernte ich nach und nach die Engel kennen. Abgesehen von den tröstenden Visitationen tanzender Lichter hatte ich viele lebhafte, intensive Träume, an die ich mich auch heute noch klar erinnere, in denen ein weiser Mann mit mir die Welt und andere Planeten bereiste. Meine nachhaltigste Erinnerung dreht sich darum, wie der Weise mich zu einem Ort führte, den er »Äquator« nannte, und mir einen ungeheuer breiten Fluss rot glühender, feuriger Lava zeigte, der sich durch diesen Ort wälzte.

Dann eines Tages, als ich ungefähr sechs oder sieben Jahre alt war, ging ich auf dem Weg zur Bibelstunde an unserer Kirche vorbei. Plötzlich schien die überirdische Engel-Energie, die ich schon kannte, durch meinen Körper zu schießen. Ich fühlte, wie ich hoch über dem Bürgersteig schwebte, und merkte mit Entsetzen, dass ich auf mich selbst hinunterschaute! Die Zeit schien vorübergehend stillzustehen, während eine körperlose männliche Stimme mich aufforderte, mich selbst zu betrachten. Dann sagte er:

»Dies ist deine Aufgabe, diese Trennung von Körper und Geist.«

Genauso schnell, wie ich hinausgeschossen war, war ich wieder zurück in meinem Körper, verwirrt über das, was soeben passiert war.

* * *

Im Laufe meines Lebens hatte ich immer wieder Engel-Visitationen. Darüber hinaus habe ich häufig Personen gesehen, die nach Aussage anderer Leute nicht da waren. Heute weiß ich, dass ich schon in jungen Jahren das Talent zum Medium hatte. Von meinen Mitschülern wurde ich gehänselt, weil ich »komisch« und irgendwie anders war als sie. Von Natur aus ein scheues, sensitives Kind, erzählte ich anderen Menschen selten von meinen ungewöhnlichen Erlebnissen, um zusätzlichen Spott zu vermeiden. Jedoch führte ich lange, private Gespräche mit meinen geistigen Führern. Als ich zum Beispiel Anfang zwanzig zu viel Zeit auf Partys verbrachte, sagten sie mir klar und deutlich, dass ich mein Leben vergeuden würde, so als würde ich es in den Mülleimer werfen. Das verfehlte seine Wirkung nicht und veranlasste mich, mein Leben zu ändern. Als ich ein paar Jahre später wieder begann, Wein zu trinken, hörte ich eine Stimme, die mir deutlich sagte: »Höre mit dem Trinken auf und melde dich zu *Ein Kurs in Wundern* an!« Ich folgte diesem Rat, was mir großen Segen und Freude brachte.

Während schwieriger Zeiten standen mir meine Führer mit jeder Menge Unterstützung zur Seite. Als junge Mutter hatte ich zum Beispiel mit finanziellen Schwierigkeiten zu kämpfen. Doch jedes Mal, wenn ich Geld für Lebensmittel brauchte, kam es auf magische Weise zu mir. Entweder fand ich im letzten Moment einen Hundertdollarschein auf der Straße oder gewann Geld in einem Preisausschreiben und konnte damit meine Familie ernähren oder die Miete bezahlen.

Die Engel halfen mir, mein Leben so einzurichten, dass ich mich im Allgemeinen gesund und zufrieden fühlte. Dennoch erzählte ich nur meinen nächsten Familienangehörigen und engsten Freunden von den Visionen und der göttlichen Führung, die mir zuteilwurde.

Abends ging ich aufs College, tagsüber arbeitete ich als Sekretärin bei einer Versicherung und zog meine beiden Söhne groß. Es war harte Arbeit, doch ich fühlte mich dazu angeleitet, Psychologie zu studieren. Also hielt ich durch. Schließlich schloss ich mein Studium an der Chapman University in Kalifornien mit einem B. A. und M. A. in beratender Psychologie ab. Während meines Studiums war ich ehrenamtlich in einem Suchtzentrum für Alkoholiker und Drogenabhängige in Palmdale, Kalifornien, tätig, bis man mir nach einiger Zeit einen Vollzeitjob als psychologische Beraterin anbot.

Ich verließ diese Institution und wurde Leiterin des *Teen Alcohol and Drug Abuse Center* (TADAC) in Lancaster, Kalifornien. Doch da meine Leidenschaft im Bereich Essstörungs-Beratung lag, verließ ich bald darauf TADAC, um bei Dr. John Beck zu arbeiten, einem örtlichen Psychiater. Dr. Beck half mir, ein ambulantes Zentrum für Essstörungen unter dem Namen Victory Weight Management ins Leben zu rufen. Daraus entwickelte sich bald eine erfolgreiche Praxis, in der ich Patienten mit zwanghaftem Essverhalten durch Beratung, Visualisierung und Affirmationen beim Abnehmen half. Darüber hinaus gab ich meinen Klienten »Readings«, ohne sie wissen zu lassen, dass ich außersinnliche Informationen über sie erhielt.

Ich sammelte meine Fallstudien in einem Buch mit dem Titel *Das hungrige Herz*, das mein Agent bei William Morris an den Verlag HarperCollins verkaufte. Das war der Beginn einer Vielzahl von Radio und Fernsehinterviews und Vorträgen über Essstörungen. Schließlich war mein Terminplan so randvoll, dass mir keine Zeit mehr für meine Praxis und das Zentrum blieb. Eine Therapeutin, die mit mir gearbeitet hatte, übernahm das Zentrum, und ich verbrachte meine Zeit mit Schreiben, Forschen und Vorträgen.

Ich schrieb weiter Bücher über Psychologie sowie Artikel über Essstörungen und Beziehungen. Außerdem wurde ich regelmäßig zu Radio- und Fernsehtalkshows eingeladen wie zum Beispiel *Donahue*, *Geraldo*, *Ricky Lake* und Ähnliche. Ich war so viel unterwegs, dass die Angestellten beim United-Airlines-Ticketschalter auf dem Flughafen in Los Angeles mich stets sofort mit meinem Namen ansprachen, sobald sie meiner ansichtig wurden, was in Anbetracht der Tatsache, dass sie jeden Tag Tausende von Kunden abfertigen, bemerkenswert ist.

Doch trotz meines offensichtlichen weltlichen Erfolges fühlte ich mich innerlich hohl. Es schien, als würde ich an meiner Lebensaufgabe vorbeigehen. Sicher, ich half Menschen. Doch es war noch nicht wirklich »das Wahre«, irgendetwas fehlte. In der Folgezeit arbeitete ich noch in ein paar weiteren Krankenhäusern und Kliniken, fühlte mich jedoch immer mehr wie ein Hamster in seinem Laufrad, der immer weiterrennt und sich nie einholt. Ich fühlte mich irgendwie daneben, nicht wirklich zentriert, hatte jedoch keine Ahnung, was ich tun sollte, um mich besser zu fühlen.

Ich dachte, eine Privatpraxis würde vielleicht eher meinen Neigungen entsprechen, verabschiedete mich von den Krankenhäusern und Kliniken und begann, meine Sessions telefonisch und in Anwesenheit durchzuführen. Auf diese Weise fühlte ich mich etwas wohler, doch die Leere war nach wie vor da. Ich erkannte das Gefühl als eine Art »existenzieller Angst«, bei der man nach einem Sinn und einer echten Aufgabe sucht in der beruhigenden Versicherung, dass das, was man tut, tatsächlich sinnvoll ist.

Immer wieder erhielt ich die innere Führung, spirituelle Themen zu unterrichten, widersetzte mich jedoch aufgrund meiner Kindheitserinnerungen, wo man mich hänselte, weil ich »komisch« und anders war. Also machte ich einen Kompromiss, indem ich einige spirituelle Grundsätze in die Bücher und Artikel integrierte, die ich schrieb. Nach außen hin verhielt ich mich weiterhin »normal«, während ich privat mit zunehmenden Angstgefühlen fertig werden musste, weil ich spürte, dass irgendetwas in meinem Leben fehlte.

Nun, manche Menschen müssen erst einmal auf dramatische Weise an einem absoluten Tiefpunkt ankommen, bevor sie ihn als Wake-up-Call erkennen und anfangen, auf ihre innere Führung zu hören. An jenem Zeitpunkt in meinem Leben ging es mir so! Am 15. Juli 1995 erhielt ich *meinen* Wake-up-Call, der mein Leben ein für allemal veränderte.

Ich war gerade dabei, mich in Newport Beach, wo ich wohnte, für den Tag bereit zu machen, als ich eine laute und klare männliche Stimme hörte, die in mein rechtes Ohr sprach und sagte: »Du solltest das Verdeck deines Wagens lieber zumachen, oder er wird gestohlen.«

Ich wusste, was die Stimme meinte. Mein weißer BMW Cabrio 325i stand in der Garage, das schwarze Stoffverdeck offen, das weiße Interieur jedem zugänglich. Mit offenem Dach war das Auto ein Hingucker und zog viele Blicke auf sich. Wenn das Verdeck geschlossen war, schaute keiner zweimal hin.

Ich hatte weder Zweifel an der Realität der Stimme noch empfand ich es als seltsam, eine Konversation mit einer körperlosen Stimme zu haben. Stattdessen sagte ich der Stimme, dass der elektrische Motor, der das Verdeck meines Wagens kontrollierte, kaputt war und ich daher keine Möglichkeit hatte, das Dach zu schließen.

Anstatt mit mir zu streiten, wiederholte die Stimme einfach: »Du solltest das Verdeck deines Wagens lieber zumachen, oder er wird gestohlen.« Als ich der Stimme noch einmal sagte, dass ich das Dach nicht von Hand schließen konnte, sagte sie einfach: »Dann soll Grant es tun.«

Ich war verblüfft und hatte plötzlich das Gefühl, als wäre ich in einem Fischglas. Die Stimme – der Engel – wusste, dass mein damals 14-jähriger Sohn Grant in diesem Moment in seinem Zimmer war. Und es stimmt, Grant hätte das Dach wahrscheinlich wirklich wieder hochziehen können. Doch die ganze Sache machte mich nervös, und außerdem war ich schon spät dran für den Gottesdienst. Also verabschiedete ich mich von Grant, rannte aus dem Haus und betete auf der Fahrt zur Kirche, dass alles gut gehen möge. Ich visualisierte, wie mein Auto von weißem Licht umgeben war. Heute weiß ich, dass diese Anrufung eine Möglichkeit ist, die Engel zu bitten, uns zu beschützen, da Engel intelligente und lebendige Wesen aus *weißem Licht* sind.

Als ich den Lincoln Boulevard in Anaheim hinunterfuhr, fühlte ich eine schwere negative Energie, so als würde jemand mich und mein Auto mit giftiger Farbe übergießen. Mein erster Gedanke war: *Man hat mich gesehen!* – genau wie ein Beutetier im Zielfernrohr eines Jägers. Ich betete noch intensiver, als ich in den Parkplatz vor der Kirche einbog.

Ich parkte meinen Wagen, schnappte Schlüssel, Handtasche und einen Kassettenrekorder und stieg aus. Im nächsten Moment hörte ich die laute Stimme eines Mannes hinter mir, der mir Flüche entgegenschrie und meine Schlüssel und Handtasche verlangte.

Ich drehte mich um und sah einen finster blickenden Mann, der mich mit etwas bedrohte, das wie eine Pistole aussah. Hinter ihm stand sein Kumpan neben einem Auto mit laufendem Motor.

Ich sah auf Anhieb, dass der Mann, der mich bedrohte, beträchtlich kleiner war als ich. Seine Augen waren weit aufgerissen vor Angst. Ich wusste intuitiv, dass er, als er mich zum ersten Mal gesehen hatte, nicht erwartet hatte, dass ich so groß war (ca. 1,75 m, außerdem trug ich an diesem Tag Schuhe mit sehr hohem Absatz) und dass er schon jetzt Angst vor seiner eigenen Courage hatte.

Außerdem war mir sofort klar, dass ich finanziell ins Schleudern kommen würde, wenn ich ihm meine Schlüssel gab, so wie er es forderte. Denn wissen Sie, mein Auto war abbezahlt, und ich hatte nur eine Minimalversicherung, die mir im Falle eines Diebstahls keinen einzigen Cent geben würde, daher war ich wild entschlossen, mein Auto nicht zu verlieren! Die Stimme des Engels, der kurz zuvor mit mir gesprochen hatte, meldete sich erneut. Sie sagte:»Schrei, so laut du kannst, Doreen!« Dieses Mal stritt ich nicht mit der Stimme, sondern schrie so laut ich es vermochte in einem Ton, der tief aus meinem Bauch kam. Es fühlte sich wie ein Urschrei an, so als hätte ich die Energie einer inneren Höhlenfrau angezapft. Ich sah, wie die Augen des Mannes immer größer wurden, während er vor mir zurückwich.

Ich warf meinen Kassettenrekorder in seine Richtung und schrie weiter, bis eine Frau, die in ihrem geparkten Auto saß, aufsah und die Situation erkannte. Sie drückte sofort so lange auf ihre Hupe, bis einige Leute aus der Kirche gerannt kamen, um zu sehen, was los war. Als sich immer mehr Zeugen auf dem Parkplatz einfanden, wurde es den beiden Männern offenbar mulmig; sie hechteten in ihren Wagen und rasten davon.

Ich fiel vor lauter Schock und Dankbarkeit auf die Knie. Ich lebte noch! Mein Auto und meine Handtasche hatte ich auch noch. Mir drehte sich der Kopf, als ich erkannte, dass die körperlose Stimme schon eine Stunde vorher gewusst hatte, dass ich bedroht werden würde. Wie konnte sie das wissen?

Auf den Knien liegend, dankte ich Gott aus tiefstem Herzen, dass er mein Leben und meine Habseligkeiten beschützt hatte. Ich schämte mich, dass ich die Warnung des Engels ignoriert hatte und unnötigerweise direkt in eine lebensgefährliche Situation gelaufen war. Ich schwor, von nun an immer auf meine innere Führung zu hören! Und meine Führung war klar: Zeige so vielen Menschen wie möglich und so schnell wie möglich, dass die Engel real sind.

Am nächsten Tag, dem 16. Juli 1995, sollte ich bei einer Naturkostkonferenz in Las Vegas einen kurzen Vortrag halten und mein Buch *Der Hunger nach Liebe* signieren. Anstatt mein damals typisches Businesskostüm zu tragen, schlüpfte ich in eines meiner geliebten »Göttinnengewänder« und legte eine Halskette aus Kristallen an. Ich war bereit, mich öffentlich als spirituell orientierte Autorin zu outen und zu zeigen, wer ich wirklich war!

Außerdem begann ich, den Klienten in meiner Privatpraxis und den Lektoren meiner Magazinartikel von Engeln zu erzählen. Ich informierte die Medienproduzenten, dass ich nur dann in ihren Fernseh- und Radioshows auftreten würde, wenn sie mir erlaubten, über Gott und die Engel zu reden. Die Produzenten von *Leeza Gibbons*, *Donnay & Marie*, *Roseanne Barr* und *The View* waren einverstanden. Alle anderen schienen meinen Namen aus ihren Karteikarten zu tilgen. Nichtsdestotrotz blieb ich bei meiner Entscheidung und folgte meiner Führung, die Menschen über die Engel aufzuklären.

* * *

Es hatte den Anschein, als würden meine Klienten ihre emotionalen Probleme mithilfe der Engel viel schneller in den Griff kriegen. Eine füllige Frau namens Martha ist mir in besonderer Erinnerung geblieben: Seit fast einem Jahr hatte ich versucht, ihr bei ihrer zwanghaften Esssucht mit traditioneller Beratung zu helfen. Ursprünglich aus dem Norden, war sie Vizerektorin einer Grundschule in Südkalifornien und die erste Person in ihrer Familie mit einem College-Abschluss und einem Verwaltungsjob, worauf sie sehr stolz war.

Eines Tages fiel Martha bei der Arbeit hin. Ihr Arzt empfahl ihr eine Rückenoperation, die sie jedoch hinauszuzögern versuchte, weil sie zu große Angst hatte vor einer Anästhesie und eventuellen gesundheitlichen Folgeschäden. Martha versuchte, mit Chiropraktik, Massage und Reiki ihren Rücken zu heilen, doch der Schmerz wurde sogar noch größer, bis sie schließlich ans Bett gefesselt war und nur noch mithilfe eines Stocks gehen konnte.

Nach dem versuchten Carjacking begann ich, Engel in alle Sessions mit meinen Klienten einzuladen. Martha war da keine Ausnahme. Tage vor ihrer geplanten Rückenoperation sagte ich zu ihr: »Wenn Sie hören könnten, was Ihre Engel über Ihren Rücken sagen, was glauben Sie, würde das sein?«

Ich hatte die Botschaften ihrer Engel bereits gehört, doch hatten sie mich angeleitet, Martha zu zeigen, wie sie sie selbst hören kann. Sie sagten mir: »Wenn du ihr unsere Botschaft übermittelst, wird sie dir nicht glauben. Doch wenn sie unsere Worte mit eigenen Ohren hört, wird sie ihnen glauben und sie befolgen.«

Martha wehrte sich und protestierte: »Also ich glaube nicht, dass ich meine Engel hören kann!« Ich fühlte mich angeleitet, sie mit sanftem Nachdruck zu drängen: »Martha, wenn Sie Ihre Engel hören könnten, was glauben Sie, was sie Ihnen bezüglich Ihres Rückens sagen würden?« Die Engel sagten mir, dass eine Umformulierung der Frage in ein fantasievolles Wagnis Martha helfen würde, sich zu entspannen, auch wenn die Botschaft real ist und nicht der Imagination entspringt.

Martha tat einen tiefen Seufzer und flüsterte ihre Antwort: »Ich glaube, sie sagen, dass ich den falschen Job habe und zu weit von meiner Familie entfernt wohne.«

Jetzt war es an mir, zu seufzen, denn genau das hatte auch ich gehört! Ich fühlte, hörte und sah die Engel, wie sie uns beiden gratulierten. Ich hatte einer Klientin geholfen, ihre Engel zu hören!

Die Botschaft war absolut zutreffend, da Martha über das harsche politische Klima in der Schule geklagt hatte, in der sie arbeitete. Doch gleichzeitig hatte sie einen Horror davor, zu kündigen, da ihre ganze Familie so stolz auf ihre Karriere war!

Sie ließ sich von ihrem Arzt krankschreiben, was ihr die Gelegenheit gab, nach Hause zu fliegen und ihre Familie zu besuchen. Von dem Moment an, wo sie aus dem Flugzeug stieg, war sie wieder in der Lage, aufrecht und gerade zu stehen und ohne Stock zu laufen, was ihr vorher unmöglich gewesen war. Martha fühlte sich bei ihrer Familie so wohl, dass sie beschloss, sich in der Nähe nach einer passenden Arbeit umzuschauen.

Sie schickte eine Bewerbung an die Grundschule in ihrer Nachbarschaft, und innerhalb von zwei Wochen bekam sie die Stelle der Direktorin! Im Vergleich zu ihrer früheren Position als Vizedirektorin kam dies zudem einer Beförderung gleich. Martha nahm den Job mit Freuden an, sagte ihren Operationstermin ab und zog in die Nähe ihrer Familie. Bis auf den heutigen Tag ist sie glücklicher und gesünder, weil sie der Führung ihrer Engel gefolgt ist.

Ähnlich positive Resultate erlebten auch meine anderen Klienten immer dann, wenn sie Botschaften ihrer Engel empfingen und diese befolgten. Darüber hinaus erhielt ich himmlische Instruktionen bezüglich Heilungsmethoden, die sowohl für meine Klienten als auch für mich erstaunliche Resultate zeitigten.

Ich begann, meine Erfahrungen mit Engel-Botschaften aufzuschreiben, und beschloss, meinen amerikanischen Verleger, Hay House, zu fragen, ob sie Interesse daran hätten, dieses Material zu veröffentlichen. Bereits zuvor hatte ich Hay House ausführliche Vorschläge zukommen lassen und formal gebeten, bitte ein neues Buch von mir herauszubringen. Dieses Mal war ich angeleitet, einfach per E-Mail eine kurze Beschreibung des neuen Buches mit dem Titel *Engel-Therapie* zu schicken. Red Tracy, der Präsident von Hay House, war sofort einverstanden, das Buch zu publizieren, obwohl weder er noch ich wussten, was genau es beinhalten würde.

Allerdings hatte ich während des Schreibens von *Engel-Therapie* zuweilen entsetzliche Kopfschmerzen gehabt, ein Symptom, das ich normalerweise an mir nicht kannte. Wie es meine neue Gewohnheit geworden war, bat ich die Engel um Führung. Sie sagten mir, dass aufgrund der Tatsache, dass ich hoch vibrierende himmlische Botschaften für das Buch channelte, meine niedrig vibrierende Ernährungsweise ein Aufeinanderprallen von Vibrationen hervorrief, ähnlich einem Sturm in der Atmosphäre.

Die Engel zeigten mir, dass mein täglicher üppiger Verzehr von Schokolade meine energetische Schwingung besonders niedrig hielt. Sie erklärten, dass mein Verlangen nach dieser Substanz in Wahrheit das Anzeichen für einen Hunger nach Liebe war, doch dass ich wahre Liebe nur energetisch empfangen konnte und nicht durch Nahrung.

Da ich jedoch täglich dieses starke Verlangen nach Schokolade hatte, wusste ich nicht, was ich tun sollte. Ich bat meine Engel inständig um Hilfe. Erzengel Raphael, der Heilungs-Engel, erschien vor mir und legte seinen kräftigen Zeigefinger zwischen meine Augen. Ich fühlte und sah, wie strahlende grüne Lichtwellen in meine Stirn drangen. Es war ein angenehmes Gefühl, so wie eine sehr sanfte Massage.

Am nächsten Tag verspürte ich nicht das geringste Verlangen nach Schokolade. Das war 1996, und seither habe ich mich weder je nach Schokolade gesehnt noch sie verzehrt. Für mich war das ein absolutes Wunder, da ich diese süße Köstlichkeit seit meiner Kindheit so gut wie jeden Tag gegessen hatte! (Und nebenbei bemerkt: meine chronische Akne verschwand als Folge meiner schokoladenfreien Ernährung.)

* * *

Jedes Mal, wenn ich eine neue Heilungsmethode der Engel gelernt hatte, wandte ich sie an, um meinen Klienten zu helfen. Wenn ich auch in der Vergangenheit gefürchtet hatte, verhöhnt zu werden, wenn ich so offen über Engel sprach, passierte genau das Gegenteil, und mein Terminkalender war randvoll mit Anfragen von Klienten und Einladungen zu Vorträgen. Meine Lesereisen waren für drei Jahre im Voraus ausgebucht! Mir wurde klar, dass mein Terminkalender bis in unabsehbare Zukunft ausgebucht sein würde, wenn ich nicht anfangen würde, meine Zeit bewusster einzuteilen.

Also machte ich einen Spaziergang am Strand und betete um eine Lösung. Ich übergab alles Gott und sagte laut: »Ich vertraue darauf, dass du die perfekte Lösung für einen ausgewogenen Terminkalender kennst.« In der nächsten Sekunde hatte ich eine Vision und wusste genau, was ich zu tun hatte: Ich musste umgehend damit beginnen, anderen Menschen zu zeigen, wie sie selbst Engel-Readings geben und die Engel-Therapie durchführen konnten.

Ursprünglich liefen meine Kurse unter dem Titel *Zertifizierter-Spiritueller-Berater*-Seminare, doch später änderte ich den Namen in *Engel-Therapie-Practitioner*-Seminare. Außerdem initiierte ich das Programm in Australien unter dem Namen *Engel-Intuitiv*.

Dieses Buch ist ein Ratgeber, der die Methoden und Botschaften beschreibt, die ich in meinen Seminaren lehre. Ein Teil des Materials auf den folgenden Seiten habe ich aus meinen anderen Werken übernommen, um sicherzugehen, dass das vorliegende Buch dem Leser einen gründlichen Überblick über die *Engel-Therapie* bietet.

Ich bete darum, dass dieses Buch ein Mittel wird, Ihnen Ihre klare Verbindung mit dem Göttlichen bewusst zu machen, und Sie auf den Weg zu Ihrer Lebensaufgabe führen wird.

In Liebe,
Doreen Virtue

ERSTER TEIL

Kontaktaufnahme mit den Engeln und Erzengeln

1

Die Engel

Bevor wir uns dem Studium der Engel-Therapie zuwenden, wollen wir unsere Begriffe definieren und ein Fundament an Grundwissen über die Engel errichten.

Ein »Engel« ist, nach unseren Begriffen, ein himmlisches (nicht physisches) Wesen, ein altruistischer Botschafter Gottes. Tatsächlich kommt das Wort »Engel« aus dem Griechischen und lautet übersetzt »Botschafter oder Kurier Gottes«. Engel sind die Überbringer der Liebe und Führung des Himmels.

Aufgrund meiner lebenslangen Erfahrung als Hellseherin kann ich sagen, dass jeder Mensch mindestens zwei Schutzengel an seiner Seite hat. Viele Menschen haben mehr als zwei, entweder weil sie selbst um zusätzliche Engel gebeten haben oder weil jemand anderes Gott gebeten hat, sie ihnen in seinem oder ihrem Namen zu schicken. Diese Schutzengel sind Ihre persönlichen Engel, die Ihr Leben lang bei Ihnen sind. Zusätzliche Engel werden im Laufe Ihres Lebens kommen und gehen, je nach Umständen und Bedürfnissen.

Doch Ihre ursprünglichen Schutzengel werden fortwährend bei Ihnen sein, in jedem Moment Ihres Lebens. Sie lieben Sie bedingungslos, egal was passiert, und wollen stets das Beste für Sie. Sie werden Ihrer niemals müde, noch sind sie jemals gelangweilt, frustriert oder wütend auf Sie. Schließlich sind sie Engel!

HILFE VON DEN ENGELN

Wir beten nicht zu den Engeln und wir beten sie nicht an. Unsere Ehre gilt ausschließlich Gott. Die Engel sind überkonfessionell und stehen Menschen aller Glaubensrichtungen zur Verfügung, wenn sie darum gebeten werden. Sie arbeiten mit Jesus und den aufgestiegenen Meistern aller Religionen zusammen. Die Engel haben die Aufgabe, Gottes Willen auszuführen, nämlich Frieden in die Welt zu bringen, einem Menschen nach dem anderen. Diese Wesen wissen, dass die Welt ein Ort des Friedens wird, wenn jeder von uns Frieden findet. Daher besteht unsere Aufgabe als Menschen letzten Endes darin, Frieden zu erlangen, und die Engel wollen uns dabei helfen. Wenn es auch stimmt, dass Herausforderungen uns helfen zu wachsen, sagen die Engel, dass Heiterkeit und Gelassenheit zu noch größeren Wachstumssprüngen führen. Durch innere Ruhe werden wir sowohl mehr Zeit und Kreativität finden, der Welt und den Menschen zu Diensten zu sein, als auch unseren Körper bei bester Gesundheit zu erhalten. Unsere Beziehungen untereinander erblühen und gedeihen, und wir werden zu leuchtenden Beispielen der Liebe Gottes.

Manchmal sagen Menschen mir: »Nun, Gott weiß bereits, was ich brauche, darum bitte ich um nichts.« Richtig … jedoch wurde uns allen ein freier Wille mitgegeben. Das bedeutet, dass Gott und die Engel ohne unsere Erlaubnis nicht in unser Leben eingreifen können. Mit anderen Worten, wir müssen um ihre Hilfe bitten, bevor sie uns helfen können.

Es spielt keine Rolle, wie Sie darum bitten, nur *dass* Sie es tun. Sie können Ihre Bitte laut aussprechen oder innerlich – oder sie aufschreiben. Sie können singen, flüstern, sie in den Computer tippen oder Ihre Bitte um himmlische Führung sogar laut hinausschreien. Sie können sie auf positive, affirmative Weise formulieren oder als ein flehendes Bittgesuch. Auf welche Weise auch immer Sie um Hilfe bitten und so Gott und den Engeln die Erlaubnis zur Intervention geben – es ist immer die richtige!

Manche Menschen meinen:»Ich möchte den Himmel nicht mit meinen kleinen Bitten stören.« Doch für himmlische Wesen ist keine Bitte zu klein oder zu groß. Sie wollen uns einfach nur mit allem helfen, was uns Frieden bringt; und häufig sind es gerade die kleinen Gesuche, um die wir bitten, die zu lang anhaltendem innerem Frieden führen. Die Engel sagen, dass es ebenso häufig die *kleinen* Stressfaktoren im Leben sind, die unseren Frieden untergraben. Also bitten Sie um Hilfe – es ist Ihr Beitrag zum Frieden auf der Welt.

Wenn Sie nicht wissen, wofür Sie um Hilfe bitten sollen, ist das völlig okay. Sie können einfach sagen:»Bitte helft mir, Frieden zu finden«, und die Engel treten sofort hinter den Kulissen in Aktion. Oder bitten Sie um etwas Spezifisches, indem Sie sagen:»Bitte Gott, dies oder etwas Besseres«, da der Himmel immer noch Wunderbareres mit uns vorhat, als wir uns vorstellen können.

Doch sollten Sie Gott und den Engeln kein Drehbuch geben, das beschreibt, wie sie eine Situation lösen sollen. In diesem Zusammenhang sollten Sie auch weder Zeit noch Energie verschwenden bezüglich der Art und Weise, wie der Himmel Ihnen helfen wird. Das »Wie« ist Gottes unendlicher Weisheit überlassen. Ihre Aufgabe ist es nur, um Hilfe zu bitten und dann der Führung zu folgen, die Ihnen zuteilwird (später mehr über diese Führung).

Manchmal will jemand von mir wissen:»Warum sollte ich mit den Engeln reden, wenn ich direkt mit Gott sprechen kann?«

Das ist eine ausgezeichnete Frage! Als ich sie Gott und den Engeln stellte, erhielt ich folgende Antwort:

»Wenn Menschen Angst haben und am dringendsten der Hilfe des Himmels bedürfen, sind ihre Vibrationen manchmal zu niedrig, um die reine Liebe Gottes zu hören und zu fühlen. Die Engel, die der Erde näher sind, können leichter hören und fühlen, wenn jemand Angst hat oder gestresst ist. Dann können sie die Vibrationen des Betreffenden erhöhen und ihm oder ihr helfen, die Angst zu verlieren, seinen inneren Frieden wiederzufinden und zu einer klaren Kommunikation mit Gott zurückzukehren.«

Jeder Mensch kann Gott und die Engel hören und mit ihnen sprechen. Sie müssen weder speziell ausgebildet, qualifiziert oder verdienstvoll sein. Alle Menschen sind gleich qualifiziert und verdienen die Liebe und Hilfe des Himmels. Wir wurden als Ebenbild Gottes kreiert. Daher wurden uns allen die göttlichen Eigenschaften der Liebe, Fülle, Gesundheit, Schönheit und Güte zuteil.

Vielleicht werden Sie fragen:»Wenn jeder Mensch Schutzengel hat, warum gibt es dann Leiden und Böses auf der Welt?« Eine andere ausgezeichnete Frage. Wenn jeder auf seine/ihre Schutzengel hören würde, hätten wir eine Welt voller liebender und friedlicher Menschen. Das Böse, das auf Ängsten über einen Mangel an Ressourcen der verschiedensten Art basiert und Menschen veranlasst, selbstsüchtig und egoistisch zu handeln, würde es nicht geben.

Wenn Sie jedoch mit Engeln arbeiten, werden Sie bald wissen, dass es von allem genug gibt und niemand Mangel erleiden muss. Sie beginnen, alles großzügig mit anderen zu teilen, ohne Angst, irgendwann mit leeren Händen dazustehen.

Engel unterscheiden sich deutlich von verstorbenen Verwandten und Freunden. Wenn unsere lieben Verstorbenen auch wie Engel fungieren können, sind sie dennoch nach wie vor Menschen mit Egos und fehlbaren Ansichten. Es ist völlig okay, mit Ihrer Großmutter oder anderen nahestehenden Verstorbenen zu reden, um den Kontakt aufrecht zu halten. Um jedoch reine göttliche Führung zu empfangen, sollte Ihre Konversation auf Gott und die egolosen Engel gerichtet sein sowie auf Jesus oder andere aufgestiegene Meister, denen Sie sich nahe fühlen. (In Kapitel 3 werden wir uns auf Mediumismus konzentrieren, die Kunst, in Ihrem eigenen Namen oder dem anderer Personen den Kontakt mit verstorbenen Verwandten oder Freunden im Himmel aufzunehmen.)

Die geistige Welt, in der die Engel leben, ist kein Ort in weiter Ferne. Der Himmel ist überall um uns herum, in einer anderen Dimension, ähnlich den Frequenzbändern unterschiedlicher Radiostationen, die alle gleichzeitig existieren.

Ihre Engel sind himmlische Wesen, die nie als Menschen auf der Erde gelebt haben; es sei denn, es handelt sich um inkarnierte Engel, die sich entweder vorübergehend in menschlicher Form manifestieren, um eine Krise abzuwenden, oder für eine ganze Lebenszeit, damit sie den Menschen noch direkter helfen und sie führen können.

DIE NEUN CHÖRE DER ENGEL

Angelologie, die Lehre über die Engel, besagt, dass es neun »Chöre« oder Zweige von Engeln gibt. Zu ihnen gehören:

Seraphim: Sie sind die höchste Order der Engel, die als leuchtend strahlende Wesen beschrieben werden, da sie Gott am nächsten sind. Sie sind reines Licht.

Cherubim: In der Regel als pausbäckige Kinder mit Flügeln à la Amor dargestellt, sind die Cherubim die zweithöchste Order der Engel. Auch sie sind reine Liebe.

Throne: Die Triade von Seraphim, Cherubim und Thronen residiert in den höchsten Bereichen des Himmels. Die Throne sind die Brücke zwischen dem Materiellen und dem Spirituellen und repräsentieren Gottes Fairness und Gerechtigkeit.

Herrschaften: Die Herrschaften sind die höchsten in der nächsten Triade der Engel. Sie sind entsprechend Gottes Willen die Aufseher oder Manager der Engel.

Tugenden: Diese Engel herrschen über die Ordnung des physischen Universums, wachen über die Sonne, den Mond, die Sterne und alle Planeten einschließlich der Erde.

Mächte: Wie ihr Name bezeugt, sind die Mächte friedliche Krieger, die das Universum von niederen Energien reinigen.

Fürstentümer: Die dritte Triade besteht aus Engeln, die der Erde am nächsten sind. Die Fürstentümer wachen über unseren

Planeten einschließlich aller Nationen und Städte, um Gottes Wille von Frieden auf Erden zu manifestieren.

Erzengel: Dieser Chor besteht aus den Aufsehern über die Menschheit und die Schutzengel. Jeder Erzengel besitzt eine individuelle Spezialität, die jeweils einen Aspekt Gottes repräsentiert.

Schutzengel: Jeder Mensch hat persönliche Schutzengel, die ihm/ihr das ganze Leben anheimgestellt sind.

Dieses Modell der neun Chöre geht zurück auf die biblischen Referenzen zu Seraphim und Cherubim; im 5. Jahrhundert n. Chr. wurde es durch die Texte von Pseudo-Dionysius erweitert und gewann dank John Miltons poetischem Werk *Paradise Lost* Popularität.

SIE KÖNNEN ALLE ENGEL ANRUFEN

Da es zahllose Engel gibt, können Sie zu jeder Zeit zusätzliche himmlische Helfer an Ihre Seite bitten. Zu diesem Zweck müssen Sie entweder geistig oder verbal Gott bitten, sie Ihnen zu schicken, sie direkt bitten, zu Ihnen zu kommen, oder visualisieren, dass mehrere Engel bei Ihnen sind. Jede Methode funktioniert, solange Sie darum bitten. Wie bereits an früherer Stelle gesagt, müssen Sie sich keine Sorgen machen, dass Sie die Engel mit Ihren Bitten belästigen. Sie sind grenzenlose Wesen, die glücklich sind, Ihnen zu helfen, Ihren Frieden zu finden.

Genau wie Menschen haben auch Engel Spezialitäten. Sie können jeweils um die Engel bitten, die am besten qualifiziert sind, um Ihnen in einer bestimmten Situation zu helfen; oder Sie können sich direkt an Spezialitäten-Engel wenden:

Engel der Fülle

Diese Engel führen Sie und helfen Ihnen, kluge finanzielle Entscheidungen zu treffen; sie geben Ihrer Karriere Auftrieb, bringen unerwarteten Geldsegen; helfen Ihnen, Ihre grundlegenden Bedürfnisse zu erfüllen; lassen Münzen rumliegen, damit Sie sie finden können, und helfen mit göttlichem Timing, wenn es um berufliche Veränderungen geht.

Heilungs-Engel

Angeführt von Erzengel Raphael, umgeben diese Engel leidende Menschen mit heilender Energie; besänftigen Ängste bezüglich der Gesundheit; leiten Ihre Entscheidungen bezüglich medizinischer Versorgung; helfen angehenden oder bereits tätigen Heilern und beseitigen Negativität wie Wut oder Pessimismus.

Umzugs-Engel

Diese Engel führen Sie, damit Sie das perfekte neue Zuhause finden; helfen Ihnen, Ihr früheres Heim zu verkaufen oder zu vermieten; helfen bei der Finanzierung oder Qualifizierung für ein neues Zuhause; erleichtern den Umzugsprozess; begrenzen den umzugsbedingten Stresslevel auf ein Minimum und schützen während des Umzugs Ihr Hab und Gut.

Liebes-Engel

Diese cherubischen Engel bringen Menschen zusammen; heilen gestörte Beziehungen (und schenken ihnen neue Freude und Leidenschaft) und bieten Führung an, damit Sie sich optimal auf die Begegnung mit Ihrem Seelengefährten vorbereiten.

Fitness-Engel

Diese Engel stärken Ihre Motivation, Ihren Körper physisch fit zu machen und diesen Zustand beizubehalten; führen sie zu der für Sie richtigen Form von Training; reduzieren oder beseitigen das Verlangen nach Dingen, die Ihnen nicht guttun; sie helfen Ihnen, gesunde Nahrungsmittel und Getränke zu wählen, und sorgen dafür, dass Sie sich nicht benachteiligt fühlen oder Ausflüchte suchen.

Natur-Engel

Auch als Devas, Feen und Elementarwesen bekannt, sind diese speziellen Engel die Beschützer von Pflanzen, Gewässern, domestizierten und wilden Tieren. Sie helfen Ihnen beim Gärtnern oder bringen Vögel und Schmetterlinge in Ihren Garten; leiten Sie an, umweltfreundliche Entscheidungen zu treffen; drängen Sie, auf Ihren Spaziergängen herumliegenden Unrat aufzuheben und zu entsorgen, und helfen allen, die zu einer vegetarischen oder veganen Lebensweise übergehen wollen.

Fahr- und Park-Engel

Diese machtvollen Engel helfen Ihnen, Ihr Ziel zu erreichen, rechtzeitig anzukommen und einen Parkplatz zu finden. (Bitten Sie innerlich um einen Parkplatz, bevor Sie Ihr Ziel erreichen, um den Engeln Zeit zu geben, den perfekten Parkplatz für Sie zu arrangieren.)

Schönheits-Engel

Angeführt von Jophiel, dem Erzengel der Schönheit, helfen diese Engel Ihnen, das beste Outfit, die beste Frisur und die optimalen Accessoires für jede Situation auszuwählen; führen Sie zu wundervollen Friseuren; helfen Ihnen, widerborstige Kinnhaare zu entfernen; bringen Ihnen Geschenke; sorgen dafür, dass Sie von innen her leuchten, und zeigen Ihnen, wie überaus attraktiv Sie sind!

Familien-Engel

Diese liebevollen Engel, geführt von den Erzengeln Gabriel und Metatron, helfen Ihnen bei allen Aspekten der Kindererziehung einschließlich Adoption und Empfängnis; assistieren bei häuslichen Projekten und Entscheidungen; halten Einheit und Frieden in der Familie aufrecht; ermutigen Familienmitglieder, offen und voller Mitgefühl füreinander zu sein, und beschützen Ihr Zuhause.

Krieger-Engel

Diese Engel, angeführt von Erzengel Michael, kämpfen friedlich und liebevoll für Benachteiligte und soziale Probleme; helfen Bürgerinitiativen; sie unterstützen Wohltätigkeitsorganisationen; beschützen Kinder; schützen vor Gewalt in der Familie; wachen über Ihr Heim und Ihre Wertgegenstände; geben allen Personen Mut, die sich öffentlich über Ungerechtigkeit in jedweder Form äußern oder darüber schreiben wollen; sorgen für die entsprechenden Möglichkeiten und unterstützen Rechtsanwälte, die ihre Dienste unentgeltlich zur Verfügung stellen.

Die Engel *haben* geschlechtstypische Energien, die sie entweder deutlich männlich oder deutlich weiblich aussehen und agieren lassen. Jeder von uns hat göttliche Gefährten, jedoch mit einer unterschiedlichen Ratio von männlich zu weiblich. Sie können also drei männliche und einen weiblichen Engel haben, während Ihre Schwester zwei weibliche Gefährten hat.

Alle Engel haben tatsächlich Flügel und eine himmlische Erscheinung, ihrem Aussehen auf Renaissancegemälden ähnlich, die auf Weihnachtskarten und in religiösen Kunstwerken reproduziert sind. Nach meiner Erfahrung benutzen sie diese Flügel nicht zur Fortbewegung – ich zumindest habe noch nie »flatternde« Engel gesehen. Vielmehr habe ich gesehen, wie sie einen Menschen zum Trost mit ihren Schwingen umfangen, und soweit ich weiß, ist das ihr alleiniger Zweck.

Auf meine diesbezügliche Frage antworteten mir die Engel, dass der einzige Grund, warum sie Flügel haben, auf unsere abendländischen Erfahrungen zurückzuführen sei. Sie sagten:

»Die ersten Engel-Maler hielten unsere Aura des Lichts irrtümlich für Flügel. Also stellten sie uns in ihren Gemälden mit Flügeln dar, und seither erscheinen wir euch auf diese Weise, damit ihr wisst, dass wir es sind, eure Engel.«

DIE NAMEN IHRER SCHUTZENGEL

Genau wie Menschen haben auch alle Engel einen Namen. Die persönliche Beziehung mit Ihren Schutzengeln wird sich vertiefen, wenn Sie regelmäßig mit ihnen sprechen. Eine Möglichkeit, sie noch besser kennenzulernen, besteht darin, sie zu bitten, sich zu identifizieren.

In einem ruhigen Moment, wo Sie nicht gestört werden, denken oder formulieren Sie die Bitte: »Engel, bitte nennt mir eure Namen«, und dann achten Sie auf den Namen oder das Wort, das als Gedanke, Wort, Gefühl oder Vision zu Ihnen kommt. Am besten ist es, diese Eindrücke aufzuschreiben, damit Sie sie nicht vergessen.

Einige der Namen mögen sich ungewöhnlich anhören. Falls Sie überhaupt keinen Namen empfangen, bedeutet dies in der Regel, dass Sie sich zu sehr bemühen, etwas zu hören. Warten Sie, bis Sie entspannt sind, und fragen Sie dann noch einmal.

Als Nächstes sagen Sie zu Ihren Engeln: »Bitte sendet mir Zeichen in der physischen Welt, die ich problemlos erkenne und die mir helfen zu bestätigen, dass ich eure Namen richtig gehört habe.« Dann werden Sie den Namen, den Sie empfangen haben, zum Beispiel in Menschen wiederfinden, denen Sie begegnen, oder in ähnlichen Situationen.

Dasselbe können Sie auch für andere Personen tun, für die Sie Engelnamen empfangen, ohne dass sie physisch anwesend sein müssen. Stimmen Sie sich einfach auf die Person ein, entspannen Sie Ihre Schultern, atmen Sie tief und ruhig, halten Sie die Intention der Kontaktaufnahme mit seinen oder ihren Engeln aufrecht und stellen Sie die gleiche Frage wie oben.

In der Regel meutert unser niederes Selbst (das Ego), dass wir diese Namen erfinden. Das ist der Grund, warum wir die Engel bitten, physische Signale zu senden, zur Bestätigung, dass wir sie richtig gehört haben.

Sie werden über die kreativen Möglichkeiten verblüfft sein, mit denen die Engel Ihnen bestätigen werden, dass Sie sie korrekt gehört haben!

* * *

Als Nächstes werden wir uns mit den Erzengeln befassen, deren Aufgabe es ist, über die Schutzengel und alle Menschen auf der Erde zu wachen.

* * *

2

Die Erzengel

Erzengel sind die Manager der Engel. Sie sind einer der neun
Chöre der Engel, wie im vorausgegangenen Kapitel beschrieben.
Von allen himmlischen Wesen sind Erzengel und Schutzengel
diejenigen, deren wichtigste Aufgabe es ist, der Erde und ihren
Bewohnern zu helfen.

Erzengel sind größer und machtvoller als die Engel. Sie sind
nicht physische Wesen ... doch gleichzeitig sind sie sehr wahr-
nehmbar, hörbar und sichtbar, wenn Sie sich auf sie einstimmen.
Als himmlische Wesenheiten gehören sie keinem bestimmten
Geschlecht an. Jedoch verleihen ihnen ihre individuellen Stärken und Eigenschaften eine deutlich männliche oder weibliche
Energie und Persona.

Der Begriff Erzengel ist abgeleitet von dem griechischen Wort
archi, was so viel bedeutet wie »Erster, Direktor oder Chef«, und
angelos, was »Kurier Gottes« bedeutet. Also können wir sagen,
dass Erzengel die Chefkuriere Gottes sind.

Erzengel sind extrem machtvolle himmlische Wesen. Jeder
von ihnen hat eine spezielle Fähigkeit und repräsentiert einen
bestimmten Aspekt Gottes. Sie können sich diese Wesen als Facetten auf dem Antlitz des Schöpfers vorstellen, die kostbarsten
Juwelen und Edelsteine im Universum. Diese Facetten, oder Erzengel, sind Prismen, die göttliches Licht und Liebe in spezifi-
scher Weise auf jeden Menschen auf der Erde ausstrahlen. In
der Malerei werden Erzengel als ideale menschliche Formen mit

großen adler- oder schwanenähnlichen Flügeln dargestellt, im Kontrast zu den künstlerischen Darstellungen von Cherubim als Babys mit kleinen Flügeln.

Die Erzengel gehören zu den ursprünglichen Schöpfungen Gottes und existierten schon lange vor den Menschen und den organisierten Religionen. Sie gehören zu Gott, nicht zu einer bestimmten Theologie. Daher arbeiten die Erzengel mit Menschen jeglicher Glaubensrichtung oder Lebensweise. Tatsächlich arbeiten sie mit jedem zusammen, der sie darum bittet.

Genau wie Schutzengel sind die Erzengel überkonfessionell und helfen jedem, unabhängig von dem religiösen oder nicht religiösen Hintergrund des Betreffenden. Sie sind in der Lage, individuell und simultan bei jedem von uns zu sein, da die Limitierungen von Raum und Zeit für sie keine Geltung haben. Stellen Sie sich vor, wie unser Leben wäre, wenn wir gleichzeitig an vielen verschiedenen Orten sein könnten! Nun, die Engel sagen, dass der einzige Grund, warum wir diese Bilokalität nicht erfahren, die Überzeugung ist, wir könnten immer nur jeweils an einem Ort sein. Ihren Worten gemäß werden wir bald lernen, diese Limitierung zu überwinden.

Der Grund, warum ich diesen Punkt betone, ist der, dass manche Menschen befürchten, sie könnten zum Beispiel Erzengel Michael von einer »wichtigeren« Aufgabe abziehen, wenn sie ihn um Hilfe bitten. So projizieren wir unsere menschlichen Limitierungen! Tatsache ist, dass die Erzengel und aufgestiegenen Meister bei jedem sein können, der ihrer Unterstützung bedarf, und mit jedem gleichzeitig eine einzigartige Erfahrung haben können. Also machen Sie sich bewusst, dass Sie die Erzengel *jederzeit* mental bitten können, Ihnen zu helfen. Formale Gebete sind dafür nicht erforderlich.

Wie Sie die Erzengel erkennen können

Die genaue Anzahl der existierenden Erzengel hängt davon ab, welches Glaubenssystem oder spirituellen Text Sie konsultieren. Die Bibel, der Koran, das Alte Testament, die Kabbalas, das Dritte Buch Enoch und die Texte des Pseudo-Dionysius listen allesamt unterschiedliche Zahlen und Namen auf. Lassen wir es dabei bewenden, dass es viele Erzengel gibt, wenn ich persönlich auch nur Michael, Raphael, Gabriel und Uriel in meinen Büchern und Seminaren betont habe. In letzter Zeit haben mich jedoch die anderen Erzengel gedrängt, sie in mein Leben und meine Arbeit zu involvieren, daher finden Sie nachstehend noch einige zusätzliche Beschreibungen von Erzengeln und auf welche Weise Sie vielleicht mit ihnen arbeiten möchten. Die unterschiedlichen Geschlechtsspezifikationen sind auf meine Interaktionen mit diesen Wesen zurückzuführen. Da Engel und Erzengel keine physischen Körper haben, bezieht sich ihr Geschlecht auf die Energie ihrer jeweiligen speziellen Fähigkeit. So ist zum Beispiel die beschützende Macht von Erzengel Michael sehr männlich, während Jophiels Fokus auf die Schönheit ausgesprochen weiblich ist.

Erzengel Ariels Name bedeutet »Löwe oder Löwin Gottes«. Bekannt als der Erzengel der Erde, ist er unermüdlich im Namen des Planeten tätig. Er überwacht das Königreich der Elementarwesen und hilft bei der Heilung von Tieren, vor allem den nicht domestizierten. Rufen Sie Ariel an, um besser mit den Feen bekannt zu werden, für Hilfe bei Umweltfragen, oder um einen verletzten Vogel oder ein anderes Tier zu heilen.

Erzengel Azraels Name bedeutet »Der, dem Gott hilft«. Azrael wird manchmal auch Engel des Todes genannt, weil er Menschen zum Zeitpunkt ihres Todes besucht und sie auf die andere Seite hinübergeleitet. Er hilft soeben verstorbenen Seelen, sich wohl und sehr geliebt zu fühlen. Dieser Erzengel hilft Predigern aller Religionen und ebenso spirituellen Lehrern. Bitten Sie Erzengel Azrael um Beistand für Ihre verstorbenen oder sterbenden Lieben und um Hilfe bei Ihrem offiziellen oder inoffiziellen Amt als Prediger.

Aufgrund ihres ähnlich klingenden Namens wird Azrael manchmal mit Azazael verwechselt, der als gefallener Engel gilt. Doch ihre Persönlichkeiten, Aufgaben und Energien könnten nicht unterschiedlicher sein. Unser Azrael ist ein reines und vertrauenswürdiges Wesen göttlichen Lichtes.

Erzengel Chamuels Name bedeutet »Er, der Gott sieht«. Er hilft uns, verloren gegangene wichtige Teile unseres Lebens wiederzufinden. Wenden Sie sich an Chamuel, um eine neue Liebesbeziehung, neue Freundschaften, einen neuen Job oder irgendeinen verlorenen Gegenstand zu finden. Wenn Sie das Gewünschte gefunden haben, können Sie mithilfe dieses Erzengels Ihre neue Situation beibehalten und weiterentwickeln. Also wenden Sie sich an ihn, wenn Sie Unterstützung beim Reparieren irgendwelcher Missverständnisse in persönlichen oder beruflichen Beziehungen benötigen.

Erzengel Gabriels Name bedeutet so viel wie »Gott ist meine Stärke«. In frühen Renaissancegemälden wird Gabriel als weiblicher Erzengel dargestellt, obwohl spätere Texte sich mit männlichem Pronomen auf ihn beziehen (vielleicht aufgrund der massiven Überarbeitung der Heiligen Schrift anlässlich des Konzils von Nicaea). Er ist der Boten-Engel, der allen irdischen Boten hilft (zum Beispiel Schriftstellern, Lehrern und Journalisten). Wenden Sie sich außerdem an Gabriel, um Angst oder

Aufschiebetendenzen bei allem zu überwinden, was mit Kommunikation oder irgendeinem Aspekt von Empfängnis, Adoption, Schwangerschaft und früher Kindheit zu tun hat.

Erzengel Haniels Name bedeutet »Anmut Gottes«. Rufen Sie den Erzengel an, wann immer Sie Anmut und ihre Wirkungen (Frieden, Heiterkeit, Freude an der Gesellschaft guter Freunde, Schönheit, Harmonie und so weiter) in Ihr Leben bringen wollen. Außerdem können Sie vor jedem Ereignis, bei dem Sie die Verkörperung von Anmut sein möchten – zum Beispiel bei einer wichtigen Präsentation, einem Jobinterview oder einem ersten Rendezvous –, Haniel um seine Hilfe bitten.

Erzengel Jeremiels Name bedeutet »Gnade Gottes«. Er ist ein Inspirator, der uns motiviert, unser Leben spirituellem Service zu widmen. Darüber hinaus ist er in den Prozess zur Erlangung göttlicher Weisheit involviert. Rufen Sie Jeremiel an, wenn Sie sich spirituell »festgefahren« fühlen, damit Sie Ihre Begeisterung bezüglich Ihres Weges und Ihrer göttlichen Aufgabe wiederfinden. Dieser Erzengel bietet Trost für emotionale Heilung an und ist wunderbar hilfreich, wenn Sie Probleme mit Vergebung haben.

Erzengel Jophiels Name bedeutet »Schönheit Gottes«. Jophiel ist der Schutzengel der Künstler und hilft uns allen, Schönheit im Leben zu sehen und zu pflegen. Wenden Sie sich an sie, bevor Sie ein künstlerisches Projekt in Angriff nehmen. Da Jophiel in die Verschönerung des Planeten involviert ist, indem sie ihn von Umweltverschmutzung reinigt, können Sie sie um Aufgaben bitten, um Ihren Teil zu dieser lebenswichtigen Mission beizutragen. Manchmal beziehe ich mich auf Jophiel als den »Feng-Shui«-Engel, weil sie Ihnen helfen kann, alle angesammelten

Dinge, die Sie nicht mehr brauchen, aus Ihrem Büro, Ihrem Zuhause oder sogar Ihrem Leben allgemein zu entfernen.

Erzengel Metatrons Name bedeutet so viel wie »Engel der Gegenwart«. Er wird als der jüngste und von seiner Erscheinung her größte Erzengel bezeichnet und ist einer von zwei Erzengeln, die einst als Mensch auf der Erde gelebt haben (als Prophet Enoch). Metatron arbeitet mit der Jungfrau Maria zusammen, um Kindern zu helfen, sowohl den lebenden als auch jenen, die schon hinübergegangen sind. In der Kabbala ist Metatron der höchste Engel im Baum des Lebens, der Menschen am Anfang ihrer spirituellen Reise führt. Rufen Sie ihn an Ihre Seite für jede Art von Unterstützung, die Sie vielleicht im Zusammenhang mit Ihren Kindern benötigen. Zu seiner Intervention gehört oft, dass er den Kleinen hilft, ihr spirituelles Bewusstsein und Verständnis zu wecken. Außerdem assistiert er den Kristall- und Indigo-Kindern, damit sie ihre spirituellen Gaben nicht verlieren und mit der Schule und anderen Aspekten des Lebens umgehen können.

Erzengel Michaels Name bedeutet »Er, der Gott ist« oder »Er, der wie Gott aussieht«. Er beseitigt die Auswirkungen der Angst von der Erde und ihren Bewohnern. Als Schutzpatron der Polizei gibt er uns allen den Mut und das nötige Rückgrat, unserer Wahrheit zu folgen und unsere göttliche Mission zu erfüllen. Rufen Sie Michael an, wenn Sie Angst haben oder bezüglich Ihrer persönlichen Sicherheit, Ihrer himmlischen Aufgabe oder einer notwendigen Veränderung in Ihrem Leben verwirrt sind. Darüber hinaus können Sie ihn bitten, jedes mechanische oder elektronische Problem zu reparieren. Und Michael kann Ihnen helfen, sich an Ihre Lebensaufgabe zu erinnern – und Ihnen dann den Mut geben, sie in die Tat umzusetzen.

Erzengel Raguels Name heißt so viel wie »Freund Gottes«. Er wird oft der Erzengel der Gerechtigkeit und Fairness genannt und ist der Champion der Benachteiligten. Bitten Sie ihn um Hilfe, wann immer Sie das Gefühl haben, überwältigt oder manipuliert zu werden. Raguel wird intervenieren, indem er Ihnen Führung gibt, wie Sie ein Gleichgewicht von Macht und Fairness innerhalb der Struktur Ihrer persönlichen und zuweilen überpersönlichen Beziehungen erreichen können. Wenden Sie sich auch im Namen einer anderen Person an ihn, die ungerecht behandelt wird. Raguel wird Ihnen helfen, Ihre Beziehungen gleich welcher Art zu harmonisieren.

Erzengel Raphaels Name bedeutet »Gott heilt«, und ihm obliegt der Bereich physischer Heilung. Er hilft all denen, die sich der Verbreitung von Gesundheit und Wohlbefinden verschrieben haben; das gilt auch für jene, die noch nicht aktiv in diesem Bereich tätig sind. Rufen Sie Raphael an, um Verletzungen oder Krankheiten jeglicher Art zu heilen, unter denen Sie oder ein anderer (auch Tiere) leiden. Bitten Sie ihn, Ihnen bei Ihrer Heilungsarbeit zu helfen, einschließlich Studium und Aufbau einer Privatpraxis. Darüber hinaus hilft Erzengel Raphael den Reisenden, also bitten Sie ihn, für eine harmonische und sichere Reise zu sorgen.

Erzengel Raziels Name bedeutet »Geheimnis Gottes«. Von ihm wird gesagt, dass er sehr nahe bei Gott steht, damit er alle göttlichen Konversationen über universale Geheimnisse und Mysterien hört. Er hat diese Geheimnisse in einem Dokument festgehalten, das er Adam gab und das schließlich in den Händen der Propheten Enoch und Samuel landete. Wenden Sie sich an den Erzengel Raziel, wann immer Sie esoterisches Material verstehen möchten (einschließlich Ihrer Träume) oder sich in den

Bereichen Alchemie, Past-Life- oder Manifestationsarbeit engagieren wollen.

Erzengel Sandalphons Name bedeutet so viel wie »Bruder«, weil er, wie Erzengel Metatron, einst ein Mensch und Prophet war (Elias), der in den Rang eines Erzengels aufstieg. Sandalphon ist der Erzengel der Musik und erhört Gebete. Er hilft Erzengel Michael, Angst und die Auswirkungen von Angst zu beseitigen (mit Musik). Legen Sie eine CD auf und bitten Sie ihn, jegliche spirituelle Verwirrung zu klären.

Erzengel Uriels Name bedeutet »Gott ist Licht«. Dieses himmlische Wesen breitet Licht über eine irritierende Situation, was Ihre Fähigkeiten zur Problemlösung illuminiert. Wenden Sie sich an Uriel, wann immer Sie in eine schwierige Situation geraten und klar denken und Antworten finden müssen. Außerdem hilft Uriel Schülern, Studenten und allen, die intellektuelle Unterstützung brauchen.

Erzengel Zadkiels Name bedeutet so viel wie »Der uns an Gott erinnert«. Er wird seit jeher als Engel der guten Erinnerung betrachtet, und wie Uriel ist er allen Schülern und Studenten ein wunderbarer Helfer. Rufen Sie Erzengel Zadkiel an, damit er Ihnen hilft, sich an alles zu erinnern einschließlich Ihrer eigenen Göttlichkeit.

* * *

Bei der Engel-Therapie arbeiten wir hauptsächlich mit Erzengel Michael, um ätherische Schnüre zu durchtrennen (mehr davon später) sowie unseren Körper und unser Energiefeld zu klären und zu schützen, und mit Raphael, der uns bei allen Aspekten von Heilung hilft.

ZUSAMMENARBEIT MIT ERZENGELN

Da Erzengel der Erde und den Menschen so nahe sind, ist es nur natürlich, dass wir Verbindung zu ihnen aufnehmen. Tatsächlich ist die Bibel voll mit Berichten von Personen, die mit Michael und Gabriel zusammenarbeiten. Die Erzengel möchten mit uns in Übereinstimmung mit Gottes Willen arbeiten. Weder beten wir zu Erzengeln noch beten wir sie an. Wie ich schon im letzten Kapitel gesagt habe, alle Ehre gebührt Gott. Wir arbeiten mit Erzengeln einfach aus dem Grund, weil sie Gottes Geschenk an uns alle und Teil des göttlichen Planes für Frieden sind.

Warum also richten wir nicht einfach alle Fragen und Bitten direkt an Gott? Wie bereits erwähnt, sind die Erzengel sozusagen die »längeren Arme« Gottes, die wir während Zeiten großer Belastung leichter hören und fühlen können. Ihre Vibrationen sind sehr dicht, und sie sind nicht nur fühlbar, sondern praktisch greifbar. So wie das Betrachten eines Sonnenuntergangs oder eines Regenbogens uns an Gottes Liebe erinnert, ruft der Kontakt mit den Erzengeln unsere Erinnerung an Gott zurück. Wir müssen weder heilig sein noch uns perfekt benehmen, um die Hilfe der Erzengel zu erlangen.

Sie sehen über unsere menschlichen Fehler und Irrtümer hinweg und wissen um das Gute in uns allen. Sie möchten Frieden auf die Erde bringen, indem sie uns helfen, friedvoll zu sein. Daher gehört es zu ihrer Aufgabe, den »unfriedlichen« Menschen der Welt zu helfen. Die Erzengel sind grenzenlose Wesen, Hologramme der Allgegenwart Gottes. Erinnern Sie sich an das Versprechen, das Jesus gegeben hat? – »Ich bin immer bei euch.« Nun, die Erzengel – genau wie Jesus – sind in der Lage, gleichzeitig bei jedem von uns zu sein, der sie darum bittet.

Entscheidend ist, dass die Erzengel niemals unseren freien Willen untergraben werden, indem sie ohne unsere Erlaubnis intervenieren, selbst wenn uns das glücklicher machen würde. Sie müssen warten, bis wir ihnen auf irgendeine Weise die Erlaubnis geben: durch ein Gebet, einen Ruf nach Hilfe, einen Wunsch, Visualisierung, Affirmationen oder Gedanken.

Affirmationen und Bittgebete funktionieren beide. Ersteres ist ein positives Hier-und-Jetzt-Statement oder eine Visualisierung, wie zum Beispiel »Danke, Erzengel Michael, dass du mich beschützt«, während Letzteres ein Ansuchen ist, wie beispielsweise: »Ich bitte um deinen Schutz, Erzengel Michael.« Beide führen zum selben Resultat.

Gleiches gilt für die Fragen Sollte ich nicht lieber Gott direkt anrufen? Sollte ich Gott bitten, die richtigen Engel zu schicken? Oder sollte ich mich an die Engel selbst wenden? Diese Fragen implizieren, dass es eine Trennung zwischen Gott und den Engeln gibt, was nicht der Fall ist.

Je mehr Sie mit den Erzengeln arbeiten, desto mehr werden Sie lernen, ihnen zu vertrauen. Sie werden inneren Frieden fühlen und zweifelsfrei wissen, dass Sie in Sicherheit und in allen Situationen beschützt sind.

DIE ERZENGEL IN HEILIGEN TEXTEN

Die Erzengel sind in vielen heiligen Texten beschrieben und erklärt worden, wie zum Beispiel den folgenden:

Die Bibel
Michael und Gabriel sind die einzigen Erzengel, die in der Bibel spezifisch mit Namen erwähnt werden. Das Buch Daniel beschreibt sie beide und berichtet, wie Gabriel Daniel half, seine Visionen zu interpretieren, zusammen mit einer Erwähnung von

Michael als »einem der Hauptprinzen«. Im Lukasevangelium kündigt bekanntlich Gabriel die bevorstehende Geburt von Johannes dem Täufer und Jesus Christus an. Außerdem wird Michael im Judasbrief erwähnt, wie er Moses' Körper beschützt, und in der Offenbarung des Johannes.

Apokryphische und talmudische biblische Bücher

Diese Texte, die nicht Teil der kanonischen Bibel sind, werden dennoch als heilig betrachtet und sind Teil der Bibel der Östlich-Orthodoxen und anderer Kirchen. Das Buch Enoch spricht über die Erzengel Michael, Raguel, Gabriel, Uriel und Metatron. Das Buch Tobit handelt davon, wie Erzengel Raphael Tobias auf seinen Reisen führt und ihm hilft, heilende Salben für seinen Vater, Tobit, zu kreieren. Das Zweite Buch Esdras (von der koptischen Kirche anerkannt) bezieht sich auf Erzengel Uriel und nennt ihn den »Engel der Errettung«.

Der Koran

Erzengel Gabriel (Jibrayil) war es, der Mohammed die islamischen Schriften enthüllte. Der Koran und die muslimische Tradition beschreiben außerdem die Erzengel Michael (Mikaaiyl), Raphael (Israfil) und Azrael (Izrael).

WIE VIELE ERZENGEL GIBT ES?

Die Antwort hängt davon ab, wen Sie fragen. Traditionell denken die Menschen an die vier Erzengel Michael, Raphael, Gabriel und Uriel. Wie ich jedoch bereits erwähnt habe, werden nur zwei von ihnen in der Bibel erwähnt.

Die Offenbarung des Johannes sagt uns, dass es sieben Erzengel gibt, und in dem nicht kanonischen Buch Tobit sagt Raphael, dass er einer von sieben ist. Auch die Gnostiker erweisen sieben Erzengeln ihre Ehrerbietung. Historiker glauben, dass die Heiligkeit der Zahl Sieben auf die Mischung von Religion und Astronomie bei den Babyloniern zurückgeht, bezugnehmend auf die mystischen Kräfte der sieben Planeten. Welche sieben Erzengel jedoch diese Liste ausmachen, ist von Quelle zu Quelle unterschiedlich. Und dabei ist noch nicht einmal berücksichtigt, dass der Name jedes Erzengels verschieden buchstabiert und ausgesprochen wird.

In der mystischen Kabbala repräsentieren zehn Erzengel jeden der Sephirot oder Aspekte Gottes. Metatron ist in dieser judäischen Tradition der oberste Erzengel.

Aufgrund dieser Vielfältigkeit kann die Frage, wie viele Erzengel es gibt, verwirrend und subjektiv sein. Ich habe versucht, während der Recherche und des Schreibens meines Buches *Die Erzengel und wie man sie ruft* diese Frage zu meiner eigenen Zufriedenheit zu beantworten. Meine Vorgehensweise bestand darin, so viel ich konnte über die Erzengel zu lernen und dann mit jedem Einzelnen von ihnen persönliche Kontakte und Interaktionen zu haben. Die 15 Erzengel, die ich problemlos erreichen und näher kennenlernen konnte und die Gottes reine Liebe und Licht ausstrahlten, sind die, mit denen ich arbeite.

In Wahrheit gibt es Legionen von Erzengeln, die uns hier auf der Erde helfen. Tatsächlich geht die östlich-orthodoxe Theologie davon aus, dass es Tausende sind. Ich bete darum, dass wir alle unvoreingenommen und offen vertrauenswürdige Erzengel in unserer Sphäre spiritueller Freunde willkommen heißen.

Wenn Sie sich wegen niederer Energien Sorgen machen, möchte ich Sie beruhigen und Ihnen sagen, dass keine angstbasierten physischen oder spirituellen Wesen diese profunde, warme, heilende Liebe und das Licht imitieren könnten, das von unseren geliebten Erzengeln Gottes ausstrahlt. Und wenn Sie darüber hinaus Gott, Jesus und Erzengel Michael bitten, Sie vor niederen Energien zu schützen, werden sie mit Freuden dafür sorgen, dass nur Lichtwesen bei Ihnen sind.

Keine Frage, es gibt angstbasierte spirituelle Wesenheiten mit niederer Energie, die von manchen »Engel« genannt werden, in Wahrheit aber erdgebundene Spirits sind. Zum Beispiel wurde früher ein »Erzengel« namens Samael »Engel des Lichts« oder »Träger des Lichts« genannt. Doch dann verlor Samael sein Licht, und er wurde dunkel und rachsüchtig. Dies scheint die Basis der Ideologie über Luzifer zu sein, die zwar nicht spezifisch in der Bibel erwähnt, aber durch Mythologie und Legende überliefert wird.

Ich halte mich so fern wie möglich von diesen dunklen »Engeln« der Okkultisten einschließlich jener, die angeblich mit König Salomon assoziiert sind. Die okkulte Legende besagt, dass Salomon seinen magischen Ring mit dem eingeprägten Davidstern benutzt hat, um die Dämonen zu kontrollieren, die seinen Tempel bauten. Manchmal werden die Namen dieser 72 Dämonen als eine Liste von Engelnamen präsentiert, dabei handelt es sich bei ihnen nicht um Engel. Diese sogenannten Lehren der »Salomonischen Kleineren und Größeren Schlüssel« bringen dunkle und nicht vertrauenswürdige Energien mit sich. (Nebenbei bemerkt, ich glaube nicht, dass der gute König Salomon mit niederen Energien gearbeitet hat.)

Manche Okkultisten rufen die Namen der heiligen Erzengel Michael, Raphael, Gabriel und Uriel in angstbasierten Zeremonien an. Mein Rat: Halten Sie sich fern von jeder religiösen oder spirituellen Praktik, die auf Angst oder Schuld basiert. Halten Sie sich an die echten Engel von Gottes Licht und Liebe – sie sind diejenigen, die Ihnen wirklich den Frieden und das Glück bringen werden, das Sie ersehnen.

Die häufigste Reaktion, die ich von Menschen höre, die mit Erzengeln zu arbeiten beginnen, lautet: »Dies hat mein Leben in jeder Beziehung verbessert!« Die Menschen werden glücklicher, gesünder, friedvoller und sicherer als Resultat ihrer Zusammenarbeit mit den himmlischen Wesen. Die Erzengel bieten eine sehr persönliche Möglichkeit, sich mit Gottes Liebe und Weisheit zu verbinden.

AURAFARBEN, KRISTALLE UND ASTROLOGISCHE ZEICHEN DER ERZENGEL

Jeder Erzengel hat eine spezifische Aufgabe, was in den unterschiedlichen Vibrationen resultiert, die als deutlich erkennbare Energie oder Aurafarben von dem jeweiligen Engel ausstrahlen. Manchmal werden Sie die Gegenwart der Erzengel als funkelnde oder blitzende farbige Lichter wahrnehmen (wie es mir als Kind passiert ist). Im Anhang zu diesem Buch habe ich die Farben, Edelsteine und astrologischen Zeichen aufgeführt, die mit den verschiedenen Erzengeln assoziiert sind.

* * *

Die Erzengel arbeiten mit jedem, der sie darum bittet, und sie erfüllen wichtige Funktionen bei der *Engel-Therapie*-Heilung und diversen Formen der Weissagung. Während vieler Sessions kommen zudem Verstorbene mit liebevollen Botschaften durch, ein Thema, mit dem wir uns im nächsten Kapitel näher beschäftigen werden.

3

Liebe Verstorbene und Mediumismus

Wenn Sie 100 Personen die Frage »Was ist ein Engel?« stellen, wird wahrscheinlich die Hälfte von ihnen antworten, es handele sich dabei um einen geliebten Verwandten oder Freund im Himmel. Die andere Hälfte wird traditionell geflügelte himmlische Wesen beschreiben.

Nun, technisch gesehen sind Engel Boten Gottes. Und wenn Ihre liebe verstorbene Oma auch zu Lebzeiten wie eine Heilige gewesen sein mag – es ist anzunehmen, dass sie immer noch ein menschliches Ego hat. Ihre verstorbenen Lieben existieren in der geistigen Welt, doch funktionieren sie auf einer Energiefrequenz, die sich von denen Ihrer Engel unterscheidet. So engelsgleich einige von ihnen auch sein mögen, in Wahrheit sind sie eher »Geistführer« als Engel. Dennoch ist es Teil der persönlichen und professionellen Heilung, zu lernen, wie man sie kontaktieren kann, in einem Prozess, der als Mediumismus bekannt ist.

Sie können definitiv mit Ihren hinübergegangenen Freunden und Verwandten Kontakt aufnehmen. Ich empfehle es Ihnen sogar, falls es unerledigte Angelegenheiten zwischen Ihnen gibt, wie zum Beispiel nicht zum Ausdruck gebrachte Gefühle der Wut, oder wenn Sie sich über das Wohlergehen Ihrer Lieben auf der anderen Seite Sorgen machen. Mit Sicherheit können Sie Rat von einem verstorbenen Familienmitglied erhalten; nehmen Sie ihn jedoch mit der gleichen gesunden Skepsis an, als wenn es darum gehen würde, Rat von einer lebenden Person anzunehmen.

Vergessen Sie nicht: Menschen werden nicht automatisch Heilige oder Hellseher, nur weil sie gestorben sind. Vielleicht haben sie aus der Perspektive der geistigen Ebene mehr Geduld und Einsicht, doch sie sind noch immer Onkel Fred und Tante Else, was bedeutet, dass sie ihre irdischen Persönlichkeiten und Eigenarten beibehalten. Und wenn sie auch froh sind, Ihnen zu helfen – besonders wenn es um Themen geht, die mit ihrer Spezialität zu Lebzeiten zu tun haben (wenn beispielsweise Onkel Fred Banker war, wird er Ihnen gerne Führung in finanziellen Angelegenheiten geben) –, ist es am besten, den Schöpfer und die Engel zu konsultieren, um vertrauenswürdigen Rat bezüglich wichtiger Themen im Leben zu erhalten.

Darüber hinaus können Sie mit Verstorbenen Kontakt aufnehmen, die nicht in der Lage waren, zum Zeitpunkt ihres Todes mit Ihnen zu sprechen. Mit anderen Worten, ungeborene Kinder, Babys und Menschen, die taubstumm waren, eine fremde Sprache sprachen oder auf andere Weise nicht in der Lage waren zu kommunizieren, können dies jetzt in der universalen Sprache des Gefühls, durch Visionen oder auf eine andere nonverbale Weise. Fürchten Sie nicht, dass Sie Ihre verstorbenen Lieben belästigen oder stören, wenn Sie Kontakt mit ihnen aufnehmen. Menschen in der Geistwelt, genau wie die auf Erden, haben einen freien Willen. Wenn sie beschäftigt sind, werden sie eine Botschaft durch den Äther oder einen anderen lieben Verstorbenen senden. Wahrlich, das Einzige, was Verstorbene zurückhält, ist jede Form nicht geheilter Trauer, die Sie ihnen gegenüber empfinden. Sie begrüßen die Gelegenheit, die heilende Botschaft zu übermitteln, dass sie Sie lieben und es ihnen im Jenseits gut geht.

Es ist normal, nach dem Tod eines lieben Menschen ungefähr sechs Monate intensiv zu trauern, doch dann gehen Depression und Wut über den Verlust allmählich zurück. Doch manche Trauernden halten jahrelang an ihrer Trauer fest und vergessen darüber ihr Leben. Ich habe Personen getroffen, die mit Selbstmordgedanken spielten, schlaftablettensüchtig waren oder aufgrund ihrer unablässigen Trauer nie das Haus verließen. Dieses Verhalten kann Verstorbene (und sie selbst) von ihrem geistigen Wachstum abhalten. Der größte Gefallen, den Sie jemandem tun können, der hinübergegangen ist, besteht darin, Ihr Herz von der Trauer um den Verlust zu heilen, zum Beispiel indem Sie einer Selbsthilfegruppe beitreten; den oder die liebe Verstorbene kontaktieren, um sich zu vergewissern, dass alles gut ist; Ihre Gedanken aufschreiben; sich ausgezeichnet um Ihren Körper und auf diese Weise um Ihr physisches und seelisches Wohlergehen kümmern.

SELBST MEDIUMISTISCHE SESSIONS DURCHFÜHREN

Wenn Sie Menschen verloren haben, die Ihnen nahestanden, haben sie höchstwahrscheinlich nach ihrem Hinscheiden Zeit mit Ihnen verbracht und tun das vielleicht sogar regelmäßig. Schließlich sind außer Engeln, Erzengeln und aufgestiegenen Meistern auch verstorbene geliebte Personen an Ihrer Seite, um Ihnen zu helfen. Es können Verwandte sein, die schon vor Ihrer Geburt gestorben sind; Menschen, mit denen Sie eine enge Beziehung hatten; oder Personen aus Ihrer Vergangenheit, die Ihnen im Zusammenhang mit Ihrer Lebensaufgabe eine spezielle Fähigkeit vermitteln können. Wenn Menschen die irdische Ebene verlassen, wird ihnen irgendwann die Option angeboten, zu Diensten zu sein, sowohl um ihren eigenen spirituellen Fortschritt zu erweitern als auch, um anderen zu helfen. Manche melden sich freiwillig, um ihre auf der Erde zurückgebliebenen Lieben zu führen. In der Regel entscheiden sie sich, bis zum Ende des physischen Lebens bei der Person zu bleiben, die unter ihrer Obhut steht. Im Himmel wird die Zeit anders bemessen – wenn Sie also 95 Jahre alt werden, fühlt sich das für die Seelen auf der anderen Seite viel kürzer an.

Diese Wesen sind bei Ihnen, weil sie Sie lieben. Darüber hinaus haben Sie vielleicht eine ähnliche Aufgabe – das heißt, bei Ihnen zu sein ist für die betreffenden Seelen eine Möglichkeit, ihre Lebensaufgabe stellvertretend zu erfüllen, falls sie es nicht während ihrer irdischen Lebenszeit getan haben. Wenn Sie nach Ihrer verstorbenen Tante Elfriede benannt wurden, besteht die Wahrscheinlichkeit, dass sie Ihre geistige Führerin ist. Verstorbene Verwandte mit demselben Namen bleiben fast immer bei ihren irdischen Namensvettern. Vielleicht wurde Ihnen dieser Name gegeben, weil Ihre Eltern intuitiv die Ähnlichkeiten Ihrer Seelenwege erkannten.

Wenn also Tante Elfriede beschließt, Ihr geistiger Führer zu sein, dann muss sie zunächst das Äquivalent eines Trainingsprogramms für spirituelle Berater ablegen. Sie lernt in dieser himmlischen Schule, wie sie auf eine unterstützende Weise bei Ihnen sein kann, ohne Ihren freien Willen zu untergraben; und wie sie durch die astrale Dimension reisen und dennoch in Hörweite sein kann, sollten Sie sie jemals um Hilfe bitten. Sie lernt, wie sie durch Ihren am stärksten ausgeprägten Kanal spiritueller Kommunikation Kontakt aufnehmen kann, zum Beispiel durch Träume, eine innere Stimme, Bauchgefühle oder intellektuelle Erkenntnisse.

Das Training zum Geistführer braucht Zeit. Das ist der Grund, warum kürzlich verstorbene Verwandte nicht kontinuierlich bei Ihnen sind. Nur jemand, der das umfangreiche Training absolviert hat, kann Tag und Nacht an Ihrer Seite sein.

Nehmen wir mal an, dass Tante Elfriede eine sehr erfolgreiche Zeitungsreporterin war, und Sie sind eine inspirierte Autorin. Tatsächlich ist Schreiben Teil Ihrer Lebensaufgabe. Wenn Sie also den Himmel fragen: »Was ist meine Aufgabe im Leben?«, wird Ihre Tante Sie telepathisch zum Schreiben ermutigen. Natürlich tut sie dies nur, weil sie weiß, welche Aufgabe Gott Ihnen gegeben hat.

Manchmal werde ich gefragt, ob es okay ist, mit den Seelen auf der anderen Seite zu reden. Dabei zitieren sie zum Beispiel die Thorah die davor warnt, mit Toten und Medien zu reden. Ich kann diese Warnungen gut verstehen, weil es ein Fehler ist, wenn wir unser Leben jenen überlassen, die von uns gegangen sind, genauso wie es nicht richtig ist, lebenden Personen die Kontrolle zu geben.

Wir möchten, dass unser höheres Selbst, zusammen mit unserem Schöpfer, die Kontrolle hat. Unsere verstorbenen Lieben können uns ohne Frage helfen, doch, wie bereits erwähnt, sind sie nicht automatisch Heilige, Engel oder Hellseher, nur weil ihre Seelen auf die andere Seite hinübergewechselt sind. Sie können jedoch gemeinsam mit Gott, dem Heiligen Geist, den aufgestiegenen Meistern und den Engeln arbeiten, um uns zu helfen, unseren göttlichen Willen (der mit den Intentionen unseres höheren Selbst übereinstimmt) zu erfüllen. Ich denke, der Hauptgrund für den Kontakt mit diesen Führern ist die zusätzliche Hilfestellung, die sie anbieten können, sowie die Möglichkeit, unsere Beziehungen mit ihnen aufrecht zu halten oder zu vertiefen.

Auch werde ich häufig gefragt, ob wir unsere lieben Verstorbenen stören, wenn wir sie anrufen. Genau wie lebende Menschen die Möglichkeit haben, *Nein* zu sagen, wenn sie nicht gestört werden wollen, haben es auch die Seelen im Himmel. Meine Erfahrung ist jedoch, dass verstorbene Menschen es lieben, anderen zu helfen. Schließlich haben sie jetzt auf der anderen Seite »alle Zeit der Welt«! Und vor allem wollen sie Ihnen helfen, weil sie Sie lieben.

ADOPTIERTE UND IHRE GEISTIGEN FÜHRER

Mir wird immer wieder die Frage nach den Geistführern adoptierter Personen gestellt. Nach meiner Erfahrung haben diese Menschen mehr Engel und verstorbene Verwandte an ihrer Seite als andere. Adoptierte Personen haben immer einen Geistführer aus ihrer Geburtsfamilie bei sich – eine Ausnahme ist mir noch nie begegnet. Es kann ein Elternteil, ein Bruder oder eine Schwester, Großeltern, Tante oder Onkel sein, die gestorben sind. Es spielt dabei keine Rolle, ob die adoptierte Person dieses Familienmitglied jemals kennengelernt hat oder nicht. Die Bindung besteht, unabhängig davon, ob bereits zu Lebzeiten eine Beziehung aufgebaut wurde.

Darüber hinaus haben diese Menschen Führer unter den Freunden und adoptierten Familienmitgliedern, mit denen sie ihr Leben verbracht haben. Ich glaube, dass sie mehr Engel haben als andere Menschen, die sie beschützen und ihnen helfen, mit den tief greifenden Veränderungen umzugehen, welche eine Folge des Adoptionsprozesses sind.

VERTIEFUNG IHRER BEZIEHUNG
MIT LIEBEN VERSTORBENEN

»Geht es meinen Lieben auf der anderen Seite gut?« ist eine Frage, die ich ständig höre. Der Grund für diese Frage ist einfach: die Angst, dass jemand an irgendeinem »höllischen« Ort ist, buchstäblich oder im übertragenen Sinne. In meinen Readings habe ich festgestellt, dass es fast allen verstorbenen Menschen richtig gut geht, vielen Dank. Ihr einziges Unbehagen hat mit Ihnen und mir zu tun, vor allem wenn wir bis zur Besessenheit oder emotionalen Lähmung von Trauer überwältigt sind. Die Seelen auf der anderen Seite führen ihr Leben weiter, und sie wollen, dass wir das Gleiche tun. Wenn wir aus Trauer unsere spirituelle Weiterentwicklung oder unser Glück zurückhalten, werden jene, die hinübergegangen sind, auf ähnliche Weise zurückgehalten.

Tatsächlich kann mit Fug und Recht gesagt werden, dass *wir* das einzige Problem sind, das Menschen im Himmel haben! Sobald wir weitergehen und ein glückliches, produktives Leben führen, werden unsere lieben Verstorbenen vor lauter Jubel jauchzen und singen!

Die Seelen auf der anderen Seite fühlen sich physisch wunderbar. Jede Krankheit, Verletzung oder Behinderung verschwindet, wenn der Körper nicht mehr da ist. Die Seele ist intakt und bei bester Gesundheit. Jeder fühlt sich noch als der, der er zu Lebzeiten war, aber ohne die Schwere und den Schmerz irdischer Limitierungen.

Im Himmel fühlen sich die Seelen auch in emotionaler Hinsicht wunderbar. Verschwunden sind alle finanziellen und zeitlichen Einschränkungen, und es gibt keinerlei Druck oder Sorgen mehr (es sei denn, wir Hinterbliebenen sind in übertriebenem Maße traurig und verzweifelt und ziehen unsere verstorbenen Lieben emotional herunter). Ein Mensch im Himmel besitzt die Freiheit, alle Situationen oder Bedingungen zu kreieren, wie beispielsweise Weltreisen, ein schönes Zuhause, ehrenamtliche Tätigkeiten oder Zeit mit der Familie und Freunden zu verbringen (den lebenden wie den verstorbenen).

Ich werde oft gefragt: »Was ist, wenn meine verstorbenen Verwandten wütend auf mich sind?« Die Menschen fürchten, dass verstorbene Freunde und Verwandte böse auf sie sind, weil sie zum Beispiel:

- am Ende oder bei ihrem letzten Atemzug nicht mehr für sie da waren
- mitentschieden haben, künstliche Lebenserhaltungsmanahmen abzustellen
- eine Lebensweise gewählt haben, von der sie glauben, dass der/die Verstorbene sie nicht akzeptiert hätte
- mit Familienmitgliedern über Erbangelegenheiten gestritten haben
- den Tod des geliebten Menschen hätten »verhindern« können oder irgendwie die Schuld an seinem Tod tragen
- denjenigen noch nicht gefunden oder vor Gericht gebracht haben, der allem Anschein nach für einen Mord oder einen Unfall verantwortlich ist
- noch kurz vor seinem Tod einen Streit mit dem Verstorbenen hatten

Tatsache ist jedoch, dass ich im Laufe meiner Tausenden von Readings noch nie einem Verstorbenen begegnet bin, der über eines dieser Dinge oder Ähnliches wütend gewesen wäre. Einen Großteil der Sorgen, die sie auf der Erde belasten, lassen sie im Himmel los. Sie haben mehr Klarheit über die wahre Motivation der Menschen, daher besitzen Ihre hinübergegangenen Lieben ein tieferes Verständnis, warum Sie auf eine bestimmte Weise gehandelt haben (oder noch immer handeln).

Anstatt Sie zu verurteilen, bringen sie Ihnen Mitgefühl entgegen. Sie mischen sich nur dann in Ihre Handlungsweise ein (zum Beispiel bei Suchtverhalten), wenn sie bemerken, dass Ihre Lebensweise Sie umbringt oder daran hindert, Ihre göttliche Aufgabe zu erfüllen.

Und haben Sie keine Angst, dass Opa Sie beobachtet, wenn Sie duschen oder Liebe machen. Die Seelen auf der anderen Seite sind keine Voyeure. Tatsächlich gibt es Beweise dafür, dass Geistführer nicht unser physisches Selbst auf der Erde sehen; stattdessen nehmen sie unsere Energie und Lichtkörper wahr. Was bedeutet, dass sie einfach in jeder Situation unsere wahren Gedanke und Gefühle verstehen.

Da Geistführer wissen, wie Sie wirklich fühlen und denken, gibt es keinen Grund, dass Sie Ihre Sorgen und Ängste vor ihnen verbergen.

Nehmen wir an, Sie haben widersprüchliche Gefühle über den Tod Ihres Vaters. Sie sind wütend, weil sein ständiges Rauchen und Trinken zu seinem vorzeitigen Hinscheiden beigetragen hat. Doch Sie fühlen sich schuldig, weil Sie glauben, es sei »falsch«, wütend auf einen Verstorbenen zu sein, vor allem wenn er Ihr Vater ist. Ihr Vater weiß jedoch genau, wie Sie sich fühlen, da er in der Lage ist, von seinem höheren Aussichtspunkt im Himmel in Ihrer Seele und Ihrem Herzen zu lesen.

Ihre lieben Verstorbenen bitten Sie, mit ihnen ins Reine zu kommen – von Herz zu Herz eine Konversation über Ihre unerlöste Wut, Angst, Schuldgefühle und Sorgen zu führen. Sie können diese Konversation initiieren, indem Sie dem Verstorbenen einen Brief schreiben, die Gedanken denken, die Sie übermitteln wollen, oder indem Sie alles laut aussprechen.

Sie können mit Ihren hinübergegangenen Freunden und Verwandten jederzeit und überall reden. Ihre Seelen befinden sich nicht auf dem Friedhof; sie sind frei, durch das Universum zu reisen. Und sorgen Sie sich nicht, dass Sie ihren Frieden stören. Jeder Mensch möchte unerledigte Angelegenheiten in seinen Beziehungen heilen, egal ob er lebt oder schon gestorben ist, also sind Ihre Lieben auf der anderen Seite genauso erpicht und motiviert wie Sie, wenn es um diese Diskussionen geht.

Ich habe festgestellt, dass die meisten Menschen die Gegenwart verstorbener Lieben fühlen können. Jeder menschliche Körper reagiert sensitiv auf Energien und übersetzt diese Energien intuitiv in sinnvolles Wissen. Hierbei handelt es sich um ein angeborenes Überlebenstalent, das Sie – genau wie alle anderen – besitzen. Wenn Sie also die Gegenwart von Großmutter Betty spüren, vertrauen Sie diesem Gefühl! Ihr Körper kennt seine Umgebung und er leitet diese Information an Ihre Seele weiter. Wenn Sie Ihre intuitiven Instinkte akzeptieren, sind Sie auf dem besten Weg, problemlos und klar mit dem ganzen Himmel zu kommunizieren.

Verstorbene Haustiere

Auch Ihr hinübergegangener Liebling kann als geistiger Führer agieren, insofern als Sie seine spirituelle Präsenz fühlen, spüren oder sehen können. Die Seele des Tieres lebt weiter und bleibt bei Ihnen, so als wäre Ihre gegenseitige Liebe eine Leine, die sie beide verbindet.

In meinen Seminaren erzähle ich den Teilnehmern von den Hunden und Katzen, die ich im Raum herumrennen und spielen sehe. In der Regel können wir immer schnell herausfinden, welcher Hund zu welcher Person gehört, da diese Tiere an der Seite ihres Besitzers bleiben. Diese Wiedervereinigungen, bei denen die Teilnehmer entdecken, dass Struppi noch immer da ist, sind sehr anrührend und emotional.

Die Leute stellen fest, dass ihre Lieblinge die gleiche Persönlichkeit, Erscheinung und Verhaltensweisen haben wie zu Lebzeiten. Wenn ein Tier verspielt, hyperaktiv, freundlich, gepflegt oder erstaunlich ruhig war, behält es diese Eigenschaften auch nach seinem physischen Tod bei. Verspielte Welpen springen hechelnd in Haufen von ätherischen Blättern und jagen unsichtbare Bälle. Ob diese Blätter, Bälle oder anderen Spielzeuge von der Imagination der Hunde hervorgezaubert werden, weiß ich nicht.

Auch Katzen bleiben bei ihren Besitzern, wenn in der Regel auch nicht so nahe wie Hunde, was auf ihre Unabhängigkeit zurückzuführen ist. Daher fällt es mir bei meinen Seminaren oft schwer, zu sagen, welche Katzen zu welcher Person gehören. Ich muss mich darauf beschränken, die verschiedenen Katzen zu beschreiben, die durch den Raum jagen, und darauf warten, dass ihre Besitzer sie »geltend machen«.

Viele meiner Seminarteilnehmer berichten, dass sie Erscheinungen ihrer verstorbenen Tiere gesehen oder gefühlt haben. Zum Beispiel fühlen Sie vielleicht, wie Fluffy, die Katze, auf Ihr Bett springt; oder Sie spüren, wie Hasso, der Hund, auf Ihrer Couch liegt. Vielleicht können Sie sogar aus den Augenwinkeln sehen, wie Ihr Liebling durch das Zimmer rennt. Das liegt daran, dass Ihre Augenwinkel sensitiver sind für Licht und Bewegung als die Vorderseite Ihrer Augen, was zur Folge hat, dass Sie häufig außersinnliche Visionen aus den Augenwinkeln wahrnehmen. Wenn Sie sich jedoch dem flüchtigen Image zuwenden und es voll anschauen wollen, scheint es zu verschwinden.

Ich habe auch schon ein paar Pferde gesehen und ein Meerschweinchen, die wie Schutzengel an der Seite ihrer Besitzer waren. Bei allen handelte es sich um die geliebten Haustiere des betreffenden Menschen, die weiterhin loyal in der Nähe ihres Besitzers blieben. Die Tiere helfen, indem sie uns mit ihrer göttlichen Energie der Liebe erfüllen, und bieten außerdem Gesellschaft, die vielleicht nur von unserem Unterbewusstsein wahrgenommen wird. Darüber hinaus habe ich Spirit-Totemtiere gesehen. Es handelt sich dabei um Adler, Wölfe und Bären, die um den Kopf einer Person kreisen und ihr Schutz und natürliche Weisheit geben.

Bei Menschen, die im Bereich Ozeanografie tätig sind, habe ich Delfine gesehen, sowie Einhörner bei hochkreativen und sensitiven Personen. Einen Spirit-Goldfisch habe ich allerdings noch nie gesehen, aber schließlich gehen diese Tiere durch eine sehr andere Art von Lichttunnel am Ende ihres Lebens. Durch die in diesem Kapitel beschriebenen Prozesse können Sie weiterhin mit all Ihren verstorbenen Lieben kommunizieren.

ALS MEDIUM FÜR ANDERE TÄTIG SEIN

Ich habe seit den späteren 90er-Jahren Kurse in Mediumistik gegeben und während dieser Zeit gelernt, dass jeder Mensch in der Lage ist, mit den verstorbenen Angehörigen einer anderen Person zu kommunizieren. Mit anderen Worten, wir alle haben die gleiche mediumistische Begabung.

Die augenscheinlichen Unterschiede bezüglich der Fähigkeiten zum Medium haben mit dem Vertrauen in die eigenen intuitiven Gefühle und Gedanken zu tun, wie ich bereits betont habe. Wenn Sie einem anderen Menschen ein Reading geben (besonders einem Trauernden), ist es normal, ein gewisses »Lampenfieber« zu fühlen. Es versteht sich von selbst, dass Sie dem Betreffenden das bestmögliche Reading geben wollen. Nun, diese Ängste können Ihre Effektivität als Medium beeinträchtigen. Daher ist es wichtig, sich ausschließlich auf die Liebe zwischen der Person im Himmel und der Person zu fokussieren, der Sie das Reading geben. Stellen Sie sich einen Strom fürsorglichen Lichtes vor, das sowohl aus Ihrem Herzen kommt als auch aus dem Herzen der anderen Personen, die an Ihrem Reading beteiligt sind. Visualisieren Sie, wie diese Lichtströme sich verbinden und ineinander übergehen.

Bei jeder Art von Reading ist es wichtig – doch ganz besonders bei der Tätigkeit als Medium –, dass Sie Ihren Fokus hundertprozentig auf die Frage »Wie kann ich dienen?« und die darauf folgende Antwort richten. Es kann passieren, dass das Ego sich mit seinen selbstbezogenen Ängsten einmischt und sagt: »Was ist, wenn ich während des Readings irgendetwas falsch verstehe?« Oder: »Was ist, wenn ich mich zum Narren mache?«

Im Gegensatz dazu richtet sich der Fokus Ihres höheren Selbst total auf »wir« und »uns«, wie zum Beispiel: »Bitte hilf mir, liebevolle und akkurate Botschaften durchzubringen, um die Seele meines Klienten zu trösten.«

Wenn Sie Ihre ganze Intention auf Hilfe ausrichten, übernimmt automatisch Ihr höheres Selbst die Kontrolle über das Reading. Und Ihr höheres Selbst ist hundertprozentig auf die andere Dimension eingestimmt, immer und zu jeder Zeit. Unser Ego hingegen basiert vollkommen auf Angst und hat daher keinerlei intuitive, außersinnliche Fähigkeiten. Also halten Sie Ihren Fokus auf Service gerichtet, während Sie für andere als Medium tätig werden, und Ihr Reading wird für alle Beteiligten ein großer Trost sein!

Die verstorbenen Menschen, mit denen Sie während einer mediumistischen Session Kontakt aufnehmen, sind Menschen wie Sie und ich. Sie unterscheiden sich von uns nur insofern, als sie keinen physischen Körper (mehr) haben. Davon abgesehen sind sie Menschen mit realen Gefühlen und Egos. Sicher, vielleicht sind sie ein wenig geduldiger und können leichter vergeben, wenn sie auf die andere Seite gegangen sind, doch nach wie vor schätzen (und fordern) sie gute Manieren während mediumistischer Sessions.

Zum Beispiel wissen Verstorbene um die wahre Natur Ihrer Intentionen hinsichtlich Ihrer Tätigkeit als Medium. Sie wissen ganz genau, ob Sie sich für diese Arbeit entschieden haben, weil Sie wirklich anderen helfen wollen, oder ob Sie in erster Linie daran interessiert sind, Ruhm und Reichtum anzusammeln, indem Sie ein berühmtes Medium werden. Was glauben Sie, welche Intention die Geistwelt am ehesten unterstützt? Verstorbene Personen schätzen die gleichen gesellschaftlichen Manieren wie lebende. Daher sollten Sie sich der Person, mit der Sie Kontakt aufzunehmen versuchen, vorstellen, anstatt sie sofort aufzufordern, Informationen durchzugeben.

- **Richtig:** »Hi, Claudia, ich heiße Mary, und ich würde gerne mit dir sprechen, um deiner trauernden Nichte Brenda zu helfen. Wäre das okay?«
- **Falsch:** »Claudia, gib mir Informationen für Brenda, und zwar sofort!«

Welche Begrüßung würde Sie am ehesten zu einer Antwort veranlassen? Übrigens können Sie mit verstorbenen Personen sowohl leise (in Ihrem Herzen) als auch mit lauter Stimme reden. Sie hören Sie so oder so, und täuschen Sie sich nicht: Sie spüren genau, was Sie wirklich denken oder fühlen, nicht nur, was Sie laut sagen.

Wenn es Ihre Absicht ist zu helfen und Sie auf Ihre Manieren achten, wird die Geistwelt während einer mediumistischen Session wunderbar kooperieren. Die Seelen auf der anderen Seite werden Ihnen detaillierte und akkurate Botschaften geben, die jedem helfen werden, der an dem Reading beteiligt ist.

Die geistige Welt weiß, dass wir uns vor Geistern und unheimlichen Dingen fürchten. Es kommt vor, dass Medien eine Session mit den besten Absichten beginnen; doch wenn sie merken, dass sie tatsächlich mit einem verstorbenen Menschen reden, kriegen sie es mit der Angst zu tun, ziehen sich zurück und beenden den Kontakt. Die Geistwelt nennt diesen Vorgang »Hit-and-Run«-Readings und betrachtet ihn als eine nicht zu überbietende Unhöflichkeit. Es ist das Gleiche, als würde man ein Gespräch mit einem neuen Bekannten beginnen und dann mitten im Satz weggehen. Wenn Sie ein Reading beginnen, bleiben Sie bitte bis zum Ende dran.

DIE DREI ABSCHNITTE
EINER MEDIUMISTISCHEN SITZUNG

Wie können Sie also wissen, wann ein Reading beendet ist? Nun, die folgende Checkliste der drei Abschnitte einer mediumistischen Sitzung kann Ihnen helfen. Außerdem ist sie ein nützliches Instrument zur Überwindung von Zweifeln bezüglich der Gültigkeit des Readings.

Denn sehen Sie, wenn ein Medium Kontakt mit dem verstorbenen Angehörigen eines Menschen aufnimmt, bleibt es in der Regel skeptisch bezüglich des Vorganges. Selbst wenn ein Medium ein wunderbar akkurates Reading gibt, führt sein Ego normalerweise einen leisen fortwährenden Dialog à la »Das bildest du dir alles nur ein«.

Wenn Sie öffentliche Sessions als Medium durchführen – im Radio, Fernsehen oder bei einem Seminar –, behält auch das Publikum eine gewisse Skepsis bezüglich der Gültigkeit der durchgegebenen Informationen bei. Sogar die Klienten, für die Sie das Reading geben, sind vielleicht nicht überzeugt davon, obwohl sie verzweifelt wünschen, den Kontakt mit ihren Freunden und Verwandten im Himmel herzustellen. Jedes Mal, wenn Sie den verstorbenen Angehörigen eines Klienten kontaktieren, denken Sie an diese dreiteilige Checkliste:

- **Identifizieren** Sie die Beziehung des Verstorbenen zu Ihrem Klienten. Mit anderen Worten, wer ist die Seele im Himmel, mit der Sie sprechen? Ist es die Großmutter Ihres Klienten, und wenn ja, mütterlicher- oder väterlicherseits?

- Geben Sie **spezifische Informationen,** die eine physische Reaktion Ihres Klienten hervorruft. Sie möchten erreichen, dass Ihre Klienten so verblüfft über die spezifischen Einzelheiten sind, dass sie zusammenzucken, ihnen der Mund offen steht, sie nach Luft ringen oder sogar vor Glück weinen. Starke Reaktionen des Klienten helfen allen, die mit dem Reading zu tun haben, an seine Gültigkeit zu glauben.

- **Übermitteln** Sie Worte der Liebe. Das kann eine Botschaft sein wie zum Beispiel:»Großmutter ist so stolz auf Sie!« Oder:»Es tut mir wirklich leid, wie ich dich zu Lebzeiten behandelt habe.« Jeder emotionale Ausbruch, der das Herz Ihres Klienten berührt, ist geeignet.

Alle drei Abschnitte einer mediumistischen Sitzung sind gleich wichtig und notwendig. Es spielt keine Rolle, in welcher Reihenfolge Sie sie vornehmen, solange Sie Ihrem Klienten alle drei Abschnitte liefern. Hier sind Möglichkeiten, wie Sie diese drei Abschnitte ansprechen können ...

Die Macht des Namens

Ihr Vorname trägt den vibrationalen Schlüssel, der die Akasha-Einträge Ihrer Seele oder Ihr Buch des Lebens aufschließt. Tatsächlich hat der Himmel diesen Namen vor Ihrer Inkarnation mit Absicht gewählt, weil er am besten zu Ihrer Lebensaufgabe passt. Sie oder die Engel haben Ihren Eltern vor Ihrer Geburt diesen Namen zugeflüstert. Wenn die Eltern hingehört haben, haben sie Ihnen den für Sie vorgesehenen Namen gegeben. Falls sie Ihnen einen anderen Namen gegeben haben, werden Sie mit dem Gefühl durchs Leben gehen, als hätten Sie den falschen Namen. Machen Sie sich jedoch keine Sorgen – Sie können sich jederzeit einen neuen Namen zulegen, der sich passender anfühlt.

Der Vorname jedes Menschen hat eine spezifische und einzigartige Vibration. Es spielt keine Rolle, wie viele Pauls oder Marias es auf der Welt gibt; jeder von ihnen ist einzigartig. Wenn also Ihr Klient Sie bittet, Kontakt mit seinen lieben Verstorbenen aufzunehmen, dann können Sie die Session mit der Frage beginnen:»Gibt es jemand Bestimmten, mit dem Sie Kontakt aufnehmen möchten?« Wenn ja, können Sie um den Vornamen dieser Person bitten. Dann meditieren Sie kurz über den Namen und sagen Ihrem Klienten die Gedanken, Gefühle und Visionen, die zu Ihnen kommen. Durch die Macht des Namens werden Sie problemlos in der Lage sein, mit jedem verstorbenen Menschen oder Tier Kontakt aufzunehmen.

Wenn ein Mensch sich reinkarniert oder höher als die Kontaktebene aufgestiegen ist, werden Sie dennoch durch seinen oder ihren Vornamen Informationen über ihn empfangen können. Wenn er oder sie nicht persönlich erreichbar ist, wird jemand anderes in der Geistwelt in der Lage sein, Botschaften über die Seele zu liefern, die Ihr Klient kontaktieren möchte. Wenn ein Mensch seinen Namen geändert hat (auch wenn er anstelle seines ersten Namens seinen mittleren Namen benutzt), probieren Sie alle Möglichkeiten, bis Sie die ersten außersinnlichen Eindrücke empfangen. Das ist so, als würde ich Ihnen einen Schlüsselring mit mehreren Schlüsseln geben und Sie bitten, mir eine bestimmte Tür zu öffnen: Sie würden jeden einzelnen versuchen, bis Sie den gefunden haben, der passt. Bei Personen, die ihren Namen abgekürzt oder geändert haben, verhält es sich genauso. Versuchen Sie alle Variationen der Kontaktaufnahme, bis Sie die finden, die in einem Strom von Gedanken, Visionen, Worten und Gefühlen resultiert.

Erzählen Sie Ihrem Klienten während der Session alles, was Sie sehen, hören, fühlen und denken, egal wie sehr das Ego versucht, Sie davon abzuhalten, Ihrem Klienten diese außersinnlichen Eindrücke weiterzugeben. (»Sag es nicht – es ist falsch, du wirst einen Narren aus dir machen!« ist ein Beispiel für die Monologe des Ego während einer mediumistischen Session.)

Tatsächlich ist von dem Moment an, wo Sie eine Session als Medium beginnen, alles, was Sie physisch oder nicht physisch sehen, denken und hören, Teil davon. Und damit meine ich *alles* – ohne Ausnahme. Daher sagt Ihnen vielleicht die Ameise, die während der Session über Ihren Schreibtisch krabbelt, dass Sie mit der Tante Ihres Klienten sprechen. Die Haushälterin, die die Session unterbricht, ist das Zeichen eines lieben Verstorbenen Ihres Klienten, der was mit Reinigen oder Saubermachen zu tun hatte. Das Flugzeug, das über Ihnen fliegt, kann bedeuten, dass Ihr Klient beim Militär war, in der Flugindustrie gearbeitet hat oder viel gereist ist.

Ihre Bauchgefühle werden die physischen Zeichen, die Sie während Ihrer Session empfangen, ergänzen und erklären. Entscheidend ist, dass Sie Ihrem Klienten alles sagen, was zu Ihnen kommt. Tatsächlich habe ich festgestellt, dass – je bizarrer der Gedanke oder die Vision – die Wahrscheinlichkeit umso größer ist, dass es sich um eine zutreffende Botschaft handelt.

Spezifische Informationen und Botschaften der Liebe

Um die spezifischen Details und liebevollen Botschaften zu empfangen, die ein integraler Aspekt mediumistischer Arbeit sind, müssen Sie mit den verstorbenen Angehörigen Ihres Klienten ein Gespräch führen. Reden Sie mit den Seelen im Himmel genauso wie mit lebenden Menschen. Seien Sie ehrlich und authentisch. Seien Sie höflich. Stellen Sie jede Menge ernst

gemeinter Fragen und geben Sie die Antworten, die Sie empfangen, sofort und ohne zu zögern an Ihren Klienten weiter.
Wenn Ihr Klient eine Frage für einen lieben Verstorbenen
hat, *denken* Sie einfach die Frage mit der Intention, sie der entsprechenden himmlischen Person zu stellen. Dann notieren und
artikulieren Sie alle Gedanken, Gefühle, Worte und Visionen
(physisch oder mental), die Ihnen zuteilwerden.

Wenn Sie ein Angel-Reading geben, werden Sie viele er-
habene, schöne und ausführliche Botschaften erhalten. Bei der
Kommunikation mit verstorbenen Menschen verhält es sich ein
wenig anders, weil hier die Möglichkeit besteht, dass ihre Übermittlungen für Sie keinen Sinn ergeben. Das liegt daran, dass
die Botschaften nicht für Sie gemeint sind, sondern für Ihren
Klienten. Das Ego versucht vielleicht, Sie dazu zu bringen, aus
Angst vor einer falschen Antwort nur die Informationen weiterzugeben, die Sie verstehen. Nichtsdestotrotz besteht Ihre
Rolle und Verpflichtung als Medium darin, *alle* Botschaften,
die Sie empfangen, weiterzugeben, selbst wenn Sie sie nicht verstehen oder fürchten, sie könnten falsch sein.

Identifikation der anwesenden Seelen

Mithilfe der folgenden Tabelle können Sie die Identität der Verstorbenen erkennen, die bei Ihren Klienten sind. Die Geistwelt
hat mich diese Methode gelehrt, während ich im Laufe der Jahre
Tausende von Readings als Medium gegeben habe.

Mindestens ein verstorbener Angehöriger, der als geistiger
Führer agiert, ist zu jeder Zeit bei jedem von uns. Manche Menschen haben eine große Gruppe an ihrer Seite, wie ein ständiges
spirituelles Familientreffen. Der Bereich des Körpers, in dem jeder verstorbene Angehörige oder Freund erscheint, basiert auf
Polarität.

Die Polarität in dieser Tabelle bezieht sich auf Rechtshänder. Für Linkshänder nehmen Sie die gegenüberliegende Seite. (Übrigens: Wenn Sie als Linkshänder auf die Welt gekommen und später Rechtshänder geworden sind, sind Sie vom Standpunkt der Energie aus nach wie vor Linkshänder.) Die dominante Hand (mit der Sie normalerweise schreiben) zeigt die männliche Seite Ihres Körpers an. Stellen Sie sich eine Linie vor, die genau durch Ihr Zentrum führt, so wie in dieser Tabelle. Alles auf der rechten Hälfte des Körpers eines Rechtshänders hat eine männliche Energie und alles auf der linken eine weibliche. Also stehen verstorbene Angehörige vonseiten Ihres Vaters hinter Ihrer männlichen Seite, und Ihre mütterlichen Verwandten stehen hinter Ihrer weiblichen Seite. Um es einfacher auszudrücken: Die Angehörigen Ihrer Mutter sind zu Ihrer Linken, wenn Sie Rechtshänder sind, und die Ihres Vaters zu Ihrer Rechten – bei Linkshändern ist es genau umgekehrt.

Verstorbene Menschen erscheinen hinter Ihren Klienten, während lebende, an die Ihr Klient viel denkt, vorne erscheinen können. Wenn Sie also einer Klientin ein Reading geben, die sich zum Beispiel über ihre lebende Tochter Sorgen macht, kann es sein, dass Sie die Gegenwart der jungen Frau vor dem Körper Ihrer Klientin wahrnehmen. Ihre Tochter ist definitiv am Leben; Ihre Klientin denkt jedoch so viel an sie, dass sie in ihrer Aura erscheint. Es ist wichtig, darauf zu achten, dass Sie bei einem Reading nicht aus Versehen Ihrer Klientin einen Schrecken einjagen und sie glaubt, dass ihrer Tochter etwas zugestoßen ist, wenn Sie sie erwähnen.

Je näher am Kopf des Klienten der verstorbene Angehörige erscheint, desto näher ist er ihm genetisch. Diese spürbare Nähe bedeutet aber nicht notwendigerweise emotionale Nähe. Daher stehen Eltern, die genetisch dem Klienten am nächsten sind, direkt hinter seinem Kopf. Ein verstorbener Vater wäre dem-

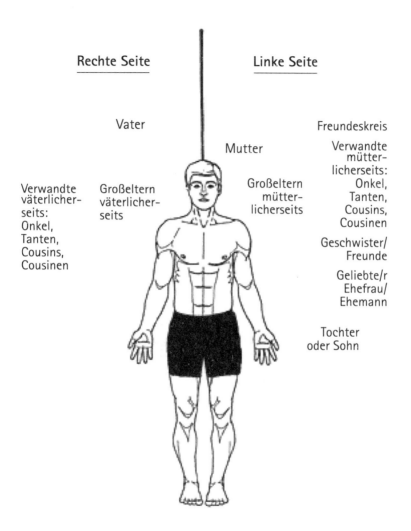

Rechte Seite

Linke Seite

Vater

Freundeskreis

Mutter

Verwandte
mütter-
licherseits:
Onkel,
Tanten,
Cousins,
Cousinen

Verwandte
väterlicher-
seits:
Onkel,
Tanten,
Cousins,
Cousinen

Großeltern
väterlicher-
seits

Großeltern
mütter-
licherseits

Geschwister/
Freunde

Geliebte/r
Ehefrau/
Ehemann

Tochter
oder Sohn

*Diese Tabelle zeigt die Identität verstorbener Angehöriger und
den Körperbereich, wo sie sich aufhalten
(für Rechtshänder).
Kehren Sie die Information für linkshändige Klienten um.
(Copyright: Doreen Virtue)*

71

nach auf der rechten (männlichen) Seite eines rechtshändigen Klienten und eine verstorbene Mutter auf der linken (weiblichen) Seite.

Je weiter entfernt ein Verstorbener vom Kopf Ihres Klienten erscheint, desto weniger ausgeprägt ist die genetische Verbindung. Über den Schultern Ihres Klienten befindet sich das, was ich die »Großeltern-Zone« nenne, weil Sie da die mütterlichen (über der »weiblichen« Schulter) und väterlichen Großeltern und Urgroßeltern finden (über der »männlichen« Schulter). Lassen Sie sich nicht verunsichern, wenn ein weiblicher Spirit auf der männlichen Seite Ihres Klienten erscheint. Das hat nichts mit dem persönlichen Geschlecht der Seele zu tun. Vielmehr hat es damit zu tun, ob die Seele ein mütterlicher oder väterlicher Verwandter ist.

Verstorbene Freunde, Geschwister, Kinder und angeheiratete Verwandte stehen alle auf der weiblichen Seite Ihres Klienten, in einem Bereich, den ich die »Freundschafts-Zone« nenne. In der Tabelle können Sie sehen, dass dies der Bereich vom Kopf Ihres Klienten bis hin zu der Stelle ist, wo seine ausgestreckte Hand sein würde.

Sie können die Position und Identität eines verstorbenen Angehörigen Ihres Klienten bestimmen, wenn Sie Ihre Augen schließen und den Kopf und die Schultern Ihres Klienten scannen. Oder Sie strecken Ihre Hand aus und führen sie nahe am Oberkörper Ihres Klienten entlang und achten auf Bereiche, die sich warm anfühlen oder zu denen sich Ihre Hand hingezogen fühlt. Dann vergleichen Sie diese Bereiche mit der Tabelle. Sobald Sie die Identität der verstorbenen Person festgestellt haben, können Sie Ihren Klienten um den Namen des Betreffenden bitten. Dann wenden Sie die bereits beschriebene Technik »Macht des Namens« an, um Informationen und Botschaften für Ihren Klienten zu erhalten.

Überwinden von Blockaden
bei der Arbeit als Medium

Die am häufigsten auftretende Blockade beim Empfangen mediumistischer Botschaften stellt sich ein, wenn Ihre spirituelle Frequenz weit über der Frequenz verstorbener Freunde und Verwandter liegt. Wenn Sie am liebsten mit Gott und den Engeln kommunizieren, bedeutet dies, dass Ihre Frequenz so hoch ist, dass Sie nichts hören, was niederfrequent ist (wie zum Beispiel verstorbene Personen).

Sie können Ihre Frequenz auf sichere Weise reduzieren, indem Sie sich »erden«. Am einfachsten ist es, wenn Sie Ihre nackten Füße gegeneinander reiben oder draußen barfuß herumgehen. Außerdem ist es ratsam, während Ihrer Sessions jede Art von hoch vibrierendem Kristallschmuck abzulegen, da Kristalle Ihre Energie erhöhen werden.

Mit ein wenig Übung können Sie bald Readings auf unterschiedlichen Vibrationsebenen geben, was bedeutet, dass Sie für denselben Klienten gleichzeitig Botschaften von Gott, Jesus, den Erzengeln und verstorbenen Angehörigen durchgeben können. Dazu brauchen Sie Intention und Übung. Es wird Ihnen gelingen, wenn Sie den Wunsch dazu haben!

Ich werde oft gefragt, ob die extrovertierte oder die ruhige, introvertierte Veranlagung eines Klienten ein Reading beeinflussen wird. In ähnlicher Weise fragen mich die Teilnehmer an meinen Seminaren, ob es schwieriger ist, einen Skeptiker zu lesen als einen spirituell Suchenden.

Bei mediumistischen Readings ist die Persönlichkeit des verstorbenen Angehörigen der entscheidende Faktor bezüglich der Menge an Information, die Sie empfangen werden. Ich habe zum Beispiel skeptischen Pressevertretern Readings gegeben, die wild dazu entschlossen waren, meine mediumistischen Bemühungen vor laufender Kamera zu vereiteln. Doch weil ihre verstorbenen Lieben kontaktfreudig und kooperativ waren, verliefen die Readings so überzeugend für die Reporter, dass sie ihre Gültigkeit während des Filmens bestätigten.

Es spielt keine Rolle, ob die verstorbenen Angehörigen Ihres Klienten zu Lebzeiten Ihre Sprache gesprochen haben oder ob sie überhaupt sprechen konnten (wie im Falle eines hinübergegangenen Babys, Haustieres oder taubstummen Menschen). Die Geistwelt wird Ihnen ihre Botschaften übersetzen, damit Sie sie Ihrem Klienten weitergeben können. Gelegentlich begegne ich Verstorbenen, die mir Worte in einer fremden Sprache durchgeben mit der Bitte, sie meinem Klienten zu sagen. Dann tue ich mein Bestes, sie phonetisch zu übermitteln, und habe festgestellt, dass diese Worte immer mit überzeugenden spezifischen Fakten zu tun haben, die dem Klienten helfen, die Gültigkeit des Readings zu akzeptieren.

Im Gegensatz zu den Darstellungen Verstorbener in Hollywoodfilmen gehören die Menschen in der geistigen Welt zu den angenehmsten und nettesten, die Ihnen jemals begegnen werden. Sie sehen völlig normal aus und legen nie irgendwelche grotesken Eigenschaften an den Tag. Sie werden auf eine Weise erscheinen, die am besten dazu dient, sie zu identifizieren.

Wenn also zum Beispiel eine Klientin den Verlust ihres Babys beklagt, wird Ihnen das Kind entweder als Zehnjähriger oder als Kleinkind erscheinen, je nachdem, wie Ihre Klientin über ihr Baby denkt. Die verstorbenen Personen werden ihre Lieblingskleidung tragen und Gegenstände in der Hand halten, anhand derer Ihr Klient sie identifizieren kann, wie beispielsweise ein Martini-Glas, eine Zigarre, Stricknadeln, Golfschläger und so weiter.

* * *

Die Durchführung mediumistischer Sessions kann vergnüglich und therapeutisch sein. In jedem Fall hilft sie uns allen, die Angst vor der Sterblichkeit zu verlieren und den Segen der Botschaften verstorbener Personen zu erlangen. Eine Botschaft im Besonderen tendiert dazu, in den meisten medialen Sessions durchzukommen, und ich habe sie mir zu Herzen genommen: »Genieße jeden Augenblick deines Lebens, denn das Leben ist ein Geschenk, egal was passiert.«

Im zweiten Teil dieses Buches werden wir uns weiter mit den spirituellen und außersinnlichen Heilungsmethoden der Engel-Therapie befassen.

***

ZWEITER TEIL

ENGEL-
THERAPIE-
METHODEN

4

Mit den Engeln sprechen

Da Sie (wie jeder Mensch) Schutzengel haben und weil wissenschaftliche Studien zeigen, dass Intuition eine dem Menschen angeborene Eigenschaft ist, können Sie klare Gespräche mit Ihren eigenen Engeln und denen anderer Personen führen. Zunächst einmal müssen Sie eventuelle Ängste adressieren, um zu vermeiden, dass diese Ihre göttlichen Verbindungen blockieren.

In meiner mehr als 15-jährigen Erfahrung als Leiterin von weltweiten Engel-Kommunikations-Seminaren mit Tausenden von Teilnehmern – Männern und Frauen aller Alters- und Berufsgruppen – habe ich festgestellt, dass Angst der Hauptfaktor ist, der uns blockiert. Anstatt jedoch diese Ängste zu ignorieren, ist es am besten, sie anzuerkennen und sich ihnen zu stellen. Auf diese Weise verlieren sie ihre Macht über uns.

Hier sind die am weitesten verbreiteten Ängste (in Form von Fragen), denen Menschen sich gegenübersehen, wenn sie die Entscheidung treffen, mit ihren Engeln zu sprechen. Während Sie die nachfolgende Information lesen, achten Sie darauf, ob sie bei Ihnen irgendeine körperliche Reaktion oder eine Erkenntnis wie zum Beispiel »Das könnte ich gesagt haben!« hervorrufen. Geben Sie alle Ängste, die Sie als solche erkennen, dem Himmel, indem Sie sich vorstellen, dass jede Angst von einem Ball aus Licht umgeben ist, den Sie den Engeln überreichen, die in diesem Moment bei Ihnen sind. Spüren Sie die Erleichterung, während Sie diese Ängste in die Hände des Himmels legen. (Später werden wir noch mit anderen Methoden des Angst-Loslassens arbeiten.)

1. »Ist es ein Akt der Blasphemie, mit Engeln zu reden?«

Diese Angst beruht auf der Interpretation spiritueller Texte einiger organisierter Religionen. Wenn Sie wirklich glauben, dass Sie nur mit Gott oder einem anderen spirituellen Wesen sprechen sollten, dann missachten Sie diesen Glauben nicht, da dies zu unnötigen weiteren Ängsten führen würde – und wir wollen mit Sicherheit keine zusätzlichen negativen Emotionen heraufbeschwören.

Bedenken Sie jedoch Folgendes: Das Wort Engel, wie bereits an früherer Stelle erwähnt, bedeutet »Kurier (oder Botschafter) Gottes«. Engel sind Geschenke Gottes, die wie himmlische Postboten agieren und Botschaften zwischen dem Schöpfer und seinen Geschöpfen übermitteln. Sie funktionieren mit göttlicher Präzision und übermitteln uns vertrauenswürdige Führung.

Und genau wie bei jedem anderen Geschenk wünscht der Schenkende (der Schöpfer) uns, dass wir uns daran erfreuen und es benutzen. Die Bibel und andere heilige Texte sind angefüllt mit positiven Berichten von Menschen, die mit Engeln gesprochen haben, und dieses natürliche Phänomen setzt sich bis zum heutigen Tag fort.

2. »Was ist, wenn ich keine Botschaft empfange?«

Der Hauptgrund, warum Menschen bezüglich himmlischer Kommunikation blockiert sind, ist der, dass sie zu angestrengt bemüht sind, etwas passieren zu lassen. Normalerweise basiert diese Anstrengung auf der zugrunde liegenden Angst, dass sie nicht in der Lage sein werden, ihre Engel zu hören, oder dass sie vielleicht gar keine Schutzengel haben. Wenn Sie Kontakt mit dem Himmel aufnehmen, wird Ihre Erfahrung von Ihren grundlegenden Glaubenssätzen beeinflusst werden. Angstbasierte Gedanken werden Sie daran hindern, Ihre Engel klar zu hören. Eine optimistische Sichtweise jedoch wird Ihre Kommunikation mit den Engeln deutlich verbessern. Das Fazit lautet: Überanstrengen Sie sich nicht bei dem Versuch, etwas zu erzwingen. Lassen Sie Gott und die Engel die ganze Arbeit tun, wenn sie Ihnen göttliche Botschaften senden. Ihre Aufgabe ist einfach, empfangsbereit zu sein und auf alle Eindrücke zu achten (Gedanken, Gefühle, Visionen oder Worte), die zu Ihnen kommen.

3. »Was ist, wenn ich mich irre oder alles nur erfinde?«

Echte göttliche Führung ist erhebend, inspirierend, motivierend, positiv und liebevoll. Engel-Botschaften zeigen immer, wie etwas verbessert werden kann: eine Sichtweise, die eigene Gesundheit, Beziehungen, die Umwelt, der Planet und so weiter.

Engel wiederholen in der Regel die entsprechende Weisung durch Ihre Gefühle, Gedanken, Visionen und Worte, die Sie hören, bis Sie die empfohlenen Schritte vornehmen. Wenn Sie nicht sicher sind, ob eine Botschaft echt ist oder nicht, warten Sie eine Weile, da wahre göttliche Führung sich immer wieder meldet, während falsche Führung schließlich verstummt, wenn sie ignoriert wird.

Achten Sie auf das sehr weit verbreitete »Blenderphänomen«, bei dem das Ego Sie zu überzeugen versucht, dass Sie nicht qualifiziert sind, mit Engeln zu reden, und dass Sie weder die intuitiven noch außersinnlichen Fähigkeiten dazu besitzen. Machen Sie sich bewusst, dass diese Botschaft ein Ausdruck der Angst ist und auf dem Ego basiert.

4. »Ist es nicht besser, meine Lebenslektionen ohne Hilfe und alleine zu lernen?

»Manche Menschen haben das Gefühl, sie würden »betrügen«, wenn sie göttliche Intervention erbitten. Sie glauben, dass wir leiden müssen, um zu lernen und zu wachsen, und dass wir nicht nur für die Schwierigkeiten verantwortlich sind, in die wir geraten, sondern auch dafür, einen Weg aus ihnen herauszufinden. Doch die Engel sagen, dass wir zwar durch Leiden wachsen können, doch noch schneller durch inneren Frieden und Freude am Leben. Und unser innerer Frieden inspiriert andere auf eine Weise, wie es Leiden nicht vermag.

Die Engel werden jedoch nicht alles für Sie tun. Sie sind mehr wie Mitspieler, die Sie bitten, den Ball weiterzugeben, während Sie gemeinsam auf das jeweilige Ziel zugehen. Wenn Sie die Engel um Hilfe bitten, kann es sein, dass sie eine unerwartete, wundersame Intervention kreieren. Doch häufiger werden sie Ihnen helfen, indem sie göttliche Führung anbieten, damit Sie sich selbst helfen können.

5. »Wie kann ich sicher sein, dass ich wirklich mit einem Engel spreche?«

Gott, die Erzengel, aufgestiegenen Meister und Engel sprechen alle mit liebevollen und positiven Worten. Ihre Satzkonstruktionen enthalten die Worte *du* und *wir*, wie bei jedem, der mit Ihnen redet (während das Ego immer das Wort *ich* an den Anfang jeder Äußerung stellt). Ihre verstorbenen Angehörigen werden Sätze, Worte und Manierismen benutzen, die jenen ähneln, die sie auf der Erde benutzten.

Wenn Sie jemals von irgendjemandem – egal ob lebendig oder tot – negative Worte hören, beenden Sie die Kommunikation mit diesem Wesen und bitten Sie sofort Erzengel Michael um Hilfe. Er wird niedere Energien wegführen und Sie vor Negativität schützen. Mit Engeln zu sprechen ist eine angenehme, erhebende Erfahrung. Ob Sie sie hören, sehen, ihre Gegenwart fühlen oder neue Einsichten gewinnen – in jedem Fall werden Sie den Kontakt mit ihnen genießen.

UMGANG UND HEILUNG EGOBASIERTER ÄNGSTE

Gelegentlich werden Sie vielleicht Zweifel an der Gültigkeit Ihrer himmlischen Botschaften haben. In diesen Fällen können die Engel Ihnen helfen, den Glauben an Ihre Fähigkeit zu spiritueller Kommunikation zu stärken. Hier sind einige bewährte Methoden für den Umgang und die Heilung dieser Ängste und Unsicherheiten:

Bitten Sie um ein Zeichen.
Selbst wenn Sie vielleicht unsicher sind, ob Sie Ihre Engel hören oder nicht, seien Sie versichert: Sie hören Sie. Falls also einmal Selbstzweifel aufkommen sollten, bitten Sie Ihre Engel, Ihnen ein Zeichen zu geben, das die Gültigkeit ihrer Botschaften bestätigt. Sie können diese Bitte mental, verbal oder in Form eines Briefes äußern. Sagen Sie den Engeln jedoch nicht, wie ihr Zeichen aussehen soll – bitten Sie einfach nur darum, Ihnen ein klares Zeichen zu geben, das Sie leicht erkennen können, um Ihnen zu versichern, dass Sie ihre Botschaften richtig vernommen haben.

Seien Sie anschließend besonders wachsam hinsichtlich ungewöhnlicher Vorkommnisse, die mit dem Thema Ihrer himmlischen Kommunikation assoziiert sind. Wenn Ihre Frage zum Beispiel mit einem bestimmten Menschen zu tun hatte, hören Sie vielleicht ein Lied, das Sie an denjenigen erinnert, oder Sie treffen jemanden mit demselben Namen. Generell kann man sagen, dass es sich in jedem Fall um ein wahrhaftiges himmlisches Zeichen handelt, wenn Sie eine Botschaft dreimal oder öfter hören, sehen, denken oder fühlen.

Bitten Sie um Hilfe.
Gespräche mit Engeln sind nicht anders als Gespräche mit lebenden Menschen: In jedem Fall müssen Sie Ihre Bedürfnisse klar formulieren. Wenn jemand zum Beispiel in einem unhörbaren Flüsterton mit Ihnen redet, würden Sie denjenigen bitten, lauter zu sprechen. Oder wenn die Worte eines Menschen keinen Sinn ergeben oder Sie seine Sprechweise nicht verstehen, würden Sie den Betreffenden bitten, sich klarer auszudrücken. Haben Sie keine Angst, dasselbe mit Ihren Engeln zu tun.

Wenn Sie die Engel nicht hören können, bitten Sie sie, lauter zu sprechen. Wenn Sie ihre Botschaften nicht verstehen, bitten Sie sie um zusätzliche Details.

Sorgen Sie dafür, dass Sie wirklich kommunizieren wollen.
Wenn Sie Angst haben, mit einem Engel oder einem verstorbenen Angehörigen zu kommunizieren, werden Sie automatisch nicht die Erlaubnis dazu geben. Denn der Himmel will Sie nicht erschrecken, indem er Ihnen seine Botschaften aufzwingt. Führen Sie einen ehrlichen Dialog mit sich selbst und Ihren Engeln, um sicherzustellen, dass Sie sie wirklich zu sehen und zu hören wünschen.

Übergeben Sie Ihre Ängste dem Himmel.
Sie müssen Ihre Zweifel nicht alleine mit sich herumschleppen! Stattdessen geben Sie sie Ihren Engeln. Zu diesem Zweck atmen Sie tief ein und visualisieren, wie Sie beim Ausatmen die Ängste Ihren Schutzengeln zublasen. Oder stellen Sie sich vor, wie Sie ihnen eine Blase aus Angst überreichen. Die Engel werden Ihre Ängste und Zweifel dem göttlichen Licht übergeben, um sie zu

transformieren, und nur die Lektionen und die Liebe zurück-
lassen. Außerdem können Sie Ihren Schutzengeln einen Brief
über jegliche Sorgen und Bedenken Ihrerseits schreiben und um
himmlischen Beistand bitten.

Vergessen Sie nicht: Nicht Ihre Angst zählt, sondern wie Sie
damit umgehen.

Wenden Sie sich an Jophiel.
Wie bereits in Kapitel 2 erklärt, bedeutet der Name dieses Erzengels so viel wie »Schönheit Gottes«. Eine ihrer Aufgaben besteht darin, Ihre Gedanken zu verschönern, um sie von Angst
und Sorge wieder hin zu Vertrauen und Optimismus zu dirigie-
ren. Wenn Sie merken, wie Ihre Gedanken sich in Richtung »Ist
es nicht furchtbar?!« oder ähnliche Muster bewegen, rufen Sie
Jophiel um Hilfe, damit sie Ihre Sichtweise aufbessert. Denken
Sie einfach: *Jophiel, bitte hilf mir!,* und im nächsten Moment
wird sie Ihnen zu Hilfe kommen.

Vergessen Sie jedoch bitte nicht, dass Jophiel Sie außerdem
liebevoll drängen wird, auch Ihr häusliches und berufliches Umfeld zu verschönern. Seien Sie also nicht verwundert, wenn Sie
sich plötzlich motiviert fühlen, Ihre Schränke aufzuräumen!

Nur keine Hast!
Achten Sie darauf, dass Ihre Schultern entspannt sind und Sie
tief atmen, wenn Sie mit Ihren Engeln Kontakt aufnehmen. Ein
entspannter Geist und Körper sind das Tor zu Ihrem höheren
Selbst. Der angestrengte Versuch, die Engel zu hören, stößt Sie
nur in das intuitionslose niedere Selbst des Ego.

Wenn Sie während eines Engel-Readings angespannt werden,
nehmen Sie sich einen Moment Zeit, um sich zu zentrieren:
Schließen Sie die Augen, lassen Sie alle Sorgen bezüglich Zeit
los und nehmen Sie drei sehr tiefe, ruhige Atemzüge. Stellen

Sie sich vor Ihrem inneren Auge einen weißen Lichtstrahl vor, der durch die Spitze Ihres Kopfes in Ihren Körper fließt und alle Stressenergien wie ein Magnet anzieht. Bitten Sie innerlich Ihre Engel, Ihnen zu helfen, und dann beginnen Sie mit Ihrem Engel-Reading oder setzen es fort.

Überprüfen Sie Ihre Lebensweise.
Ein Grund, warum die Engel uns häufig drängen, unsere Ess-, Schlaf- und Fitnessgewohnheiten zu verbessern, beruht auf der Tatsache, dass sich die Art, wie wir leben, auf unsere außersinnliche und intuitive Wahrnehmung auswirkt. Eine hochgradig mit chemischen Stoffen versehene Ernährung zusammen mit zu wenig Schlaf und ungenügender körperlicher Ertüchtigung vernebeln das Denken und vermindern unseren Energielevel. Essen, schlafen und trainieren Sie für optimale Wachsamkeit, und Sie werden feststellen, dass sich Ihre himmlischen Übertragungen um ein Vielfaches verbessern.

In der Regel bedeutet dies, zu einer vorzugsweise vegetarischen und glutenfreien Ernährung überzugehen, viel Wasser zu trinken, chemische Zusatzstoffe zu meiden, genug zu schlafen und regelmäßig zu trainieren. Ihre Engel werden Ihnen Einzelheiten bezüglich der für Sie optimalen Lebensweise geben, wenn Sie um ihre Führung bitten. Und wenn Engel Sie auffordern, Ihre Lebensweise zu ändern, ist es schwer, ihren sich ständig wiederholenden Rat zu ignorieren!

Übung macht den Meister!
Letzten Endes hilft Ihnen – wie bei jeder Fertigkeit – Übung und wieder Übung, das nötige Vertrauen in Ihre Fähigkeit zu entwickeln, mit dem Himmel zu kommunizieren, daher lassen Sie sich nicht entmutigen, wenn Ihre ersten Versuche nicht umgehend von Erfolg gekrönt sind. Nehmen Sie stattdessen eine

unternehmungslustige Haltung bezüglich einer harmonischen Partnerschaft mit Ihren Engeln an.

Legen Sie ein Journal an und notieren Sie alles, was mit Ihren Engel-Kommunikations-Sessions zusammenhängt. Sie werden schnell die Genauigkeit bemerken, mit der die Engel Ihre Zukunft vorhersagen und Sie zu lebensbejahenden Entscheidungen führen. Und außerdem werden Ihnen bei Ihren Engel-Botschaften wichtige Muster auffallen, die für sich schon eine Form göttlicher Führung sein können.

5

_Die vier »hellen Talente«

Weil Sie ständig Schutzengel bei sich haben, empfangen Sie in jedem Moment des Tages himmlische Botschaften. Die Frage ist nicht, ob die Engel mit Ihnen sprechen, sondern, ob Sie ihre Kommunikationen bemerken. Das liegt daran, dass Engel unter Umständen auf eine Weise den Kontakt mit Ihnen aufnehmen, die von Ihren Erwartungen abweicht.

Engel, gemeinsam mit anderen himmlischen Wesen, kommunizieren auf vier verschiedene Arten:

1. **Durch Visionen:** Damit sind Dinge gemeint, die Sie mental oder mit Ihren physischen Augen sehen; Dinge, die Sie in Ihren Träumen sehen; Zeichen, die vor Ihnen erscheinen; blitzende oder funkelnde Lichter; Lichtflecken auf Fotos; Objekte, die sich vor Ihren Augen bewegen; oder sich wiederholende Nummernfolgen, wie zum Beispiel 444 oder 111. Dieses Phänomen wird »Hellsehen« genannt.

2. **Durch Gefühle:** Das bezieht sich auf Emotionen, die aus heiterem Himmel auftauchen, wie beispielsweise Freude, Begeisterung und Mitgefühl; körperliche Empfindungen, die nichts mit der physischen Welt zu tun haben, wenn Sie sich zum Beispiel plötzlich warm fühlen oder Veränderungen in der Lufttemperatur oder dem Luftdruck bemerken; das Spüren einer spirituellen Präsenz; das Gefühl, als hätte Sie jemand berührt;

oder indem Sie einen Duft wahrnehmen, der keinen physischen Ursprung hat, wie zum Beispiel den Duft einer Blume oder den Geruch von Rauch. Dieses Phänomen wird »Hellfühlen« genannt.

3. **Durch Gedanken:** Dies äußert sich darin, etwas zu wissen, ohne zu wissen, wie Sie es wissen können; ein »Aha!«-Moment der Erkenntnis; in der Lage zu sein, ein Objekt ohne Anweisungen zu reparieren; festzustellen, dass Sie in Gesprächen oder beim Schreiben besonders weise Worte äußern, so als hätte sie Ihnen ein anderer eingegeben; die plötzliche Idee für eine neue Erfindung, ein neues Unternehmen oder Produkt; der Gedanke »Das habe ich gewusst!«, nachdem etwas eingetreten ist. Dieses Phänomen wird »Hellwissen« genannt.

4. **Durch Laute:** Wenn Sie zum Beispiel beim Aufwachen hören, wie jemand Ihren Namen ruft; himmlische Musik, die aus dem Nichts zu kommen scheint; eine Warnung von einer körperlosen Stimme; Fetzen eines Gespräches oder Fernseh- bzw. Radioprogramms, das Ihnen genau die Information gibt, die Sie brauchen; eine liebevolle Botschaft in Ihrem Inneren oder von außen an Ihr Ohr kommend; oder ein hoher, hell klingender Ton. Das Phänomen wird »Hellhören« genannt.

WAS IST IHR VORRANGIGES »HELLES TALENT«?

Wenn die Engel auch in einer Kombination von vier verschiedenen Arten zu uns sprechen – Visionen, Gefühle, Gedanken und Laute –, ist jeder von uns mit einem besonders starken Kanal gesegnet. Dies nennen wir Ihr »vorrangiges helles Talent«. Die anderen drei hellen Talente verstärken und ergänzen diese primäre Art himmlischer Kommunikation.

Sie haben wahrscheinlich schon gehört, dass manche Menschen besonders visuell veranlagt sind, während andere einen ausgeprägten Gehörsinn oder ein besonderes taktiles Gespür haben. Diese individuellen Stile reflektieren, wie Sie die materielle Welt mit Ihren physischen Sinnen wahrnehmen, und ebenso, wie Sie göttliche Kommunikation empfangen und erkennen. Um Ihr primäres helles Talent zu entdecken, denken Sie über die folgenden Szenarios nach und beantworten dann die dazugehörige Frage (bitte immer nur eine Antwort auf jede Frage):

1. **Wenn Sie jemandem begegnen, den Sie noch nicht kennen, was fällt Ihnen in der Regel als Erstes an diesem Menschen auf?**

   a) Sein/ihr Aussehen, wie zum Beispiel Kleidung, Haare, Zähne, Schuhe oder allgemeine Attraktivität.

   b) Wie Sie sich in Gegenwart des Betreffenden fühlen, zum Beispiel angenehm, amüsiert, sicher und so weiter.

   c) Ob Sie den Menschen interessant finden oder glauben, er könnte jemand sein, der Ihnen im Hinblick auf Ihre Karriere helfen kann.

   d) Der Klang der Stimme oder des Lachens der Person.

2. **Denken Sie an Ihren letzten Urlaub zurück. Was ist Ihnen am stärksten in Erinnerung geblieben?**

   a) Die wunderschöne Aussicht, ein atemberaubendes Bergpanorama oder die malerische Altstadt.

   b) Die friedlichen, romantischen, erholsamen oder aufregenden Gefühle im Zusammenhang mit der Reise.

   c) Die neuen und interessanten kulturellen und/oder historischen Informationen dieser Reise.

d) Die süße Ruhe, die tosende Brandung, die zwitschernden Vögel, das raschelnde Laub der Bäume, Musik oder irgendein anderes Geräusch.

3. **Erinnern Sie sich an einen Film, den Sie wirklich genossen haben. Wenn Sie an diesen Film denken, was kommt Ihnen als Erstes in den Sinn?**

a) Die gut aussehenden Schauspieler und Schauspielerinnen, das Licht, die Kostüme oder die Szenerie.

b) Die Art und Weise, wie der Film Sie zum Lachen oder zum Weinen gebracht oder Sie in irgendeiner Hinsicht berührt hat.

c) Die interessante Handlung oder die Lebenslektionen, die Sie oder die Charaktere in dem Film im Laufe der Geschichte gelernt haben.

d) Die musikalische Untermalung oder die Stimmen der Schauspieler und Schauspielerinnen.

Achten Sie auf Ihre Antworten auf die obigen Fragen. Höchstwahrscheinlich haben Sie zwei oder drei Fragen unter demselben Buchstaben beantwortet, was auf Ihr vorrangiges helles Talent hinweist oder auf die dominante Art, mit der Sie Informationen über die physische und spirituelle Welt verarbeiten.

Und hier die Bedeutung der Antworten:

Wenn Sie mehrheitlich mit »A« geantwortet haben, bedeutet dies, dass Sie hellseherische Fähigkeiten besitzen. Sie sind ein ausgesprochen visueller Mensch und nehmen wahrscheinlich als Erstes das Aussehen von Personen, Orten und sogar Mahlzeiten wahr, bevor Sie sich auf irgendetwas anderes fokussieren. Wahrscheinlich sind Sie künstlerisch veranlagt; oder falls Sie nicht als Künstler kreativ sind, haben Sie auf jeden Fall einen ausgezeichneten Blick für die Zusammenstellung einer Garderobe, der Inneneinrichtung und ähnliche Dinge. Visuelle Harmonie ist Ihnen wichtig, und Sie schätzen alles, was das Auge erfreut. Wahrscheinlich sehen Sie funkelnde oder blitzende Lichter, wenn Engel in Ihrer Nähe sind, und höchstwahrscheinlich haben Sie schon einmal aus den Augenwinkeln einen verstorbenen Angehörigen gesehen. Sie haben innere Visionen von Dingen, die Sie tun möchten, und besitzen die Fähigkeit, diese Intentionen in die Tat umzusetzen.

Ihre Engel sprechen durch mentale Bilder zu Ihnen; durch Zeichen, die Sie mit Ihren physischen Augen sehen (alles, was Ihnen bedeutsam erscheint); sich wiederholende Zahlenfolgen (wie zum Beispiel 111, 444 und so weiter); Münzen, die Sie finden; Schmetterlinge, Vögel und Farben in der Aura von Menschen; und andere visuelle Mittel. Vertrauen Sie diesen Visionen – durch sie spricht der Himmel zu Ihnen!

Wenn Sie mehrheitlich mit »B« geantwortet haben, sind Sie hellfühlend. Sie interagieren mit der Welt durch Ihre physischen und emotionalen Gefühle. Sie sind extrem sensitiv und haben vielleicht Schwierigkeiten im Umgang mit Menschenansammlungen einschließlich verkehrsreicher Straßen und Autobahnen. Zuweilen verwechseln Sie die Gefühle anderer mit Ihren eigenen. Sie sind sehr mitfühlend und spüren oft den Schmerz der Menschen in Ihrer Umgebung (manchmal ohne es zu wissen). Es kann sein, dass Sie zu viel essen oder andere Süchte entwickeln, um mit überwältigenden Gefühlen fertig zu werden.

Sie möchten anderen helfen, glücklich zu sein, und entschließen sich für einen Heilberuf; oder Sie gehen Beziehungen mit Personen ein, die Hilfe brauchen. Man hat Sie oft gehänselt, weil Sie »zu sensitiv« sind, doch hat gerade Ihre Sensitivität Sie zu einem kostbaren Instrument für die Botschaften des Himmels gemacht. Die Engel sprechen durch Ihr Herz und Ihren Körper zu Ihnen. Sie empfinden Freude als Zeichen dafür, dass Sie auf dem richtigen Weg sind, Furcht als Hinweis, dass Veränderungen und Heilung nötig sind, und Erschöpfung als Indiz, dass Sie sich Zeit nehmen sollten, um auszuruhen, Spaß zu haben und sich um Ihr eigenes Wohlbefinden zu kümmern. Sie wissen genau, ob eine Person vertrauenswürdig ist oder nicht, und Ihre Bauchgefühle trügen Sie nie. Wenn Sie mit der Geistwelt kommunizieren, fühlen Sie Veränderungen in der Temperatur und im Luftdruck; Sie können die Präsenz von Engeln oder verstorbenen Angehörigen spüren und fühlen zuweilen die Berührung von Engeln, wie sie über Ihre Haut oder Ihr Haar streicheln. Tun Sie diese Empfindungen nicht als »bloße Gefühle« ab – durch sie spricht der Himmel zu Ihnen!

Wenn Sie mehrheitlich mit »C« geantwortet haben, sind Sie hellwissend. Sie sind ein intellektueller Mensch, der durch Erkenntnisse und Ideen direkte Kommunikation empfängt. Häufig kennen Sie die Fakten (sowohl triviale als auch wichtige), ohne je zuvor etwas über ein bestimmtes Thema gehört zu haben, so als hätte Gott die Information direkt in Ihr Gehirn heruntergeladen. Small Talk sagt Ihnen nicht zu, Sie ziehen ernsthaftere und tief greifendere Gespräche vor. Es kann sein, dass Sie sich in der Gesellschaft anderer Menschen unwohl fühlen, außer wenn es sich um Gespräche unter vier Augen handelt und es um ein Thema geht, das Sie interessiert.

Sie haben die Fähigkeit, elektronische und mechanische Objekte zu reparieren, ohne auf eine Gebrauchsanweisung zurückgreifen zu müssen, und Sie wissen auch, wie man Menschen und Situationen »reparieren« bzw. heilen kann. Wahrscheinlich sind

Sie im Laufe Ihres Lebens oftmals als »neunmalklug« bezeichnet worden. Möglicherweise sind Sie skeptisch im Hinblick auf Engel und außersinnliche Fähigkeiten, es sei denn, Sie hatten irgendwann eine dramatische, lebensrettende Erfahrung, die Sie sich nicht anders erklären können.

Ihre Engel sprechen zu Ihnen mittels nonverbaler Eindrücke, die Sie mental empfangen. Sie sind in der Lage, mental um Informationen oder Hilfe zu bitten und sie als göttliche Instruktionen zu empfangen, die Ihnen plötzlich in Form von Gedanken in den Sinn kommen. Sie erhalten brillante Ideen für Erfindungen, Lehren und geschäftliche Angelegenheiten, die Sie nicht ignorieren sollten.

Diese »Aha«-Momente sind Hinweise darauf, dass Sie mit den Engeln in Kontakt sind. Als Hellwissender neigen Sie dazu anzunehmen, dass es sich bei Ihrem Wissen um allgemein zugängliche Informationen handelt. Sie sind es nicht – vielmehr sind sie die Art und Weise, wie der Himmel auf Ihre Gebete antwortet und zu Ihnen spricht!

Wenn Sie mehrheitlich mit »D« geantwortet haben, bedeutet dies, dass Sie hellhörende Fähigkeiten besitzen. Sie sind sehr empfindsam für Geräusche, Laute und Töne jedweder Art und der Erste, der bei dissonanten Tönen oder anderen unangenehmen Geräuschen zusammenzuckt. Sie können sich an Melodien auf die gleiche Weise erinnern, wie jemand mit einem fotografischen Gedächtnis Material abrufen kann, das er gelesen hat. Am besten ist es, wenn Sie auf Reisen Ohrstöpsel oder geräuschreduzierende Kopfhörer mitnehmen, da Ihre Sensitivität für Geräusche es Ihnen erschweren kann, sich in Flugzeugen und Hotelzimmern zu entspannen oder zu schlafen. Aus dem gleichen Grund sollten Sie bei lauten Konzerten die vordersten Reihen meiden. Wenn Sie einen Wecker benutzen, ziehen Sie es vor, zu leiser Musik aus dem Radio anstatt zu den lauten, summenden Tönen des Weckers aufzuwachen.

Ihre Engel sprechen zu Ihnen mit Worten, die Sie in Ihrem Kopf oder von außen hören. In Notfällen warnt Sie eine laute Stimme außerhalb Ihres Ohres vor Gefahr. Die Stimme des Himmels ist – im Gegensatz zu einer auditiven Halluzination – immer liebevoll, zutreffend und inspirierend, selbst wenn sie Sie auffordert, etwas Heroisches zu tun oder auf eine Weise zu funktionieren, von der Sie glauben, sie übersteige Ihre Fähigkeiten. Wahrscheinlich werden Sie beim Aufwachen am Morgen zuweilen himmlische Musik hören und eine Stimme, die Ihren Namen ruft. Glauben Sie nicht, dass Sie sich nur etwas vormachen, selbst wenn die Stimme wie Ihre eigene klingt. Solange sie liebevoll ist und Sie bittet, eine Situation zu verbessern, ist es vielmehr der Himmel, der auf diese Weise direkt zu Ihnen spricht!

KLÄRUNG IHRER HELLEN TALENTE

Die von mir weltweit durchgeführten Untersuchungen haben gezeigt, dass die meisten Menschen himmlische Botschaften durch ihre Gefühle empfangen. Die zweithäufigste Form der Kommunikation mit Engeln geschieht mittels Visionen. Wesentlich seltener empfangen Menschen die Botschaften der Engel in erster Linie durch ihre Gedanken oder indem sie tatsächlich die Worte hören.

Sie können Ihr primäres helles Talent ebenso wie die anderen drei bis zu einem noch höheren Grad öffnen. Einige diesbezügliche Methoden schließen Affirmationen ein wie beispielsweise: »Ich bin hochgradig hellseherisch veranlagt.« »Ich höre problemlos zutreffende und spezifische Botschaften aus der Geistwelt.« »Ich verstehe die Botschaften meiner Engel klar und deutlich.« Vermeiden Sie es, negative Affirmationen zu äußern

– zum Beispiel: »Ich habe einfach kein visuelles Talent«, oder: »Ich empfange nie irgendwelche Botschaften« – da dies Sie davon abhalten kann, Ihre außersinnlichen Fähigkeiten weiterzuentwickeln. Die Faustregel ist, das zu affirmieren, was Sie wünschen, und nicht das, was Sie fürchten.

Eine andere Möglichkeit, Ihre außersinnlichen Talente zu erweitern, ist das Chakra-Clearing. Dazu gehört, den Energiezentren (Chakras genannt, was in der alten indischen Sprache des Sanskrits so viel bedeutet wie »Räder«) in Ihrem Körper, die Ihre außersinnlichen Fähigkeiten regeln, göttliches Licht zu senden. Die mit den jeweiligen hellen Talenten korrelierenden Chakras lauten wie folgt:

Hellsehen: Dritte-Auge-Chakra (zwischen den beiden physischen Augen)

Hellfühlen: Herzchakra (in der Brust)

Hellwissen: Kronenchakra (auf der Spitze des Kopfes)

Hellhören: Ohrchakra (über den Augenbrauen)

Für eine umfassende Erklärung der Chakras und Möglichkeiten, sie zu klären und ins Gleichgewicht zu bringen, lesen Sie bitte in meinem Buch *Chakra Clearing* nach.

Darüber hinaus öffnet die seit Langem angewandte Methode des Arbeitens mit Kristallen die Chakras. Tragen oder halten Sie die folgenden Kristalle, um jedes der hellen Talente zu öffnen (die Kristalle können alleine oder in Kombination mit anderen benutzt werden):

Hellsehen: Amethyst, klarer Quarzkristall, Mondstein

Hellfühlen: Rosa Turmalin, Rosenquarz, Zinkkarbonat

Hellwissen: Sugilith
Hellhören: Phantomquarz, Granat

* * *

In den folgenden Kapiteln werden wir jede der hellen Künste näher erforschen, damit Sie die himmlischen Botschaften erkennen können, die für Sie selbst oder Ihre Klienten bestimmt sind. Wir werden beginnen, indem wir uns mit der Welt des Hellsehens beschäftigen – was so viel bedeutet wie »hell oder klar sehen« oder die Fähigkeit, die Energie der Engel zu sehen.

6

Hellsehen

Die Engel möchten ebenso sehr – oder noch mehr – visuellen Kontakt mit uns aufnehmen wie wir mit ihnen. Sie helfen uns bei der Kommunikation mit ihnen, indem sie ihre Präsenz deutlich zu erkennen geben. Meine Bücher *Angel Visions* und *Angel Visions II* enthalten Dutzende von Geschichten über Menschen, die Engel gesehen haben.

WIE ES IST, ENGEL ZU SEHEN

Viele meiner Schüler im Bereich außersinnlicher Wahrnehmung gehen von der irrtümlichen Annahme aus, dass Hellsehen bedeutet, Engel als deutliche, undurchsichtige Figuren zu erkennen, die so greifbar dreidimensional aussehen wie Menschen. Sie erwarten, dass ihre Visionen außerhalb ihres Kopfes erscheinen anstatt vor ihrem inneren Auge.

Doch die meisten hellsehenden Beispiele gleichen den mentalen Bildern, die Sie in nächtlichen Träumen oder Tagträumen sehen. Nur weil das Bild vor Ihrem inneren Auge erscheint, macht das die Vision nicht weniger gültig oder real. Wenn ich dies meinen Schülern erkläre, rufen sie oft aus: »Aah, also sehe ich tatsächlich Engel!«

Mit klarer Intention und Übung können die meisten Menschen die Fähigkeit entwickeln, Engel nicht nur mental, sondern auch mit offenen Augen zu sehen. Mit anderen Worten, sie sind in der Lage, einen Menschen anzuschauen und deutlich einen Engel zu sehen, der über seiner oder ihrer Schulter schwebt. Jedoch müssen Hellsehende, die gerade erst mit der Entwicklung ihres Talentes anfangen, in der Regel ihre physischen Augen schließen, während sie eine Person »scannen«. Dann sehen sie vor ihrem geistigen Auge Bilder der Schutzengel des Betreffenden.

Manche Menschen sehen in den ersten Stadien ihres Hellsehens Lichter oder Farben. Anderen erscheinen flüchtige Visionen des Kopfes oder der Flügel eines Engels. Wieder andere sehen Engel als durchsichtige, farblose oder opalisierende Wesen, von denen schimmernde Farben ausstrahlen. Und es gibt Menschen, die Engel als kräftige Wesen sehen, mit leuchtend farbigen Haaren und Kleidung.

In Zeiten großen Stresses oder nach intensivem Beten haben manche Menschen eine lebensechte Engel-Begegnung, eine Art Erscheinung. Total wach und mit weit offenen Augen sieht der Betreffende einen Engel, der entweder wie ein Mensch aussieht oder ein traditionelles Engels-Image annimmt, mit einem fließenden Gewand und Flügeln. Der Engel ist deutlich sichtbar anwesend. Der Mensch kann das Wesen berühren oder hören und erkennt erst dann, wenn es nicht mehr da ist, dass es kein Mensch war.

LICHTFLECKE AUF FOTOS

Eine der neuesten Möglichkeiten, wie Engel sich uns zu erkennen geben, besteht darin, sich auf Fotos als Lichtflecke oder Bogen aus Licht zu zeigen. Wenn Sie also einen Beweis für die Existenz himmlischer Wesen sehen wollen, jetzt können Sie es! Ihr Image erscheint als Bogen oder Flecken weißen Lichtes auf den fertigen Fotos. Auch Feen sind auf Fotos zu sehen, die in der Natur aufgenommen wurden, und sie erscheinen wie regenbogenfarbige Lichtbogen, die in Wiesen und Wäldern herumtanzen.

Am besten können Sie diese Lichtbogen und Flecken auf Fotos festhalten, indem Sie ein neugeborenes Baby oder einen spirituell veranlagten Menschen fotografieren. Oder versuchen Sie, bei einem metaphysischen Seminar – vor allem wenn es um Engel geht – Fotos zu machen. Auf den entwickelten Fotos werden Sie Dutzende dieser Lichtbogen finden. Diese Methode funktioniert am besten, wenn Sie beim Fotografieren die Intention haben, Engel sehen zu wollen.

Genau wie bei jeder anderen Frage an Ihre Engel bitten Sie sie mental, sich auf dem Film zu zeigen. Digitalkameras eignen sich besonders gut für die Aufnahme von Engel-Bildern.

ANDERE ENGEL-VISIONEN

Zu den anderen Möglichkeiten, wie wir Engel sehen können, gehören:

Träume

Dr. Ian Stevenson von der University of Virginia hat Tausende Fälle von »Traumvisitationen« katalogisiert, in denen Menschen im Schlaf mit ihren verstorbenen Angehörigen oder Engeln interagiert haben. Dr. Stevenson sagt, dass der »Grad der Lebendigkeit« das Charakteristikum ist, das einfache Träume von Visitationen unterscheidet.[2]

Die Visitationen zeichnen sich unter anderem durch leuchtende Farben, intensive Emotionen und das Gefühl aus, als sei die Situation »mehr als real«. Wenn Sie aus einem solchen Traum aufwachen, bleibt er Ihnen länger in Erinnerung als ein normaler Traum. Es kann sein, dass Sie sich noch nach vielen Jahren an explizite Details erinnern können.

Engel-Lichter

Funkelnde oder blitzende Lichter zu sehen weist darauf hin, dass Engel in der Nähe sind. Es sind die Energiefunken der Engel, während sie sich durch Ihr Blickfeld bewegen. Der Effekt ist ähnlich wie Funken, die aus dem Auspuff eines Autos kommen. Es ist eine Art Reibungseffekt und bedeutet, dass Ihr spiritueller Blick darauf eingestimmt ist, Energiewellen wahrzunehmen. Diese farbigen Lichter strahlen von Erzengeln und aufgestiegenen Meistern aus (im Anhang finden Sie eine Liste der verschiedenen Erzengel und der mit ihnen assoziierten Farben). Weiße Lichter sind der schimmernde Beweis der Anwesenheit von Engeln.

Ungefähr die Hälfte der Teilnehmer an meinen Seminaren überall auf der Welt berichtet, dass sie diese Funken und Lichtblitze regelmäßig sieht. Viele Menschen zögern, diese Tatsache öffentlich zuzugeben, aus Angst, Opfer von Halluzinationen zu sein. Sie sind es nicht. Engel-Lichter zu sehen ist ein sehr reales – und normales – Erlebnis.

Farbige Nebel

Wenn Sie einen grünen, violetten oder andersfarbigen Nebel sehen, ist das ein Zeichen, dass Sie sich in der Gegenwart von Engeln und Erzengeln befinden.

Engel-Wolken

In den Himmel hinaufzuschauen und eine Wolke in Form eines Engels zu sehen ist eine andere Möglichkeit, wie die göttlichen Wesen Sie wissen lassen, dass sie bei Ihnen sind.

Zeichen sehen

Wenn Sie eine Feder oder eine Münze finden, eine Uhr in Ihrem Haus stehen geblieben ist oder Objekte in Ihrer Umgebung verschoben sind, wenn Sie flackernde Lichter sehen oder Ihnen andere visuelle Seltsamkeiten auffallen, will Ihnen damit ein Engel sagen: »Hallo, ich bin hier.«

Verstorbene Angehörige machen ihre Anwesenheit häufig bekannt, indem sie Ihnen Vögel senden, Schmetterlinge, Motten oder bestimmte Blumen.

Visionen

Ein mentales Video zu sehen, das Ihnen wahre Informationen über eine Person oder eine Situation bietet oder Ihnen Führung bezüglich Ihrer Lebensaufgabe oder notwendiger Veränderungen gibt, ist ein Zeichen, dass Engel bei Ihnen sind. Und genauso verhält es sich, wenn Sie flüchtig irgendetwas Symbolisches erblicken.

Wenn ich zum Beispiel jemandem begegne, der im Gesundheitswesen tätig ist, »sehe« ich unweigerlich die Haube einer Krankenschwester über dem Kopf der/des Betreffenden. Die Engel senden uns häufig diese Information – vor allem wenn wir bemüht sind, zur Verbesserung der Welt beizutragen.

SIEBEN SCHRITTE,
WIE SIE IHR DRITTES AUGE ÖFFNEN KÖNNEN

Ein Energiezentrum zwischen unseren beiden physischen Augen, genannt das *Dritte-Auge-Chakra*, reguliert Umfang und Intensität unserer Hellsichtigkeit. Die Öffnung des dritten Auges ist eine wesentliche Komponente, um jenseits des Schleiers einen Blick in die Geistwelt werfen zu können.

Hier sind sieben Schritte zur Öffnung des Dritte-Auge-Chakras:

1. Als Erstes affirmieren Sie für sich selbst: »Ich kann gefahrlos sehen.« Wiederholen Sie diese Affirmation mehrmals, und wenn Sie dabei irgendeine Anspannung oder Angst fühlen, nehmen Sie ein paar tiefe Atemzüge. Bei jedem Ausatmen stellen Sie sich vor, wie Sie Ihre Ängste hinsichtlich Ihrer Hellsichtigkeit herausblasen (mehr Information bezüglich des Loslassens von Ängsten im Anschluss an diesen Paragrafen).

2. Nehmen Sie einen klaren Quarzkristall und halten Sie ihn in Ihrer dominanten Hand (mit der Sie schreiben). Stellen Sie sich einen weißen Lichtstrahl vor, der von oben in Ihren Kristall fließt. Halten Sie die Intention, dass dieses weiße Licht jetzt Ihren Kristall von jeglicher Negativität reinigt, die er vielleicht absorbiert hat.

3. Halten Sie den Kristall in die Höhe, immer noch in Ihrer dominanten Hand, bis er sich etwas oberhalb der Stelle zwischen Ihren beiden Augenbrauen befindet. Bewegen Sie Ihren Zeigefinger so, dass er durch den Kristall auf Ihr drittes Auge zeigt.

4. Legen Sie den Mittelfinger Ihrer nicht dominanten Hand (mit der Sie normalerweise nicht schreiben) auf die höchste Stelle (nicht die Spitze) Ihres Hinterkopfes.

5. Imaginieren Sie jetzt einen machtvollen strahlenden Lichtblitz, der aus dem Mittelfinger Ihrer dominanten Hand schießt, durch Ihr drittes Auge geht und dann am Mittelfinger Ihrer nicht dominanten Hand endet. Auf diese Weise stellen Sie eine Art Batteriekreislauf her, indem Ihre dominante Hand Energie sendet und Ihre nicht dominante sie empfängt. Während die

Energie durch Ihren Kopf läuft, beseitigt sie psychischen Müll und weckt Ihr drittes Auge. Dieser Vorgang braucht in der Regel ein bis zwei Minuten; und es kann sein, dass Sie einen gewissen Druck in Ihrem Kopf fühlen, Wärme in Ihren Fingern und ein Kribbeln in den Händen. Das sind ganz normale Empfindungen, die bei der Arbeit mit Energie entstehen.

6. Als Nächstes legen Sie Ihre rechte Hand über Ihr rechtes Ohr, während Sie nach wie vor den Kristall in der dominanten Hand halten. Tun Sie dasselbe mit Ihrer linken Hand über Ihrem linken Ohr. Stellen Sie sich weißes Licht vor, das aus dem Mittelfinger Ihrer dominanten Hand strömt. Dann bewegen Sie beide Hände gleichzeitig in Richtung der höchsten Stelle Ihres Hinterkopfes. Wiederholen Sie diese Bewegung sieben Mal mit einer schwungvollen Geste. Halten Sie die Intention, den Hintergrund Ihres geistigen Auges (der genauso aussieht wie der Hintergrund Ihres physischen Auges) mit dem Hinterhauptlappen in Ihrem Kopf zu verbinden, dem Bereich, der Wachsamkeit und das Erkennen Ihrer Visionen reguliert. Er sieht wie ein schmales, rundes Käppchen aus, das Sie schräg auf dem Hinterkopf tragen.

Mit dem weißen Licht legen Sie einen ca. 15 Zentimeter großen Raum frei, der sich vom Hintergrund Ihres dritten Auges bis zu Ihrem Hinterhauptlappen erstreckt. Dieser Raum verbindet die Vision vor Ihrem dritten Auge mit dem visuellen Bereich Ihres Gehirns. Auf diese Weise werden Sie sich Ihrer Visionen bewusster sein und außerdem ihre Bedeutung verstehen.

Ich habe mit vielen Menschen gearbeitet, deren drittes Auge rein und offen war, die aber dennoch darüber klagten, dass sie keine oder nur sehr begrenzte hellsichtige Visionen hatten. Ein reines, offenes drittes Auge reicht nicht aus, um Hellsichtigkeit zu garantieren! Ohne die Verbindung zwischen dem geistigen

Auge und dem Hinterhauptlappen kann ein Mensch seine Visionen weder erkennen noch verstehen. Es ist, als würde man einen Film sehen wollen, ohne den Projektor anzustellen.

7. Der letzte Schritt besteht darin, den Mittelfinger Ihrer dominanten Hand auf den Kristall und diesen über Ihrem dritten Auge zu platzieren (auch hier wieder ein wenig oberhalb des Bereiches zwischen Ihren beiden physischen Augen). Damit wollen Sie jegliche Schutzschilde, die Sie vielleicht über Ihr geistiges Auge gelegt haben, entfernen. Mit leichten, nach oben streichenden Bewegungen bringen Sie den Schild dazu, sich anzuheben, so als würden Sie eine Fensterjalousie öffnen.

Vergessen Sie nicht zu atmen, während Sie diesen Schritt vornehmen, da ein Anhalten des Atems den Vorgang verzögern würde. Wiederholen Sie das Anheben des Schutzschildes mindestens sieben Mal oder bis Sie das Gefühl haben, dass alle Schutzschilde entfernt sind.

Sie können diese Schritte auch bei einem anderen Menschen vornehmen. Sollten Sie jemanden kennen, der spirituell eingestellt und geistig offen ist – besonders jemand, der Erfahrung hat mit Energieheilung –, dann bitten Sie denjenigen, den Prozess bei Ihnen vorzunehmen. Wenn Sie sich diese sieben Schritte auch selbst verabreichen können, ist der Prozess jedoch noch machtvoller, wenn ein anderer Mensch mit klarer Intention (das heißt mit einem Minimum an Skepsis) daran beteiligt ist.

Nachdem Sie (oder jemand anderes) diese sieben Schritte durchgeführt hat, sollten Sie eine deutliche Verbesserung Ihrer mentalen Vision feststellen. Wenn Sie Ihre Augen schließen und sich einen Garten vorstellen, werden Sie mit großer Wahrscheinlichkeit intensivere und lebensechtere Farben und Bilder sehen als vor dem Prozess. Ihre nächtlichen Träume könnten intensiver sein und Ihnen stärker in Erinnerung bleiben, und auch Ihr fotografisches Gedächtnis wird sich höchstwahrscheinlich auffallend verbessern.

Um es noch einmal zu wiederholen: Die Bilder, die Sie sehen, werden vielleicht nicht außerhalb Ihres Selbst erscheinen. Es ist gut möglich, dass die mentalen Filme auf einer Leinwand in Ihrem Kopf ablaufen und nicht vor Ihren physischen Augen. Mit Übung werden Sie jedoch bald in der Lage sein, diese Bilder nach außen zu projizieren und zu sehen. Es ist jedoch irrelevant, ob sich die Visionen vor Ihrem geistigen oder physischen Auge abspielen. Ich habe festgestellt, dass meine sensitive Genauigkeit immer die gleiche ist, egal ob es sich um ein mentales Image handelt oder etwas, was ich mit meinen physischen Augen sehe. Der Schauplatz der Vision ist unwichtig. Wichtig ist, dass Sie die Bilder erkennen und ihnen Aufmerksamkeit schenken, da es sich dabei häufig um visuelle Botschaften Ihrer Engel handelt.

HEILUNG DER ANGSTBLOCKADEN BEI HELLSEHEN

Falls Sie nach dem Sieben-Schritte-Prozess immer noch merken, dass Ihre mentalen Bilder in Bezug auf Größe, Klarheit oder Farbe nicht so gut sind, wie Sie es sich wünschen, liegt das wahrscheinlich an Ängsten, die Sie blockieren. Diese Ängste sind völlig normal und können problemlos geheilt werden, wann immer Sie dazu bereit sind.

Zum Beispiel könnten Sie Angst davor haben:

1. Die Kontrolle zu verlieren.
Die Angst: Sie befürchten, dass zu viele Visionen von Engeln und toten Menschen Sie überwältigen werden, wenn Sie den

Kanal des Hellsehens voll öffnen. Vielleicht haben Sie auch Angst, dass Gott versuchen wird, Sie zu kontrollieren, oder Pläne macht, die für Sie unakzeptabel sind.

Die Wahrheit: Hellsichtigkeit ist wie ein Fernseher, den Sie einschalten, ausschalten und leiser stellen können, wie auch immer Sie wünschen. Und Gottes Wille für Sie ist identisch mit dem Ihres höheren Selbst. Der göttliche Plan hat jede Menge Glück und Fülle für Sie auf Lager – und außerdem werden Sie in allen Bereichen Ihres Lebens größere Sinnhaftigkeit finden.

2. Etwas Unheimliches zu sehen.

Die Angst: Sie haben einen Horror vor Spukhäusern oder Filmen über Monster, und Sie möchten auch nichts sehen, was an Dämonen oder Kobolde erinnert, die durch Ihre Umgebung geistern.

Die Wahrheit: Wenn Sie in der Lage waren, den Film »The Sixth Sense« mit offenen Augen anzuschauen, haben Sie das Schlimmste gesehen, was passieren kann. Die geistige Welt ist wunderschön – etwas, was sich noch nicht bis nach Hollywood durchgesprochen hat.

3. Zum Narren gehalten zu werden.

Die Angst: Sie befürchten: »Was, wenn es meine Imagination ist und ich mir das Ganze nur einbilde?« Oder schlimmer: »Was ist, wenn Geister aus einer niedrigeren Ebene mich kontaktieren und sich als meine Schutzengel ausgeben?«

Die Wahrheit: Der Grund, warum Untersuchungen zeigen, dass Kinder die am häufigsten bestätigten außersinnlichen Erlebnisse haben, ist der, dass sie sich keine Gedanken machen, ob sie Angst haben oder ob es sich bei diesen Erlebnissen um ihre Fantasie handelt. Von Johanna von Orleans ist überliefert, dass sie, als sie von ihren Inquisitoren gefragt wurde, ob sie die

Stimme Gottes vielleicht nur in ihrer Fantasie höre, antwortete:»Wie sonst würde Gott zu mir sprechen, wenn nicht durch meine Fantasie?« Mit anderen Worten, nur weil sich alles in Ihrem Kopf abspielt, heißt das nicht, dass es nicht real, gültig oder zutreffend ist.

Manchmal werde ich gefragt:»Haben Sie keine Angst, von einem Dämon zum Narren gehalten zu werden, der sich als Engel verkleidet?« Diese Frage impliziert, dass Dämonen sich bei Kostümverleihern bedienen, sich in weiße Federn hüllen und uns um ihre krallenbewehrten Finger wickeln. Tatsache ist, dass es Energien und Wesen aus niederen Welten gibt, die ich nicht zu mir nach Hause einladen würde, genauso wie es lebende Menschen gibt, mit denen ich lieber nichts zu tun habe. Doch ist das kein Grund, sich vor der Fähigkeit des Hellsehens zu schützen.

Wenn ich Sie fragen würde, ob Sie lieber um Mitternacht oder am sonnenhellen Nachmittag in einem berüchtigten Teil der Stadt alleine eine dunkle Gasse entlanggehen wollten, würden Sie natürlich den sonnigen Nachmittag wählen, stimmt's? Damit Sie sehen können, wer sich dort aufhält! Nun, das Gleiche gilt für die geistige Welt. Da jene unappetitlichen Wesen immer in der Nähe sind, wäre es Ihnen da nicht lieber, zu sehen, um wen es sich handelt, damit Sie Erzengel Michael bitten können, an Ihrer Eingangstür als»Rausschmeißer« in Aktion zu treten und dafür zu sorgen, dass niemand ohne gültigen Ausweis hereinkommen kann – und auf diese Weise sicherzustellen, dass nur Wesen von hoher Integrität und mit einem strahlenden inneren Licht zu Ihnen kommen?

Das innere Licht ist der beste Hinweis auf die Integrität eines Wesens, egal ob es sich um einen lebenden Menschen oder jemanden in der Geistwelt handelt. Bei Hellfühligkeit können Sie den Charakter einer Person fühlen; bei Hellwissen wissen Sie einfach, ob jemand eine hohe Integrität hat oder nicht; und bei Hellsichtigkeit können Sie buchstäblich das glühende Licht im Inneren des Betreffenden sehen.

Sogenannte »gefallene« Engel oder Wesenheiten in der Geistwelt können das starke glühende Licht, das vom Bauch aufsteigt und nach außen strahlt, nicht imitieren. Diese Wesen könnten sich ein Erzengel-Michael-Kostüm anziehen, doch würde ihnen sein wesentliches Element fehlen: die strahlende Aura, die das Ergebnis eines Lebens in göttlicher Liebe ist. In dieser Hinsicht hilft Hellsichtigkeit uns tatsächlich, unsere Freunde in der physischen und nicht physischen Welt zu »durchleuchten« und uns vor Schaden zu bewahren.

Außerdem können Sie fühlen, ob Sie jemandem vertrauen können oder nicht, egal ob der Betreffende in der physischen oder geistigen Welt zu Hause ist. Sie wissen immer – tief in Ihrem Inneren –, ob jemand Sie liebevoll behandelt oder nicht. Vertrauen Sie diesem Gefühl in all Ihren Beziehungen! Es wird Sie nie im Stich lassen!

4. Für etwas bestraft zu werden, das vielleicht »böse« oder »falsch« ist.

Die Angst: Sie haben Angst, dass Hellsichtigkeit Teufelswerk ist und dass Gott Sie für diese Sünde bestrafen wird.

Die Wahrheit: Diese Angst beruht häufig auf Quellen im Alten Testament, die vor Zauberern, Medien und dem Kontakt mit Verstorbenen warnen. Doch im Neuen Testament lesen wir, dass Jesus und viele andere mit Verstorbenen gesprochen haben – und ebenso mit Engeln. Der heilige Paulus erklärte in seinen Briefen an die Korinther, dass wir alle die Gabe der Prophezeiung besitzen und dass wir diese spirituellen Geschenke anstreben sollten – solange sie mit Liebe angewandt werden. Und genau das ist der Unterschied, nicht wahr?

Das Handbuch für Lehrer, Ausgabe III von *Ein Kurs in Wundern*
sagt, dass außersinnliche Fähigkeiten im Sinne des Egos benutzt
werden können (den es als den einzigen Teufel auf der Welt bezeichnet), oder im Sinne des Heiligen Geistes. Mit anderen
Worten, wir können unsere Hellsichtigkeit im Namen der Liebe
oder der Angst anwenden. Wenn Sie dieses Instrument für den
Dienst an Gott und zum Zwecke der Heilung einsetzen, gibt es
nichts zu befürchten. Sie werden feststellen, dass die Urteile anderer Menschen einfach an Ihnen abrollen.

5. Verspottet zu werden.

Die Angst: Sie fürchten, als »verrückt«, »sonderbar«, »neunmalklug« oder »zu empfindsam« abgestempelt zu werden – oder Sie
haben Angst davor, von fundamentalistischen Verwandten ver-
urteilt zu werden.

Die Wahrheit: Wahrscheinlich sind Sie ein »Lichtarbeiter«
oder ein »Indigo-Kind« – das heißt, jemand, der sich verpflich-
tet fühlt, aus einer spirituellen Sichtweise heraus die Welt zu
verbessern. Lichtarbeiter – und ihre jüngeren Pendants, die Indigo-Kinder – haben sehr häufig das Gefühl, dass sie anders sind
oder dass sie nicht hierher gehören. Wenn Menschen Sie aufgrund Ihrer spirituellen Interessen oder Fähigkeiten verspotten,
wird dieses Gefühl nur noch verstärkt. Wenn Sie in Ihrer Kindheit entsprechend gehänselt worden sind, kann es sein, dass Sie
ungeheilte emotionale Wunden davongetragen haben, die mit
verschiedenen Arten von Spott einhergehen. Bitten Sie Ihre
Engel um Intervention und folgen Sie ihrer Führung, wenn sie
Ihnen vorschlagen, professionelle Hilfe zu suchen.

6. Ihr gegenwärtiges Leben zu überprüfen.

Die Angst: Sie fürchten, nicht auf Veränderungen vorbereitet zu
sein, wenn Sie etwas sehen, was Ihnen an Ihrem Leben nicht

gefällt – das heißt, Sie möchten lieber im Zustand der Verleugnung bleiben.

Die Wahrheit: Hellsichtigkeit kann Ihre Wahrnehmung der Aspekte Ihres Lebens intensivieren, die nicht oder nicht mehr funktionieren. Es ist wahr, dass eine Bestandsaufnahme Ihres Lebens Ihre Unzufriedenheit in mancher Hinsicht verstärken kann; jedoch erfordert eine Neueinschätzung Ihrer Beziehungen, Karriere, Gesundheit oder anderer Bereiche Ihres Lebens nicht unbedingt eine 180-Grad-Wende oder sofortige Korrektur. Unzufriedenheit ist ein machtvoller Motivator, wenn es darum geht, Schritte zur Verbesserung einer Situation vorzunehmen. Sie fühlen sich inspiriert, Fitness zu betreiben, sich gesünder zu ernähren, einen Eheberater zu konsultieren und/oder andere Methoden zu finden, um bestimmte Dinge in Ihrem Leben zu heilen.

7. Die Zukunft zu sehen.

Die Angst: Vielleicht haben Sie Angst davor, erschreckende planetarische oder gesellschaftliche Veränderungen zu sehen.

Die Wahrheit: Wenn Sie diese »Ereignisse« sehen und absolut sicher sind, dass sie nicht Ihrem Ego entspringen, haben Sie ein besseres Bild bezüglich Ihrer Aufgabe als Lichtarbeiter. Sie werden spezifisch dahin geführt, wie Sie dem Planeten helfen können, diese Veränderungen zu vermeiden oder damit fertig zu werden. Zum Beispiel werden Sie vielleicht aufgefordert, für Frieden zu beten, heilende Energie auszusenden, das Licht an verschiedenen Orten zu verankern, andere Lichtarbeiter zu unterrichten oder diejenigen zu heilen, die von den Veränderungen betroffen sind.

Wenn solche Aufgaben auch beängstigend und einschüchternd erscheinen mögen, vergessen Sie nicht, dass Sie sich vor Ihrer Inkarnation damit einverstanden erklärt haben … und

Gott und die Engel würden Ihnen eine solch monumentale Aufgabe nicht verliehen haben, wenn sie nicht wüssten, dass Sie dazu fähig sind. Darüber hinaus bieten sie Ihnen auf Ihrem Weg jegliche Unterstützung und Hilfe an – solange Sie darum bitten und offen sind, diese Hilfe anzunehmen.

8. Zu viel Verantwortung auf sich zu nehmen.

Die Angst: Sie sehen eine negative Situation voraus und fragen sich:»Soll ich intervenieren?«

Die Wahrheit: Erden-Engel werden in der Regel nur aufgefordert, für eine Situation zu beten, es sei denn, es handelt sich um eine ganz besondere Aufgabe; und wenn Sie intervenieren oder jemanden warnen sollen, werden Sie sehr klare Instruktionen erhalten, was zu tun ist.

9. Der Unfähigkeit, es zu tun.

Die Angst: Sie fürchten, dass Sie ein Blender sind, der weder über eine außersinnliche Begabung verfügt noch spirituelle Heilung vornehmen kann. Sie fragen sich, ob Sie wirklich irgendwelche Engel an Ihrer Seite haben, und falls ja, ob es Ihnen gelingen wird, den Kontakt mit ihnen herzustellen.

Die Wahrheit: Jeder fühlt sich zuweilen als Blender. Psychologen nennen diese Angst das »Hochstaplersyndrom«. Untersuchungen zeigen, dass einige der kompetentesten, erfolgreichsten Menschen anfällig sind für diesen Zustand. Das bedeutet jedoch nicht, dass Sie tatsächlich ein Betrüger sind; es bedeutet lediglich, dass Sie Ihr Inneres (das sich in neuen Situationen verunsichert fühlt) mit dem Äußeren aller anderen Menschen vergleichen (die ruhig, cool und gesammelt erscheinen). Das Ego oder niedere Selbst benutzt derlei Taschenspielertrick-Ängste, um zu verhindern, dass wir uns daran erinnern, wer wir sind und was unsere Aufgabe im Leben ist.

PAST-LIFE-BLOCKADEN BEI HELLSICHTIGKEIT

Manchmal hat die Blockade bei Hellsichtigkeit ihre Wurzeln in unserer lange zurückliegenden Vergangenheit. Selbst Menschen, die nicht an Reinkarnation glauben, werden zustimmen, dass bedeutende Ereignisse in der Geschichte sich noch heute auf unsere Welt auswirken. Zum Beispiel die Inquisition im 15. Jahrhundert, in deren Verlauf Tausende Menschen verbrannt, erhängt, gefoltert und bis aufs Hemd beraubt wurden, weil sie spirituelle Überzeugungen vertraten oder praktizierten, die der herrschenden Kirche zuwiderliefen. Der Schmerz dieser Ereignisse und anderer »Hexenjagden« im Laufe der Geschichte hallt bis auf den heutigen Tag wie ein uraltes Echo nach, das ruft: »Passt euch akzeptierten Glaubenssätzen an oder nehmt die Konsequenzen in Kauf!« Angst ist das Resultat, sich spirituell zu »outen«, was zur Folge hat, dass Sie Ihre außersinnlichen Fähigkeiten und spirituellen Glaubenssätze geheim halten.

Doch wie können Sie wissen, dass eine Wunde aus einem vergangenen Leben Ihre hellsichtige Begabung blockiert? Unter anderem durch diese Zeichen:

- Sie betrachten sich als einen nicht visuell orientierten Menschen – das heißt, Visualisieren fällt Ihnen schwer, Sie erinnern sich selten an Träume und Sie fokussieren sich nicht wirklich darauf, wie Menschen oder Dinge aussehen.
- Sie hatten bisher nur wenige hellsichtige Visionen, wenn überhaupt.
- Jedes Mal, wenn Sie daran denken, sich Ihrer Hellsichtigkeit zu öffnen, fühlen Sie sich angespannt oder voller Angst.
- Sie haben ein unbestimmtes Gefühl der Angst, wenn es darum geht, ob Sie Ihre hellsichtigen Talente anwenden

sollten, so als würden Sie Schwierigkeiten bekommen oder von einem anderen Menschen oder sogar von Gott bestraft werden.

● Wenn Sie an Menschen denken, die auf dem Scheiterhaufen verbrannt oder gehängt wurden, reagiert Ihr Körper intensiv mit kalten Schauern, die Ihnen über den Rücken laufen, Zittern, Veränderungen der Atmung oder Verspannung.

Im Gegensatz dazu hier die Zeichen, dass Erfahrungen in der Kindheit Ihre Hellsichtigkeit blockiert haben:

● Sie haben als Kind Engel gesehen, funkelnde Lichter oder verstorbene Personen, doch als Sie älter wurden, trat Ihre außersinnliche Sehweise immer mehr in den Hintergrund.
● Sie sind ein hochsensitiver Mensch.
● Man hat Sie als Kind oder Jugendlicher gehänselt, als »verrückt«, »böse« oder »komisch« bezeichnet.
● Sie fürchten sich vor dem, was Ihre Familie denken würde, wenn Sie Ihre außersinnlichen Gaben enthüllen würden.
● Sie haben Angst, dass Sie Veränderungen in Ihrem Leben vornehmen würden, die Ihre Lieben entweder enttäuschen oder ihnen schaden könnten, wenn Sie sich Ihrer Hellsichtigkeit öffnen.

Eine Rückführung in vergangene Leben durch einen anerkannten Hypnotherapeuten – oder auch mithilfe meiner CD *Rückführung mit den Engeln* – gehört zu den effektivsten Möglichkeiten, diese Blockaden zu beseitigen. Ihr Unbewusstes wird Sie nicht mit Erinnerungen erschrecken, mit denen Sie nicht umgehen können, daher machen Sie sich bitte keine Sorgen, dass eine Rückführung Sie emotional überwältigen wird.

Zu grosse Anstrengung

Die häufigste Blockade bei Hellsichtigkeit besteht darin, sich zu sehr anzustrengen, um etwas zu sehen. Wie ich bereits an früherer Stelle erwähnt habe, blockieren wir uns selbst, wenn wir uns zu sehr bemühen, irgendetwas zu erreichen. Der Grund ist, dass jede Art von Druck der Angst entspringt, die wiederum ihren Ursprung im Ego hat – und das Ego ist hundertprozentig *nicht* außersinnlich begabt!

Heilung aussersinnlicher Blockaden

Wir bemühen uns zu sehr, wenn wir tief im Inneren fürchten, vielleicht nicht fähig zu sein, etwas zu erreichen, und es daher versuchen, zu erzwingen. Die zugrunde liegende Negativität kann jedoch Tausende Stunden positiver Affirmationen und Manifestationsbemühungen zunichtemachen. Die Angst wird zu einem negativen Gebet, das leider sich selbst erfüllende Prophezeiungen anzieht.

Jeder hat bis zu einem mehr oder weniger hohen Grad außersinnliche Blockaden, also geht es nicht darum, sie komplett loszuwerden … der Punkt ist, sich ihrer bewusst zu sein und sofort mit ihnen umzugehen, sobald sie auftauchen. Manchmal schämen wir uns unserer Blockaden und geben sie weder uns selbst noch anderen gegenüber zu. Aber Blockaden sind nichts, dessen wir uns schämen müssen. Jedoch sind sie Aspekte unseres Lebens, die unsere Aufmerksamkeit erfordern. »Geheilte Heiler« (um diesen Begriff von *Ein Kurs in Wundern* zu benutzen) sind nicht Personen, die keine Probleme haben – das wäre in dieser Welt so gut wie unmöglich. Vielmehr sind es Menschen, die sich ihrer Probleme bewusst sind und nach besten Kräften versuchen, ihre göttliche Lebensaufgabe dennoch zu erfüllen.

Nichtsdestotrotz können wir Blockierungen heilen und beseitigen, die uns psychisch behindern. Diese heilenden Techniken und Werkzeuge können darüber hinaus auffallend positive Resultate in anderen Bereichen Ihres Lebens bewirken:

Heilung im Schlaf

Wenn Sie schlafen, ruht auch Ihr skeptischer Verstand. Aus diesem Grund ist der Schlaf die perfekte Zeit, um spirituelle Heilung vorzunehmen. Wenn der skeptische Verstand ausgeschaltet ist, kann Ihr Ego die Engel nicht daran hindern, wunderbare Heilungen an Ihnen vorzunehmen. Sobald Sie also bereit sind, sich Ihrer Hellsichtigkeit zu öffnen, bitten Sie Ihre Engel und jeden anderen in der Geistwelt, mit dem Sie zusammenarbeiten, in Ihre Träume zu kommen. Hier ein Beispiel, wie Sie darum bitten können:

>*Erzengel Raphael, ich bitte dich, heute Nacht in meine Träume zu kommen. Bitte sende heilende Energie zu meinem dritten Auge und wasche alle Ängste fort, die meine Hellsichtigkeit blockieren könnten. Bitte hilf mir, klar mit meinen geistigen Augen zu sehen.*«

Durchtrennen ätherischer Schnüre zu Familienmitgliedern

Wenn Sie zum Beispiel merken, dass Sie Angst vor dem Urteil Ihrer Mutter haben bezüglich Ihrer außersinnlichen Fähigkeiten, können Sie die Technik zur Durchtrennung ätherischer Schnüre anwenden, die in Kapitel 12 beschrieben wird, und spezifisch die Schnüre der Angst durchtrennen, die Sie mit Ihrer Mutter verbinden.

Wiederholen Sie den Vorgang für jede Person (ob Familienmitglied oder nicht), von der Sie befürchten, sie könnte eine negative Reaktion auf Ihre Hellsichtigkeit haben. Außerdem sollten Sie die Schnüre mit jeder Person aus Ihrer Vergangenheit durchtrennen, die Sie für Ihre Sensitivität verspottet oder bestraft hat.

Unterstützung gleichgesinnter Seelen

Als ich mich darauf vorbereitete, mich spirituell »zu outen« und meine Hellsichtigkeit offen zuzugeben, machte ich mir natürlich Sorgen über eventuelle negative Folgen. Doch hatte ich das große Glück, einen privat praktizierenden Arzt für innere Medizin und Psychiater in Newport Beach, Kalifornien, kennenzulernen, der auch zum ersten Mal zugab, dass er hellsichtig war. Eine kurz zuvor erlittene Kopfverletzung während eines Unfalls hatte sein drittes Auge geöffnet, und er stellte fest, dass er in der Lage war, in die Körper seiner Patienten hineinzusehen. Außerdem konnte er die Chakra-Systeme und negativen Emotionen sehen, die in ihnen gefangen waren, doch hatte er Angst, seine Hellsichtigkeit öffentlich bekannt zu machen und dadurch vielleicht seine Arztlizenz und seinen Ruf zu riskieren.

Wir motivierten, unterstützten und berieten einander bezüglich der Idee, unsere hellsichtigen Talente publik zu machen. Immer wieder erinnerten wir einander daran, dass wir unseren Patienten nicht wirklich auf die bestmögliche Weise helfen können, wenn wir uns selbst gegenüber nicht ehrlich sind.

Ich glaube, auch Ihnen wird die Ermutigung und Unterstützung von jemandem, der sich in einer ähnlichen Situation befindet, eine große Hilfe sein. Beten Sie darum, dass ein solcher Mensch in Ihr Leben kommen möge, und Sie werden zu ihm oder ihr geführt werden. Darüber hinaus können Sie bewusst Unterstützung und Hilfe bei metaphysischen Zusammenkünften suchen, die in entsprechenden Buchläden, überkonfessionellen Kirchen oder auf Seminaren zur Entwicklung außersinnlicher Fähigkeiten und auf Internetseiten zu finden sind, die mit den intuitiven Künsten zu tun haben.

Eine Rückführungs-Session oder -CD

Ungefähr die Hälfte aller psychischen Blockaden, die ich bei den Teilnehmern meiner Seminar sehe, ist auf Wunden im Zusammenhang mit ihren außersinnlichen Fähigkeiten in einem früheren Leben zurückzuführen. Wie ich bereits erwähnt habe, ist es sinnvoll, diese Wunden in einer Rückführungs-Session zu heilen. Die meisten anerkannten Hypnotherapeuten haben die Durchführung solcher Rückführungstechniken gelernt. Ihre einzige Aufgabe ist es, jemanden zu finden, mit dem Sie sich wohlfühlen, da Ihr Vertrauen in den Therapeuten der Schlüssel ist für Ihre Fähigkeit, loszulassen und Ihren unbewussten Erinnerungen zu erlauben, an die Oberfläche zu kommen. Alternativ können Sie eine Audio-Rückführung wie zum Beispiel meine CD *Rückführung mit den Engeln* benutzen.

Positive Affirmationen

Ich bin immer wieder erstaunt, wie viele intelligente, erfahrene Metaphysiker darüber klagen, dass sie »einfach nicht visuell veranlagt« sind. Wenn ich sie darauf hinweise, dass diese Behauptung eine negative Affirmation ist, erkennen sie, dass es ihre Worte sind, die ihre Hellsichtigkeit blockieren. Dann fangen sie an, positive Äußerungen zu benutzen, um zu formulieren, was sie sich wünschen, anstatt das, was sie fürchten.

»Ich bin hochvisuell« und »Ich bin total hellsichtig« sind Beispiele positiver Affirmationen, die Sie sich selbst sagen können, auch wenn Sie noch nicht glauben, dass es wirklich so ist. Vertrauen Sie mir – die Realität holt Ihre affirmierten Gedanken immer ein!

Die Engel der Hellsichtigkeit um Hilfe bitten

Es gibt spezielle Engel für jede Situation, und die Entwicklung außersinnlicher Fähigkeiten ist da keine Ausnahme. Die »Engel der Hellsichtigkeit« überwachen und kümmern sich um Ihr Dritte-Auge-Chakra und unterstützen Ihre geistige Sehkraft. Sagen Sie innerlich:

>*Engel der Hellsichtigkeit, ich rufe euch jetzt an. Bitte umgebt mein drittes Auge mit eurer heilenden und klärenden Energie. Ich bitte euch um eure Hilfe, jetzt mein Fenster der Hellsichtigkeit ganz zu öffnen. Danke.*«

Wahrscheinlich werden Sie ein Kribbeln fühlen und Luftdruckveränderungen in Ihrem Kopf – vor allem zwischen Ihren beiden physischen Augen – während die Engel der Hellsichtigkeit ihre heilende Arbeit vornehmen.

Verbesserungen Ihrer Lebensweise

Es besteht eine nicht zu übersehende Korrelation zwischen der Art und Weise, wie Sie Ihren Körper behandeln, und der Lebendigkeit und Klarheit Ihrer Hellsichtigkeit. Ihre Visionen sind immer schärfer, detaillierter und akkurater, wenn Sie sich eine durchgehend gesunde Lebensweise zulegen. Training, genügend Ruhe, regelmäßiger Aufenthalt in der freien Natur, eine auf pflanzlichen Produkten basierende Ernährung und die Vermeidung toxischer Zusatzstoffe in Nahrungsmitteln und Getränken helfen Ihnen, ein wirklich klarer Kanal für göttliche Kommunikation zu sein.

Nachdem Sie eine oder mehrere der oben genannten Heilungsschritte vorgenommen haben, sollte Ihre Hellsichtigkeit spürbar heller und klarer sein.

HIMMLISCHE VISIONEN

Ihre Erfahrungen mit den Engeln können Dinge und Zeichen beinhalten, die Sie sehen, entweder im Wachzustand, im Schlaf oder in der Meditation. Es gibt viele Möglichkeiten, die echten Visionen von den falschen zu unterscheiden.

Eine echte Engel-Erfahrung durch Sehen

- Traumvisitationen haben einen beinahe surrealen Charakter, begleitet von lebhaften Farben und Emotionen.
- Sie sehen Funken oder Blitze von Licht oder farbigen Nebel.
- Die Vision vermittelt ein Gefühl von Spontaneität und Natürlichkeit.
- Wiederholt sehen Sie eine Feder, eine Münze, einen Vogel, einen Schmetterling, einen Regenbogen, eine Zahlenfolge oder Ähnliches und spüren, dass es sich dabei nicht um Zufälle handelt.
- Sie haben Visionen, in denen Sie einem anderen helfen.

Imagination oder falsche Führung durch Sehen

- Sie sehen Worst-Case-Szenarios, ohne Instruktionen zu erhalten, wie Sie sie vermeiden können.
- Sie haben das Gefühl, die Vision herbeizuzwingen.
- Sie suchen nach einem Zeichen, finden stattdessen jedoch Ungereimtheiten oder zwingen dem, was Sie sehen, die von Ihnen gewünschte Bedeutung auf.
- Sie haben eine egozentrierte Vision Ihrer eigenen Person, wie Sie auf Kosten anderer etwas gewinnen.

* * *

Nun widmen wir uns der Fähigkeit des Hellfühlens, der meistverbreitetsten Art, Botschaften von den Engeln zu empfangen.

7

ℋellfühlen

Ein emotionales oder physisches Gefühl ist die Art, wie die meisten Menschen ihre Engel erleben. Wenn Engel besonders nahe herankommen, können Sie ihre Gegenwart »fühlen«. Viele Menschen, die ich im Laufe der Jahre interviewt habe, können sich daran erinnern, wie es war, wenn sie ein bestimmtes himmlisches Wesen in der Nähe gespürt haben. Die meisten sagen Dinge wie: »Ja, vor ein paar Nächten habe ich gefühlt, dass meine Mutter bei mir war. Es fühlte sich so real an, doch ich frage mich immer noch, ob ich mir das Ganze vielleicht einfach nur eingebildet habe.«

Vielleicht haben Sie die Tendenz, Ihre Intuition zu ignorieren und sich selbst nicht zu vertrauen. Wie oft hatten Sie schon das Gefühl im Bauch, sich besser nicht auf eine bestimmte Beziehung einzulassen oder einen bestimmten Weg zu nehmen? Wie oft haben Sie sich dann über Ihre Gefühle hinweggesetzt, es dennoch getan und es später bereut?

Doch egal, ob Sie auf Ihre innere Führung gehört haben oder nicht, in jedem Fall geben solche Situationen Ihnen die Gelegenheit, zu lernen und Vertrauen zu haben und das nächste Mal Ihrem höheren Selbst zu folgen. So funktioniert die Kommunikation mit Ihren Engeln – das heißt, es geht um das Vertrauen, dass Ihre Gefühle legitime und akkurate Mittel sind, mit denen Gott Sie ausgestattet hat.

Die häufigsten Möglichkeiten, eine spirituelle Präsenz zu fühlen

Hier sind einige der am weitesten verbreiteten Möglichkeiten, wie Sie durch Ihre Gefühle Kontakt mit den Engeln aufnehmen können:

- Sie nehmen flüchtig Blumenduft wahr, obwohl gar keine Blumen in der Nähe sind.
- Sie haben das Gefühl, als hätte Sie jemand berührt, Ihnen übers Haar gestrichen, Sie geschubst, beschützt, Sie im Bett zugedeckt oder umarmt.
- Sie spüren eine Veränderung des Luftdrucks; ein Gefühl von Enge oder Anspannung um Ihren Kopf herum; ein Gefühl, als würde etwas Ihre Stirn berühren; haben den Eindruck, als bewegte sich eine spirituelle Essenz durch Ihren Kopf; oder ein Gefühl ähnlich dem, unter Wasser gezogen zu werden.

Außerdem erleben Sie vielleicht:

- Veränderungen in der Temperatur
- einen plötzlichen starken Anflug von Euphorie oder Entzücken
- ein Gefühl im Bauch, dass dieses Erlebnis real ist (selbst wenn Sie zögern, anderen davon zu erzählen)

Echte himmlische Erlebnisse sind warm, sicher, liebevoll und angenehm, während falsche Ihnen ein kaltes, stacheliges, kratzendes und ängstliches Gefühl vermitteln.

Außerdem können Sie Ihre Gefühle benutzen, um eine intuitive Empfindung »probezufahren« und darauf zu achten, wie Sie reagieren. Nehmen wir zum Beispiel an, Sie spüren den starken Drang, in eine neue Gegend zu ziehen. Sie sind jedoch hin-

und hergerissen und fragen sich, wie eine solche Veränderung sich auf Ihre Familie, Freunde und Karriere auswirken würde. Obwohl Ihnen einige dieser Faktoren nicht klar sind, können Sie Ihre Zukunft »anprobieren« und Ihre göttliche Führung besser in den Griff bekommen.

Indem Sie sich vorstellen, wie es sein würde, weiterhin an Ihrem jetzigen Wohnort zu bleiben, richten Sie Ihren Fokus auf Ihre Gefühle. Ist Ihr Herz voller Erleichterung, Traurigkeit, Freude oder irgendeiner anderen Emotion? Spannt sich irgendein Teil Ihres Körpers an oder entspannt er sich als Reaktion auf das mentale Bild?

Und jetzt vergleichen Sie Ihre emotionalen und physischen Empfindungen, indem Sie sich vorstellen, wie es wäre, wenn Sie umziehen würden. Ihre Gefühle sind akkurate Maßstäbe für die Wünsche Ihrer Seele und den Willen Ihres höheren Selbst, der eins ist mit dem Willen Gottes.

Wie Sie Ihre Hellfühligkeit verbessern können

Wenn Sie in der Regel kein ausgeprägtes Gespür für Ihre emotionalen oder körperlichen Gefühle haben, können Sie die nun folgenden Methoden anwenden, um diesen wichtigen Kanal himmlischer Kommunikation zu öffnen.

Wenn Sie sensitiver werden für Ihre Emotionen und körperlichen Gefühle, wird das Leben reicher, Ihre Beziehungen vertiefen sich ... plus Sie fühlen größere Empathie und göttliche Liebe, haben mehr Verständnis für andere, werden ausgeglichener und neigen verstärkt dazu, auf Ihre Intuitionen zu achten und ihnen zu folgen.

Hier sind einige Schritte, die Sie vornehmen können, um Ihre Hellfühligkeit zu verbessern:

Schlafen Sie nachts neben einem Quarzkristall.
Sie können einen klaren Quarzkristall (am besten mit einem spitz zulaufenden Ende) preiswert in jedem metaphysischen Buchladen oder bei entsprechenden Veranstaltungen kaufen. Legen Sie den Kristall mindestens vier Stunden ins Sonnenlicht, um alle emotionalen Reste seines früheren Besitzers zu beseitigen. Dann legen Sie einen oder mehrere dieser Kristalle auf Ihren Nachttisch oder unter Ihr Bett. Auf dem Nachttisch sollten Sie die Steine auf die Seite legen, mit der Spitze in Richtung Ihres Kopfes. Wenn Sie die Kristalle unter Ihrem Bett platzieren wollen, sorgen Sie dafür, dass die Spitze nach oben weist in Richtung Ihres Kopfes oder Ihres Herzens.

Mit Zunahme Ihrer Sensitivität werden Sie die Kristalle wahrscheinlich umdrehen müssen, damit ihre Spitze von Ihnen wegweist. Vielleicht müssen Sie sie sogar in einiger Entfernung von Ihrem Bett platzieren. Hochsensitive Hellfühlende beginnen manchmal unter Schlaflosigkeit zu leiden, wenn die Kristalle zu nahe an ihrem Bett sind.

Arbeiten Sie mit dem Duft rosafarbener Rosen oder Rosenöl.
Das Aroma der rosa Rosen öffnet das Herzchakra, das Energiezentrum, welches Hellfühligkeit reguliert. Stellen Sie eine Vase mit einer solchen Rose in Ihre Nähe und atmen Sie ihren Duft häufig ein; oder besorgen Sie sich ein hoch qualitatives essenzielles Öl, das mit echten – nicht synthetischen – Rosen hergestellt wurde. Streichen Sie sich das Öl über Ihre Herzgegend und tupfen Sie ein paar Tropfen unter die Nase, damit Sie sich länger an ihrem Duft erfreuen können.

Tragen Sie eine Halskette aus Kristallen.
Genau wie rosa Rosen öffnet auch Rosenquarz das Herzchakra. Dieser schöne rosafarbene Stein ist auf dieses Energiezentrum

eingestimmt. Doch aktivieren Rosenquarzkristalle nicht nur Ihre Hellfühligkeit, sondern sie können Ihnen helfen, sich den romantischen Segnungen der Liebe in Ihrem Leben zu öffnen.

Übung zur Verbesserung Ihrer Sensitivität für physische Berührung.

Schließen Sie die Augen und nehmen Sie irgendein Objekt in die Hand. Berühren Sie es langsam und bewusst und achten Sie dabei auf das kleinste Detail und die Beschaffenheit des Gegenstandes. Reiben Sie mit dem Objekt über Ihren Handrücken und Ihren Arm und achten Sie auf die dabei entstehenden Gefühle.

Bitten Sie einen vertrauten Freund/eine vertraute Freundin, Ihnen die Augen zu verbinden und einen unbekannten Gegenstand zur Berührung in die Hand zu geben, oder kleine Köstlichkeiten, um sie zu schmecken. Fokussieren Sie Ihr ganzes Bewusstsein auf Ihre physischen und emotionalen Empfindungen und versuchen Sie zu erraten, um was es sich jeweils handelt.

Bringen Sie Ihren Körper durch kardiovaskuläre Übungen und leichte Nahrung auf Vordermann.

Wenn Sie sich müde, schwer oder träge fühlen, ist es schwieriger, Ihre Gefühle klar zu unterscheiden. Jogging, schnelles Gehen, Yoga oder andere kardiovaskuläre Übungen helfen Ihnen, die Bedeutungen und Botschaften hinter Ihrer Hellfühligkeit genauer zu erkennen.

In ähnlicher Weise schützt leichte Nahrung und gesundes Essen Sie davor, sich träge und unmotiviert zu fühlen. Ein Gefühl von Schwere oder Übersättigung kann Ihre Aufmerksamkeit für göttliche Führung blockieren. Alles, was dafür sorgen kann, dass Ihr Körper sich besser fühlt – einschließlich einer Massage, einem Mittagsschläfchen oder einem Schaumbad –, wird die Sensitivität für Ihre Bauchgefühle steigern.

SCHÜTZEN SIE SICH SELBST

Hellfühlige klagen oft darüber, dass sie zu sensitiv sind. »Ich absorbiere die toxische Energie der Probleme anderer Menschen« und »Ich bin überfordert, weil ich die Gefühle aller anderen fühlen kann« sind die beiden wichtigsten Klagen aus der Gruppe der Gefühlsorientierten.

Ironischerweise entscheiden sich Hellfühlige häufig für Berufe, bei denen die Wahrscheinlichkeit, mit anderen Menschen in physischen Kontakt zu kommen, besonders groß ist. Massage, Energieheilung, Medizin und beratende Tätigkeiten sind ein paar weitverbreitete Beschäftigungen bei Personen, die die Welt durch ihre Gefühle verstehen. Und während gefühlsorientierte Menschen diese Berufe auch überdurchschnittlich gut ausüben, müssen sie durch geeignete Maßnahmen dafür sorgen, dass sie nicht die Überbleibsel der negativen Emotionen ihrer Klienten absorbieren.

Es gibt zwei Möglichkeiten, mit diesem Problem umzugehen: vorbeugende Maßnahmen und Klärung. Zu Ersteren gehört unter anderem, sich vor den toxischen Energien anderer zu schützen. Klärung beinhaltet, alle Energien loszulassen, die Sie dennoch absorbiert haben, einschließlich jener, die Ihren eigenen ängstlichen Gedanken entspringen.

Schutzmaßnahmen

Vorbeugende Maßnahmen sind ein wenig wie Geburtskontrolle – sie sind nicht immer hundertprozentig wirksam, bieten aber dennoch beachtlichen Schutz.

Es gibt Dutzende von Möglichkeiten, wie Sie sich schützen können, und ich werde hier nur zwei meiner Lieblingsmethoden beschreiben:

1. Musik. Die Engel sagen, dass Musik wie eine Art außersinnliche Abschirmung funktioniert, indem sie uns mit schützender Energie umgibt. In stressigen Situationen ist es daher eine gute Idee, kontinuierlich Musik laufen zu lassen. Musik ist nicht nur eine vorbeugende Maßnahme, sondern auch ein Mittel zur Klärung negativer Energien. Erzengel Sandalphon ist der Engel der Musik, und er arbeitet zusammen mit Erzengel Michael daran, die Auswirkungen von Negativität zu beseitigen. Wenden Sie sich an Sandalphon, damit er Ihnen hilft, die beste Musik für unterschiedliche Situationen auszuwählen. Lassen Sie eine CD laufen, wenn Sie meditieren, und bitten Sie Sandalphon, mit der Melodie zu arbeiten, um Sie zu schützen und zu klären.

2. Rosafarbenes Licht. Die Engel haben mir eines Tages im Fitnessstudio diese Methode gezeigt. Ich hatte eine Frau begrüßt, die ich noch nie gesehen hatte und die mir im Umkleidebereich über den Weg gelaufen war. Sie fing sofort an, mir bis ins kleinste Detail von ihren diversen Operationen zu erzählen. Ich wusste, dass sie etwas loswerden musste und ein freundliches Ohr brauchte. Jedoch war ich mir gleichzeitig bewusst, dass sie mit ihrem endlosen Vortrag von Krankheit und Leiden toxische Energie ausspuckte.

Innerlich rief ich meine Engel um Hilfe. Umgehend rieten Sie mir, mich mit einer Röhre aus rosafarbenem Licht zu umgeben. Ich visualisierte, wie ich von einem hohen Zylinder rosafarbenen Lichtes eingehüllt war, so als wäre ich in einer Lippenstifthülle. Sie erstreckte sich über meinen Kopf und bis unter meine Füße.

»Du hast dich noch nie gerne mit weißem Licht geschützt«, erinnerten die Engel mich, *»weil du dabei das Gefühl hast, dich selbst von anderen abzuschneiden. Da es jedoch ausdrücklich zu deiner Le-*

*bensaufgabe gehört, mit anderen Menschen zu interagieren und dich
nicht zu isolieren (wie du es in deiner letzten Inkarnation getan hast),
hast du dich gescheut, den Schutz des weißen Lichtes zu benutzen.«*
Ihre Worte stimmten. Obwohl ich alles über Schutzmetho-
den wusste, habe ich sie selten angewandt, weil ich für meine
Klienten da sein wollte. Früher hatte ich mal mit einem Psychiater gearbeitet, der bei der Beratung seiner Klienten hinter einem riesigen Eichenschreibtisch saß. Mir war es immer so vorgekommen, als benutze er den Schreibtisch als einen Puffer, um
eine emotionale Intimität mit seinen Patienten zu vermeiden –
darüber hinaus war er ein Statussymbol.

Ich wollte während meiner Beratungs-Sessions kein weißes
Licht benutzen, da es sich so anfühlte, als würde ich mich von
meinen Klienten isolieren.

Die Engel fuhren fort: *»Doch achte darauf, wie anders dieser rosafarbene Schutzschild aus Licht ist. Sieh, wie es intensive göttliche
Liebesenergie zu dieser Frau sendet. Mach dir außerdem die wunderschöne, starke himmlische Energie bewusst, die es in dein Inneres
projiziert. Und nichts kann diesen Schutz aus rosafarbenem Licht
durchdringen, das seinen Ursprung in göttlicher Liebe hat. Auf diese
Weise kannst du voll für diese Frau da sein, ohne ihre Illusionen des
Leidens auf dich zu nehmen.«*

Seit jenem Tag habe ich die Technik des rosafarbenen Licht-
schildes mit wunderbaren Resultaten benutzt – und positives
Feedback von allen erhalten, denen ich diese Methode gelehrt
habe. Danke, ihr Engel!

Klärung

Manchmal fühlen wir uns müde, gereizt oder depressiv, ohne zu
wissen, warum. Häufig ist der Grund dafür in unserem Kontakt
mit der negativen Denkweise anderer Menschen zu suchen.
Wenn Sie in einem helfenden Beruf arbeiten, sind Sie besonders

intensiv toxischen Emotionen ausgesetzt, und es ist daher von essenzieller Bedeutung, sich regelmäßig von diesen Energien zu reinigen.

Sie können sich selbst mit dem Durchtrennen ätherischer Schnüre und durch »Staubsaugen« klären (beides wird in Kapitel 12 beschrieben). Doch die einfachste Methode, sich von außersinnlichem Mülli zu befreien, ist mithilfe von Mutter Natur. Genau wie Pflanzen Kohlendioxyd in reinen Sauerstoff verwandeln, können sie niedere Energien umwandeln. Wenn es darum geht, Ihren Körper von energetischen Toxinen zu befreien, sind alle grünen Pflanzen und Bäume besonders hilfreich.

Die Engel empfehlen uns allen, eine Pflanze neben unser Bett zu stellen – eine Topfpflanze auf dem Nachttisch kann Wunder wirken, während wir schlafen! Sie absorbiert die schwere Energie, die wir im Laufe des Tages absorbiert haben, und schickt uns auf eine Reise in höhere Sphären. Und keine Angst … es schadet der Pflanze nicht.

Wenn Sie in irgendeiner Form mit Menschen arbeiten, doch vor allem als Massagetherapeut oder Berater (Beschäftigungen, bei denen Sie offen sind für das Absorbieren der freigesetzten Negativität Ihrer Klienten), sollten Sie Pflanzen in Ihren Arbeitsbereich integrieren. Sie werden sich am Ende des Tages frischer fühlen, wenn Sie diesen einfachen Schritt beherzigen! Die Engel sagen, dass sich Pflanzen mit großflächigen Blättern am besten dazu eignen, weil die größere Oberfläche größere Energiefelder absorbieren kann. Daher wäre zum Beispiel ein Philodendron eine gute Wahl. Nehmen Sie keine Pflanzen mit stacheligen oder spitz zulaufenden Blättern. Interessanterweise empfiehlt auch Feng-Shui, die alte chinesische Kunst der richtigen Platzierung, sich von Pflanzen mit spitzen Blättern fernzuhalten. Anscheinend sorgen ihre schwertähnlichen Blätter nicht für einen positiven Energiefluss.

Im Kontakt mit den eigenen Gefühlen

Mit ein wenig Übung werden Sie merken, dass Sie immer mehr auf Ihre Gefühle eingestimmt und eher dazu geneigt sind, ihrer Weisheit zu vertrauen.

Zu einer echten Engelserfahrung gehören Gefühle

Eine solche Begegnung kann

- sich warm und kuschelig anfühlen, wie eine liebevolle Umarmung;
- Ihnen ein Gefühl der Sicherheit geben, selbst wenn Sie vor einer Gefahr gewarnt werden;
- oft von unerklärlichen Blumendüften begleitet sein;
- einen Abdruck auf der Couch oder dem Bett hinterlassen, so als hätte jemand gerade neben Ihnen gesessen;
- Veränderungen im Luftdruck oder in der Temperatur hervorrufen;
- sich anfühlen, als würde jemand Ihren Kopf, Ihre Haare oder Schulter berühren;
- dafür sorgen, dass Sie anschließend entweder schläfrig oder besonders lebhaft sind;
- Ihnen das tiefe Gefühl geben, dass die Erfahrung »absolut real« ist;
- sich wiederholende und kontinuierliche Bauchgefühle hervorrufen, um eine bestimmte Lebensveränderung oder einen bestimmten Schritt vorzunehmen;
- sich völlig natürlich anfühlen.

Imagination oder falsche Führung
mithilfe von Gefühlen

Eine solche Begegnung kann

- sich kalt und stachelig anfühlen;
- Ihnen Angst und Panik einjagen;
- völlig geruchlos oder von einem unbekannten und unangenehmen Geruch begleitet sein;
- sich anfühlen, als würde Sie jemand sexuell belästigen;
- Ihnen das Gefühl geben, dass der Raum eiskalt ist;
- Ihnen das Gefühl geben, dass Sie völlig allein sind;
- schnell von normalen Gefühlen ersetzt werden;
- zu der tiefen Überzeugung führen, dass die Erfahrung nicht real war;
- Bauchgefühle hervorrufen, die Sie drängen, Ihr Leben zu verändern, doch mit Themen und Ideen, die der Verzweiflung entspringen und nicht der göttlichen Führung;
- das Gefühl vermitteln, dass die Erfahrung nichts Vertrautes hat;
- sich erzwungen anfühlen, so als würden Sie die Erfahrung oder Führung kraft Ihres Willens kreieren.

* * *

Wenn Sie Ihrem spirituellen Repertoire die Macht Ihrer Gedanken und Ideen hinzufügen, werden Sie einen weiteren klaren Weg schaffen, Ihre göttliche Führung zu empfangen und ihr zu folgen. Als Nächstes werden wir die Macht des Hellwissens, oder der vom Himmel geschickten Gedanken untersuchen.

8

ℋellwissen oder klares ⅅenken

Wenn es ein Stückchen Wissen gibt, von dessen Richtigkeit Sie total überzeugt sind, ohne dass Sie wissen, *wie* Sie es wissen können, wird es Hellwissen oder »klares Wissen« genannt. Vielleicht ist Ihnen schon einmal Folgendes passiert: Sie diskutieren mit einer anderen Person über ein Thema, mit dem Sie nur wenig vertraut sind, doch etwas tief in Ihrem Inneren nennt Ihnen einen oder zwei Fakten, und Sie halten an diesem Wissen fest, ohne irgendwelche Beweise dafür zu haben. Ihr Gegenüber fragt: »Aber wie kannst du das wissen?« Und Sie haben keine andere Antwort als: »Ich weiß es einfach – das ist alles.«

Wahrscheinlich sind Sie schon öfters als »neunmalklug« bezeichnet worden, und dieser Ausruf enthält tatsächlich ein Körnchen Wahrheit. Sie wissen tatsächlich eine Menge, wundern sich jedoch total darüber, wie Sie an all diese Informationen herangekommen sind.

Viele große Erfinder, Wissenschaftler, Autoren, Zukunftsforscher und Führer haben ihre Gabe des Hellwissens benutzt, um das kollektive Unbewusste anzuzapfen und Zugang zu neuen Ideen und Inspiration zu finden. Thomas Edison zum Beispiel hat gesagt: »Aller Fortschritt, aller Erfolg entspringt dem Denken.« Man sagt, dass Edison und andere berühmte Erfinder so lange meditiert haben, bis sie Geistesblitze von Inspiration und Gedanken empfingen.

Der Unterschied zwischen jemandem, der einfach Informationen dieser Art empfängt, und einem Menschen, der zudem davon profitiert, ist die Fähigkeit, das Geschehene als etwas zu akzeptieren, das sinnvoll und speziell ist. So viele Hellwissende tun ihre hereinkommenden Übermittlungen als Informationen ab, die auch allen anderen total offensichtlich sind. »Das weiß doch jeder«, sagen sich die Hellwissenden. Dann stellen sie zwei Jahre später fest, dass ein anderer die brillante Idee, die sie damals empfangen hatten, in die Tat umgesetzt und vermarktet hat. Daher besteht die Herausforderung für Menschen, die ihre göttliche Führung mittels Gedanken, Ideen oder Einsichten erhalten, darin, diese als reale Informationen zu akzeptieren, die tatsächlich die Antwort auf ihre Gebete sein können.

Nehmen wir einmal an, dass Sie um göttliche Führung gebetet haben, um Ihnen zu helfen, Ihren Job zu kündigen und sich selbstständig zu machen. Dann haben Sie eine Geschäftsidee, die anderen helfen würde, und dieser Gedanke kommt immer wieder und lässt Ihnen keine Ruhe mehr (zwei Eigenschaften wahrer göttlicher Führung). Werden Sie den Gedanken abtun und denken: »Nun, jeder träumt davon, sich selbstständig zu machen, also sind das wohl nichts als Flausen«.

Ich habe festgestellt, dass es Hellwissenden guttut, sich immer wieder mal von ihrem Computer zu lösen, nach draußen zu gehen und sich eine gesunde Dosis Natur und frische Luft zu gönnen. Bei vielen denkorientierten Menschen dreht sich das Leben in erster Linie um ihre Arbeit, was dazu führt, dass ein Gleichgewicht in den Bereichen physischer Fitness, Freizeit, Familienangelegenheiten, Spiritualität und Beziehungen geschaffen werden muss. Auch wenn er oder sie nur ein wenig mehr Zeit mit diesen Dingen verbringt, kann dies einem Hellwissenden helfen, seinen Ideen, die dem Unendlichen entspringen, vertrauensvoller zu folgen.

URTEIL VERSUS URTEILSVERMÖGEN

Menschen, die in Bezug auf himmlische Kommunikation einen »denkenden« Stil bevorzugen, haben manchmal einen höheren Intelligenzquotienten (IQ) als die meisten anderen. Schließlich handelt es sich bei ihnen um passionierte Leser mit einer breiten Palette von Interessen, die ihnen überdurchschnittliche IQ-Werte bescheren können.

Ein Schlüsselingredienz beim Anzapfen dieser intellektuellen Wachsamkeit ist die Fähigkeit zu unterscheiden, wann Sie Urteilsvermögen benutzen, anstatt sich aufs Urteilen zu verlassen. Es gibt wichtige Unterschiede zwischen diesen beiden intellektuellen Verhaltensweisen, die sich auf das jeweilige spirituelle Resultat auswirken.

Lassen Sie uns mit einem Beispiel beginnen, bei dem es um das Zigarettenrauchen geht. Sie sind sich wahrscheinlich der vielen Untersuchungen bewusst, die diese Gewohnheit mit diversen Krankheiten und Gesundheitsrisiken verbinden. Das Urteilsvermögen würde sagen: »Ich fühle mich nicht zum Rauchen oder zu Rauchern hingezogen. Ich mag den Geruch von Zigaretten und ihre Auswirkungen nicht.« Das Beurteilen würde sagen: »Rauchen ist schlecht. Raucher sind schlecht.« Sehen Sie den Unterschied? Die erste Denkweise operiert nach dem Gesetz der Anziehung, das Sie einfach auffordert, Ihre persönlichen Vorlieben zu würdigen, ohne etwas zu etikettieren oder zu verdammen.

Ähnliches gilt, wenn Sie unsicher sind, ob eine Idee göttlich geführt ist oder nicht: Achten Sie auch hier auf Ihre inneren Mechanismen des Urteilsvermögens bzw. der Unterscheidung. Der alte Spruch »Im Zweifelsfalle nicht« birgt große Weisheit. Ihr innerer Computer weiß, wenn etwas stimmt oder nicht.

Vielleicht müssen Sie nicht gleich die ganze Idee verwerfen, doch sollten Sie bestimmte Komponenten neu überdenken oder korrigieren.

Unter Umständen sollten Sie sich an Spezialisten in den Bereichen wenden, die jenseits Ihrer Erfahrungswerte liegen. Ist dies der Fall, bitten Sie Gott und Ihre Engel, Sie zu diesen Personen zu führen, und Sie werden entzückt sein zu sehen, wie schnell sie in Ihr Leben kommen.

Ich habe dieses Phänomen selbst erlebt, als ich das Gefühl hatte, ein Buch über Vegetarismus schreiben zu wollen. Ich wusste, dass ich einen geschulten Ernährungsberater mit spiritueller Ausrichtung finden musste – jemand, der sich mit vegetarischer Lebensweise auskannte. Voller Vertrauen übergab ich Gott meine Bitte, einen solchen Menschen zu finden. Drei Wochen später, bei einem meiner Seminare, kam eine Ernährungsberaterin namens Becky Prelitz zu mir nach vorne und stellte sich vor. Sie war gekommen, um mich sprechen zu hören, da sie großes Interesse an spirituellen Lehren und spiritueller Lebensweise hatte. »Das ist genau die Frau, nach der ich gesucht habe!«, dachte ich. Je länger ich mit Becky sprach, desto mehr war ich überzeugt, dass sie die Expertin war, um die ich Gott gebeten hatte. Heute sind Becky und ihr Mann Chris gute Freunde von mir; und unser gemeinsames Buch *Eating in the Light: Making the Switch to Vegetarianism on Your Spiritual Path* ist 2001 im Verlag Hay House erschienen.

UND SO MACHT SICH HELLWISSEN
IN DER REGEL BEMERKBAR

Hier sind ein paar der Möglichkeiten, wie Sie vielleicht schon durch Ihre Gedankenprozesse göttliche Kommunikation empfangen haben:

- Sie begegneten jemandem zum ersten Mal und wussten plötzlich Einzelheiten über sie oder ihn, ohne den Betreffenden vorher gekannt zu haben.
- Sie besaßen Informationen über etwas, was mit gegenwärtigen Ereignissen zu tun hatte, ohne etwas darüber gelesen oder gehört zu haben.
- Sie hatten eine Vorahnung, wie sich etwas (zum Beispiel eine geschäftliche Angelegenheit, eine Erholungsreise oder eine Beziehung) entwickeln würde ... und Sie hatten recht.
- Sie hatten eine Geschäftsidee, ein Buch oder eine Erfindung, die sie nicht mehr losließ. Sie haben diese Idee in die Tat umgesetzt und festgestellt, dass Sie damit Erfolg hatten. Oder Sie haben sie ignoriert und erlebt, dass jemand anderes die gleiche Idee realisiert und ein Vermögen damit gemacht hat.
- Sie haben Ihre Kreditkarte, Schlüssel oder Brieftasche verloren, und als Sie Ihre Engel fragten, wo sich der Gegenstand befand, wussten Sie plötzlich genau, wo Sie ihn finden würden.

Wahres göttliches Hellwissen wiederholt sich und ist positiv. Es sagt Ihnen Möglichkeiten, wie Sie Ihr eigenes Leben und das anderer Menschen verbessern können. Es ist serviceorientiert, und wenn eine bestimmte Idee Sie auch reich und berühmt machen kann, ist dies lediglich eine Nebenwirkung und nicht die Motivation hinter dem Konzept. Tatsächlich sind es in der Regel diese Art von altruistischen Ideen, die ihren »Erfindern« großen Segen bringt. Personen, die Projekte verfolgen, die nur ihrem eigenen Vorteil dienen, stoßen oftmals potenzielle Klienten und Kunden ab, da sie die falschen Werte hinter einer Idee spüren. Meine amerikanische Verlegerin und Mentorin, Louise L. Hay, hat mir einmal gesagt, dass der finanzielle Aspekt ihres Lebens heilte, als sie sich darauf fokussierte, wie sie dienen konnte, anstatt auf das, was sie kriegen konnte. Als ich dieses Prinzip in meinem eigenen Leben anzuwenden begann, merkte ich bald, dass dies erstaunliche heilende Auswirkungen sowohl auf mein Gefühl von Wohlergehen und Glück als auch auf meine Karriere und mein Einkommen hatte.

Wahres Hellwissen hilft Ihnen, etwas zu tun, was anderen wirklich helfen wird – in einer Weise, die Menschen inspiriert, als Kunden, Klienten, Sponsoren, Seminarteilnehmer, Verleger und so weiter in Ihr Leben zu kommen. Diese Anziehungskraft kommt vom Schöpfer, der um Ihre wahren Talente, Passionen und Interessen weiß und wie Sie diese Eigenschaften benutzen können, um anderen zu helfen. In biblischen Zeiten wurde Geld als »Talente« bezeichnet, und auch Sie haben Talente, die Sie gegen Geld eintauschen können.

Wahres Hellwissen gaukelt uns nicht nur einen Traum vor und fordert uns dann höhnisch auf, herauszufinden, wie wir ihn manifestieren können. Nein! Wahres Hellwissen gibt uns komplette, schrittweise Anweisungen. Der Trick jedoch besteht darin, uns zu erinnern, dass Gott uns immer nur jeweils einen Schritt zeigt. Wir erhalten diese Information in Form sich wiederholender Gedanken (oder Gefühle, Visionen, Worte, je nach unserer spirituellen Orientierung), die uns auffordern, etwas zu tun. Dieses »Etwas« scheint in der Regel eher unbedeutend zu sein: Rufe diesen Menschen an, schreibe jenen Brief, gehe zu diesem Treffen, lies jenes Buch – Gedanken wie diese. Wenn wir der Anweisung folgen und den ersten Schritt gemacht haben, werden uns wiederholt die Anweisungen für den nächsten Schritt gegeben. Auf diese Weise führt Gott uns den ganzen Weg bis zur Realisierung unserer beabsichtigten Manifestation. Da wir über einen freien Willen verfügen, können wir die Führung jederzeit ignorieren. Jedoch stellen die meisten Leute fest, dass sie das Gefühl haben, festzustecken, so als würden sie nicht von der Stelle kommen, wenn sie den einen oder anderen der göttlich geführten Schritte nicht vollständig durchführen. Personen, die mir berichten, sie fühlten sich blockiert, frage ich immer: »Welchen Teil der göttlichen Führung haben Sie wiederholt empfangen, aber ignoriert?« Und jedes Mal stelle ich fest, dass diese Einsicht (die sie aus Angst vor einer Veränderung in ihrem Leben ausblenden) das Schlüsselelement ist, nach dem sie gesucht haben.

Engel geben Ihnen Gedanken und Ideen als Antwort auf Ihre Gebete um Führung. Sie erhalten diese göttlichen Übermittlungen in Momenten, in denen Ihr Geist empfänglich ist, wie zum Beispiel im Traum, beim Meditieren, Trainieren oder selbst dann, wenn Sie sich einen Film im Fernsehen oder im Kino anschauen (wenn Ihr Verstand dazu tendiert, auf Autopilot umzuschalten). In solchen Momenten fühlen Sie sich von göttlich geführten Erkenntnissen hingerissen und energetisiert, und es ist wichtig, diese Erkenntnisse und Gefühle der Begeisterung nicht mit pessimistischen Gedanken zu vertreiben. Die Idee fühlt sich wahr und richtig an, und Sie werden – tief in Ihrer Seele – wissen: Das ist es! Sicher, jede Idee kann versagen. Doch sie kann auch erfolgreich sein! Und einen Versuch zu machen ist das, was Ihrem Leben letzten Endes Sinn gibt.

Falls Sie in der Vergangenheit schon einmal negative Erfahrungen gemacht haben, wenn Sie einer Ahnung gefolgt sind, könnten Sie verständlicherweise heute eine gewisse Scheu davor haben. Vielleicht haben Sie beschlossen, immer auf Nummer sicher zu gehen, indem Sie wichtige Lebensveränderungen vermieden haben. Dagegen ist nichts zu sagen, solange Sie mit Ihren gegenwärtigen Umständen glücklich sind! Doch sollte es in Ihrem Leben einen Bereich geben, der aus dem Gleichgewicht geraten ist, ist es nur natürlich für Sie (als auch für Gott und die Engel), die Situation heilen zu wollen. Das nennt man »Homöostase« (oder Selbstregulierung), also den instinktiven Drang, Gleichgewicht und Harmonie wiederherzustellen, der allen lebenden Dingen eigen ist.

SKEPTIZISMUS, PRAGMATISMUS UND GLAUBE

Mehr als die anderen göttlich geführten Hellkünste neigen Hellwissende zum Schwanken, wenn es um Glauben geht. Wenn Sie ein Denker sind, kann es schnell passieren, dass Sie sich in Skeptizismus verlieren. Glaube scheint unlogisch zu sein und auf zu vielen nicht greifbaren Faktoren zu basieren.

Doch ein guter Wissenschaftler forscht stets, bevor er zu einer Schlussfolgerung kommt. Egal ob Ihre Hypothese zugunsten des Glaubens an Engel tendiert oder nicht, nehmen Sie sich die Zeit, um die Theorie zu testen. Zum Beispiel hören Gott und die Engel Ihre Gedanken (keine Angst – sie beurteilen sie nicht), also können Sie sich mental an den Himmel wenden, ohne die hochgezogenen Augenbrauen Ihrer Kollegen zu riskieren.

Bitten Sie innerlich Ihre Engel, Ihnen in irgendeinem Bereich Ihres persönlichen oder beruflichen Lebens zu helfen. Dann achten Sie darauf, welche Hilfe sich zeigt, nachdem Sie Ihre Bitte geäußert haben. Es könnte eine umgehende Antwort sein, indem Sie einen starken Impuls verspüren oder plötzlich eine bestimmte Idee haben; oder sie kann sich in einer greifbareren

Form zeigen, wenn Ihnen zum Beispiel jemand »zufällig« einen Zeitungsartikel in die Hand drückt, der die gesuchte Information beinhaltet. Die beiden Schlüsselelemente in diesem Experiment sind: 1) um Führung zu bitten (das Gesetz des freien Willens hindert die himmlischen Kräfte daran, uns zu helfen, ohne dass wir unsere Erlaubnis gegeben haben); und 2) die Hilfe zu bemerken, die Sie empfangen.

Sich dieser Art der Hilfe bewusst zu sein ist etwas völlig anderes als eine erzwungene Schnitzeljagd, bei der Sie nach Hinweisen suchen. Eine falsche Führung ist immer das Produkt von Kampf und Ängsten. Wahre göttliche Inspiration kommt unbeschwert auf den leichten Flügeln der Liebe.

Je mehr Sie lernen können, solchen Informationen zu vertrauen und sie zu befolgen, desto mehr werden Sie von Ihrem inneren Führungssystem profitieren. Zum Beispiel haben Sie vielleicht plötzlich die Idee, ein neues geschäftliches Projekt zu realisieren. Die Idee ist »idiotensicher«, und Sie fragen sich, warum Sie nie zuvor daran gedacht haben. Sie machen sich daran, sie in die Tat umzusetzen, und alle Türen öffnen sich Ihnen: Finanzierung, die richtige Lage, Partnerschaften und so weiter. Das Geschäft entwickelt sich zu einem Riesenerfolg, und Sie wissen, dass Sie von wahrer göttlicher Weisheit geführt waren.

WIE SIE IHR HELLWISSEN VERSTÄRKEN KÖNNEN

Da Hellwissen dazu neigt, sich subtil als ein Gedanke oder eine Idee bemerkbar zu machen, ist es leicht, diese hoch entwickelte Methode zu übersehen, durch die der Himmel mit uns kommuniziert. Es kann passieren, dass Sie Ihre göttlich inspirierte Idee einfach abtun, ohne sie als Antwort auf Ihre Gebete zu erkennen. Sie könnten sie für einen nutzlosen Gedanken oder einen Tagtraum halten anstatt für eine Inspiration des Himmels.

Darüber hinaus ignorieren Hellwissende ihre göttliche Führung, weil sie glauben, dass das, was sie wissen, auch für alle anderen offensichtlich ist. »Das weiß doch jeder«, würden sie sagen und keinen Nutzen bzw. Kapital aus der brillanten Idee ziehen, die sie gerade empfangen haben. Es hilft auch nicht besonders, dass sie im Laufe ihres Lebens immer wieder mal als »neunmalklug« verhöhnt wurden, und so zögern sie aus Angst vor Spott, das zu sagen, was sie denken. Doch die Bezeichnung »neunmalklug« enthält auch ein Körnchen Wahrheit, da hellwissende Menschen sehr stark auf das kollektive Unbewusste eingestimmt sind.

Daher ist es wichtig, sehr gut auf das zu achten, was Ihnen in den Sinn kommt … dazu gehören sich wiederholende Gedanken und neuartige Ideen. Die göttliche Führung kommt sowohl in Form von Vorschlägen und Anregungen, die wiederholt auf Sie einstürmen, als auch durch geistesblitzartige Inspirationen. Eine der besten Möglichkeiten, diese Form der Führung bewusst wahrzunehmen, besteht darin, Ihre Gedanken und Ideen in einem schriftlichen Dialog mit sich selbst jeden Tag festzuhalten, zum Beispiel in Form eines Interviews mit Ihrem höheren Selbst oder vielleicht in einem Frage-und-Antwort-Format. Auf diese Weise können Sie leichter unbewusste Informationen in Ihr Bewusstsein bringen.

Wenn Sie eine Antwort bekommen, stellen Sie sie nicht im Nachhinein infrage. Stattdessen geben Sie Ihren Gedanken und Ideen einen Moment Zeit, um sich zu Wort zu melden. Fragen Sie jedes Mal:»Was möchtest du mir sagen?« Es könnte eine Erkenntnis sein wie beispielsweise:»Dieser Mensch, der mir gerade vorgestellt wurde, scheint nicht vertrauenswürdig zu sein.« Oder es könnte eine inspirierte Idee sein, die Ihnen hilft, die Wahrheit über ein spirituelles Prinzip zu wissen, oder ein perfektes Brainstorming für ein erfolgreiches neues Geschäft, das Sie sich nicht entgehen lassen sollten.

Anhand dieser schriftlichen Dialoge können Sie die Muster und Genauigkeit Ihrer Gedanken und Ideen erkennen. Sie werden es sich zur Angewohnheit machen, immer besser zu wissen, welche Ideen wirklich göttlich inspiriert sind. Wahrscheinlich ist es Ihnen schon einmal passiert, dass Sie Ihre Gedanken ignoriert und später gesagt haben:»Ich wusste, dass das passieren würde!« Oder:»Ich wusste, dass ich da nicht hätte hingehen sollen!« Durch Ihre Erfolge und Fehler lernen Sie, Ihren Erkenntnissen zu vertrauen und ihnen zu folgen.

Darüber hinaus habe ich festgestellt, dass viele denkorientierte Menschen (im Gegensatz zu gefühls-, seh- oder hörorientierten) dazu neigen, Workaholics zu sein. Häufig verschanzen sie sich in ihren Büros, an die Stühle vor ihren Computern gefesselt. Dieses viele Arbeiten ist durchaus gut, solange es durch genügend Aufenthalt im Freien ausgeglichen wird. Doch in der Regel muss ich Hellwissende dazu drängen, hinaus in die Natur zu gehen. Für sie fühlt es sich ungewohnt an, außerhalb ihrer Komfortzone! Wenn sie jedoch erst einmal draußen sind, merken hellwissende Personen, dass die frische Luft, die Pflanzen und Bäume helfen, ihre außersinnlichen Wahrnehmungen zu schärfen. Sie werden noch offener für ihre göttliche Inspiration und sich ihrer noch bewusster. Die Ruhe und der Frieden, die wir in der freien Natur finden, macht es uns leichter, unsere Gedanken zu hören und kluge Ideen wahrzunehmen.

Wenn wir in unserem Terminkalender Zeit für persönliche Auszeiten reservieren, gönnen wir uns damit eine Pause von der hektischen Welt der Uhren und Telefone. Wir werden stärker auf den inneren Rhythmus unseres Körpers – und der ganzen Natur – eingestimmt. Neben anderen Segnungen schenkt uns ein regelmäßiger Aufenthalt in der Natur die Fähigkeit, »gutes Timing« zu entwickeln, was nichts anderes bedeutet, als dass wir den Rhythmus des Lebens wahrnehmen und ihm folgen. Wenn wir dann in unser Büro zurückkommen, haben wir einen besseren Instinkt für den besten Moment entwickelt, um ein bestimmtes Telefonat zu führen, eine E-Mail zu schreiben oder bei einem Meeting das Wort zu ergreifen. Außerdem kann uns unsere Zeit in der Natur inspirieren, den Bürojob ganz aufzugeben und eine Karriere in Angriff zu nehmen, die den Wünschen unseres Herzens mehr entspricht.

DEM HELLWISSEN VERTRAUEN

Manche Menschen sind skeptisch, wenn es darum geht, ihrer Intuition zu folgen, weil sie in der Vergangenheit diesbezüglich negative Erfahrungen gemacht haben. Vielleicht hatten Sie ja irgendwann eine wunderbare Idee, doch als Sie sie umsetzen wollten, endete alles in einem totalen Chaos, und daher sind Sie nicht bereit, Ihren Ideen jemals wieder zu vertrauen. In der Regel zeigen diese Situationen zwei bestimmte Muster:

1. Unsere ursprüngliche Idee war göttlich inspiriert, doch dann brachte Angst uns vom Weg ab.
Als wir die Idee zuerst empfingen, basierte sie auf wahrer göttlicher Führung, die immer der Liebe entspringt. Doch irgend-

wann unterwegs bekamen wir es mit der Angst zu tun. Diese Angst blockierte unsere Empfänglichkeit für weitere Führung und kreative Ideen, brachte uns von unserem ursprünglich inspirierten Weg ab und löste Verhaltensformen und Entscheidungen aus, die dem Ego entstammten. Wenn wir uns mit unserem Ego zusammentun, sind Kummer und Irrtümer die unausweichliche Folge.

Zum Beispiel hatte Bernice, eine Bekannte von mir, die wundervolle Idee, sich als persönliche Fitnesstrainerin selbstständig zu machen. Die Idee schien perfekt zu sein, da es sich um einen Service handelte, der anderen in einem Bereich helfen konnte, der ihr am Herzen lag, und der ihr erlaubte, bei ihrem kleinen Sohn bleiben und gleichzeitig Geld verdienen zu können. Also kündigte Bernice ihren bisherigen Job und freute sich auf ihre ersten Klienten als persönliche Fitnesstrainerin. Im ersten Monat hatte Bernice fünf Klienten, was ihr genug Geld einbrachte, um ihre Rechnungen zu bezahlen und noch eine schöne Summe übrig zu haben.

Doch machte Bernice sich bald Sorgen, ob ihr anfänglicher Erfolg auch bleiben würde. Ängstlich fragte sie sich: »Wo werden meine neuen Klienten herkommen?« Nachdem sie einige Tage über ihre Zukunft gegrübelt hatte, beschloss sie, gleich in mehreren Zeitungen eine Anzeige zu schalten. Außerdem ließ sie mehrfarbige Broschüren drucken, mit dazu passenden Briefbogen und Visitenkarten. Ihre Ausgaben für diese Investitionen waren hoch, doch Bernice entschied, dass sie »Geld ausgeben musste, um Geld zu machen«.

Im darauf folgenden Monat meldete sich nur ein neuer Klient. Jetzt machte sie sich noch mehr Sorgen und gab zusätzliches Geld für Werbung aus. Doch nichts, was sie versuchte, brachte den gewünschten Erfolg, und innerhalb von vier Monaten beschloss Bernice, ihren früheren Job wieder aufzunehmen, um sicherzustellen, dass sie ein kontinuierliches Einkommen hatte.

Was ist bloß passiert?, wunderte sie sich. Wenn wir uns ihre Situation näher anschauen, stellen wir fest, das Bernice wirklich göttliche Führung empfangen hatte, als sie beschloss, sich selbstständig zu machen. Diese Entscheidung wurde von ihrem anfänglichen Erfolg bestätigt, der ihr genug Geld brachte, ihre Rechnungen zu bezahlen und noch Geld übrig zu haben. Erst als Bernice der Angst erlaubte, sich anzuschleichen, begann sich die Situation zu verschlechtern. Das war auch der Moment, wo sie anfing, mittels fehlgeleiteter Werbekampagnen und unnötiger Anschaffungen Dinge erzwingen zu wollen. Ihre Ausgaben überstiegen ihre Einnahmen, und bald hörte sie auf die Ängste ihres Ego anstatt auf die beruhigenden Zusicherungen und die Führung ihres höheren Selbst.

2. Anstatt unsere göttliche Führung anzuerkennen, haben wir versucht, Dinge zu erzwingen, auf die Meinung anderer Menschen gehört, und unseren inneren Lehrer ignoriert.

Manchmal möchten wir das hören, was wir hören wollen, also beschließen wir, dass »dieser Mann genau der Richtige ist«, selbst wenn unsere Intuition (und unsere beste Freundin) laut schreien, dass er ein fieser Typ ist.

Oder wir beschließen, dass Gott möchte, dass wir unseren Job kündigen und nach Sedona, Arizona, ziehen, während unser Bauchgefühl uns dazu drängt, den Berufs- und Wohnungswechsel langsamer anzugehen. In manchen Fällen werden wir unsere Intuition hintergehen und wider besseres Wissen etwas tun, nur weil eine andere Person mit einem starken Willen uns dazu überredet.

ECHTE UND FALSCHE HELLWISSENDE FÜHRUNG

Wie können Sie also wissen, ob eine Idee eine von Gott inspirierte Brillanz ist oder ein aussichtsloses Unterfangen? Hinsichtlich Gedanken, Ideen und Erkenntnissen sollten Sie auf die folgenden Eigenschaften achten:

Beständigkeit

Wahre Führung wiederholt sich, und die Idee wird sich im Laufe der Zeit immer mehr verankern. Wenn sie vielleicht auch bezüglich Einzelheiten und Anwendung detaillierter werden kann, wird sie im Kern doch gleich bleiben. Falsche Führung dagegen verändert dauernd ihren Kurs und ihre Strategie.

Motivation

Echte Führung ist von dem Wunsch motiviert, eine Situation zu verbessern. Das Hauptziel falscher Führung ist es, Sie reich und berühmt zu machen. Obwohl auch wahre Führung diese Belohnungen bringen kann, handelt es sich dabei um Nebenwirkungen und nicht um die zentrale Motivation, die der Idee zugrunde liegt.

Ton

Der Ton echter Führung ist erhebend, motivierend und ermutigend. Sie treibt sie an und sagt:»Du kannst es tun!« Falsche Führung ist das Gegenteil davon: Sie ruiniert Ihr Selbstvertrauen total.

Ursprung

Wahre Führung kommt schnell, wie ein Blitzstrahl, als Antwort auf ein Gebet oder eine Meditation. Falsche Führung lässt sich Zeit und ist eine Reaktion auf Angst. Wenn Sie eine Idee empfangen, halten Sie einen Moment inne und schauen Sie sich die Abfolge der Gedanken an, die der Idee vorausgingen. Wenn Sie sich über irgendetwas Sorgen gemacht haben, kann es sein, dass Ihr Ego einen Plan geschmiedet hat, um Sie »zu retten«. Wenn Sie jedoch friedlich meditiert haben, hatte Ihr höheres Selbst genug Zeit und Raum, eine Verbindung mit dem göttlichen kollektiven Unbewussten aufzunehmen, und es hat Ihnen wahrscheinlich eine wirklich kostbare Idee übermittelt.

Vertrautheit

Eine Idee oder ein Gedanke, der wahrer göttlicher Führung entspringt, passt in der Regel wunderbar zu Ihren natürlichen Neigungen, Talenten, Leidenschaften und Interessen. Falsche Führung hingegen enthält meistens irgendwelche Tipps aus »heiterem Himmel«, die mit Aktivitäten zu tun haben, die Sie nicht interessieren.

Wenn Sie auf diese Eigenschaften achten, können Sie Ihren Glauben an die Ideen stärken, die Sie realisieren wollen. Sie werden wissen, dass Sie auf dem richtigen Weg sind, und all Ihre besten Intentionen benutzen, um Ihre Idee erfolgreich umzusetzen. Ein gesunder Grad an Selbstvertrauen macht es Ihnen leicht, klare und scharf fokussierte Gedanken zu haben, die zu einer schnellen Manifestation führen.

Wenn Sie Ihr Hellwissen mit der Fähigkeit verbinden, die Stimme des Göttlichen zu hören, wie es im nächsten Kapitel näher erläutert wird, können Sie Ihren Ideenfindungsprozess auf einen noch höheren Level bringen.

EMPFANGEN GÖTTLICHER BOTSCHAFTEN
IN FORM VON GEDANKEN

Zu den Erfahrungen mit Ihren Engeln werden wahrscheinlich eher Ideen, Enthüllungen oder Gedanken gehören als Gefühle. Viele der berühmtesten Denker und Erfinder der Welt empfangen ihre kreativen Ideen aus dem Äther. Und so können Sie das Echte vom Falschen trennen:

Eine echte Engel-Erfahrung
durch Gedanken

Eine solche Erfahrung kann

- Konzepte beinhalten, die beständig sind und sich periodisch wiederholen;
- ein zentrales Thema haben, wie Sie anderen helfen oder dazu beitragen können, ein Problem zu lösen;
- positiv und kraftschenkend sein;
- Ihnen explizite Anweisungen darüber geben, welcher Schritt jetzt zu tun ist, und Instruktionen für weitere Schritte bereithalten;
- aufregende und begeisternde Ideen bringen, die Sie energetisieren;
- aus heiterem Himmel oder als Antwort auf Gebete kommen;
- Sie dazu auffordern, Schritte vorzunehmen und in Aktion zu treten;
- sich wahr anhören und Sinn machen;
- mit Ihren natürlichen Interessen, Leidenschaften oder Talenten übereinstimmen.

Imagination oder falsche Führung
durch Gedanken

Eine solche Erfahrung kann

- willkürlich sein und sich ständig ändern;
- ein zentrales Thema haben, wie Sie reich und berühmt werden können;
- entmutigend und verletzend sein;
- Sie dazu bringen, sich Worst-Case-Szenarios auszumalen;
- dazu führen, dass Ideen langsam kommen, als Reaktion auf Angst;
- ein Schema sein, um schnell reich zu werden;
- hohl und schlecht durchdacht scheinen;
- keinerlei Beziehung zu dem haben, was Sie bisher getan haben oder woran Sie interessiert waren;
- in erster Linie von dem Wunsch motiviert sein, einer bestehenden Situation zu entfliehen, anstatt sie zu lösen und anderen zu helfen.

* * *

Im nächsten Kapitel werden wir uns auf das Hören himmlischer Botschaften fokussieren, *Hellhören* oder auch »klares Hören« genannt.

149

9

ℋellhören

Es entbehrt nicht einer gewissen Ironie, dass ich als frühere Psychotherapeutin, die einst in geschlossenen Abteilungen psychiatrischer Kliniken gearbeitet hat, heute den Menschen zeige, wie sie Stimmen hören können! Doch wenn wir auf die Stimme Gottes und der Engel hören, ist dies die gesündeste Stimme, die wie jemals hören werden. Sie kann uns Liebe in scheinbarem Chaos zeigen und uns mit optimalen Lösungen versorgen, wenn wir mit Herausforderungen konfrontiert werden.

Wir wollen uns jetzt anschauen, was genau mit Hellhören gemeint ist und wie man Lautstärke und Klarheit dieser himmlischen Stimme verbessern kann.

WIE SIE DIE STIMME DES HIMMELS HÖREN KÖNNEN

Es ist sehr gut möglich, dass Sie im Laufe Ihres Lebens schon oft gehört haben, wie Ihre Engel und andere geistige Wesen zu Ihnen sprechen. Haben Sie schon einmal irgendeine der folgenden Situationen erlebt?

- Beim Aufwachen hören Sie, wie eine körperlose Stimme Ihren Namen ruft.
- Wie aus dem Nichts hören Sie wunderschöne, himmlisch klingende Musik.

- Wiederholt hören Sie ein bestimmtes Lied, entweder in Ihrem Kopf oder im Radio.
- Sie hören ein lautes, schrilles Geräusch in einem Ohr.
- Sie überhören ein Gespräch, in dem ein Fremder genau das sagt, was Sie hören müssen.
- »Zufällig« stellen Sie den Fernseher oder das Radio genau in dem Moment an, wo eine für Sie relevante Diskussion stattfindet.
- Sie fangen den Hilferuf eines Ihnen nahestehenden Menschen auf, und es stellt sich heraus, dass er oder sie in jenem Moment tatsächlich Ihre Hilfe braucht.
- Eine körperlose Stimme warnt Sie vor Gefahr oder übermittelt Ihnen eine wichtige positive Botschaft.
- Sie suchen einen verlorenen Gegenstand, bitten um Hilfe, und als Nächstes hören Sie eine Stimme, die Ihnen sagt, wo Sie ihn finden können.

ANTWORTEN KOMMEN ALS REAKTION AUF FRAGEN

Gott und die Engel sprechen zu uns als Antwort auf unsere Fragen, daher können wir ein Gespräch einfach dadurch beginnen, dass wir eine Frage an sie richten.

Einmal wollte ich wissen, warum bestimmte christliche Gruppierungen die Idee vertreten, es sei segenbringend, »Gott zu fürchten«. Ich konnte partout nicht verstehen, warum jemand Angst vor unserem liebevollen Schöpfer haben sollte oder warum ein Mensch danach trachtet, Gott zu fürchten. Also bat ich meine Engel, mir zu helfen, dieses Glaubenssystem zu verstehen. Kaum hatte ich die Frage gestellt, als ich das Radio in meinem Auto anmachte und der Scanner auf einem Sender stoppte, auf dem soeben eine christliche Talkshow lief. Und genau in diesem Moment begann der Moderator zu erklären, warum Christen Gott »fürchten« sollten. Ich stimmte seinen Ausführungen nicht zu, war jedoch sehr dankbar, die Antwort auf meine Frage zu erhalten ... vor allem so schnell!

Gibt es eine Frage oder irgendeinen Bereich in Ihrem Leben, wo Sie sich Führung wünschen? Nehmen Sie sich jetzt gleich einen Augenblick Zeit und bitten Sie innerlich Gott und die Engel um ihre Hilfe. Halten Sie die Intention fest, diese Frage dem Himmel zu übergeben, und vertrauen Sie darauf, dass Sie eine Antwort empfangen werden. Selbst wenn Sie nicht sofort die Antwort himmlischer Wesen hören können, seien Sie versichert, sie wird auf jeden Fall kommen!

Wahrscheinlich werden Sie innerhalb eines Tages eine hörbare Reaktion empfangen. Manchmal werden Sie die Antwort in Form eines Liedes hören. Oder eine Melodie fällt Ihnen auf, die Sie wiederholt im Radio oder in Ihrem Kopf hören. Die Antwort auf Ihre Frage kann in den Worten zu finden sein. Oder, falls der Song Sie an jemanden erinnert, könnte es eine Botschaft sein, dass der/die Betreffende an Sie denkt.

Wenn wir am Morgen eine Stimme hören, die uns ruft, bedeutet dies in der Regel, dass unsere Engel oder geistigen Führer uns einfach begrüßen wollen. Es fällt ihnen leichter, diesen Gruß zu übermitteln, wenn wir gerade aufwachen, da unser luzider Verstand dann offener ist für spirituelle Kommunikation. Außerdem sind wir eher in der Lage, uns an die Botschaft zu erinnern, wenn wir nicht im Tiefschlaf, sondern halbwach sind.

Falls die himmlischen Kräfte ihrem Gruß eine weitere Information hinzufügen wollen, werden sie uns zur gleichen Zeit diese Botschaft näher erläutern. Wenn Sie also hören, wie jemand Ihren Namen ruft, haben Sie keine Angst, dass jemand zu Ihnen durchdringen will. Es ist lediglich ein liebevolles Grüßen, um Sie wissen zu lassen, dass Sie beschützt sind. Wenn Sie, nachdem Sie dem Himmel eine Frage gestellt haben, keine Antwort erhalten, könnte es sein, dass Sie sie übersehen bzw. überhört haben. Oder vielleicht wollen Sie die Information nicht hören, die der Himmel Ihnen schickt, weil Sie die Führung nicht angenommen haben, die Ihnen irgendwann in der Vergangenheit angeboten wurde. Daher blockieren Sie sich jetzt selbst und können sie nicht hören. Wiederholen Sie die Frage so oft, bis Sie die Antwort hören. Bitten Sie Ihre Engel, Ihnen zu helfen, die Antwort zu hören, und irgendwann werden Sie sie bekommen.

Tienna, eine meiner angehenden spirituellen Beraterinnen, war frustriert, weil sie schon seit drei Tagen an meinem Kurs zur Entwicklung außersinnlicher Fähigkeiten teilnahm und noch immer nichts von ihren Engeln gehört hatte. Tienna klagte darüber, dass sie während ihrer Engel-Readings immer nur Stakkato-Botschaften mit ein oder zwei Worten hörte. Zum Beispiel gab sie einer anderen Teilnehmerin ein Reading und hörte die Worte »Onkel« und »Autounfall« in ihrem Ohr. Nun, es stellte sich heraus, dass diese Frau bei einem Autounfall einen Onkel verloren hatte.

»Ich möchte aber mehr als nur ein oder zwei Worte hören!«, beschwerte sich Tienna. »Ich möchte direkte Gespräche mit Gott und den Engeln führen.«

Ich bat Tiennas Engel um Hilfe und hörte, wie sie ihr sagten: »Bring den Kurs zu Ende, Tienna. Mit Geduld und Beharrlichkeit wirst du uns bald hören.« Ich gab ihr diese Botschaft weiter.

Am fünften Tag unseres Kurses kam Tienna aufgeregt zu mir nach vorne. »Ich höre sie, ich höre sie!«, rief sie aus. Sie hatte ihren hellhörenden Durchbruch genauso erlebt, wie die Engel es ihr prophezeit hatten: durch die beharrliche Intention, hören zu wollen, und durch Geduld, indem sie das »Wann« den Engeln überließ. Von diesem Tag an hatte Tienna vollständige auditive Gespräche mit ihren Engeln, die ihr sowohl persönliche Führung als auch Informationen für ihre Klienten gaben.

KLINGELN IN DEN OHREN

Viele Lichtarbeiter berichten, dass sie einen hohen, klingelnden Ton in einem Ohr hören. Es ist ein schrilles Geräusch, das sogar schmerzhaft und aufdringlich sein kann. Eine ärztliche Untersuchung schließt in der Regel Tinnitus (eine Störung des Hörnervs) aus. Das liegt daran, dass das Klingeln nicht physischen Ursprungs ist. Vielmehr handelt es sich um ein Band miteinander verwobener Informationen, kodierten elektrischen Impulsen. Der Himmel gibt Führung, Hilfe und Informationen durch diese Bandbreite wieder, die sich anfühlt wie ein Computermodem, das ans Internet angeschlossen wird.

Manchmal wird das Klingeln von einem Gefühl des Zwickens oder Ziehens an einem Ohrläppchen begleitet. Das passiert, wenn die Engel und geistigen Führer unsere Aufmerksamkeit wecken wollen. Sie müssen die in dem klingelnden Geräusch kodierte Botschaft nicht bewusst verstehen – Sie müssen nur bereit sein, sie zu empfangen. Die Information wird in Ihrem Unterbewusstsein gelagert; von dort aus wirkt sie sich positiv auf Ihre Aktionen aus und sorgt dafür, dass Sie bezüglich Ihrer Aufgabe als Lichtarbeiter nicht zögern oder Dinge aufschieben.

Bitte machen Sie sich keine Sorgen, dass das Klingeln im Ohr einer niederen oder dunklen Quelle entspringt. Das Geräusch zeigt, dass die energetische Frequenz der kodierten Information auf einer hohen Ebene göttlicher Liebe ihren Ursprung hat. Niedere Kräfte wären nicht in der Lage, mit einer solch erhöhten Frequenz zu arbeiten.

Das klingelnde Geräusch ist in Wahrheit eine Antwort auf Ihre Gebete um Führung bezüglich Ihrer Aufgabe in diesem Leben. Wenn es zu laut, schmerzhaft oder aufdringlich wird, sagen Sie innerlich Ihren Engeln, dass es Ihnen wehtut, und bitten Sie sie, die Lautstärke zu reduzieren. Die Information wird Ihnen trotzdem übermittelt, lediglich auf eine weniger laute Art. Wenn das Zwicken oder Ziehen an Ihrem Ohrläppchen schmerzhaft wird, erzählen Sie Ihren Engeln und Führern von Ihrem Unbehagen und bitten Sie sie, damit aufzuhören.

Nachdem ich irgendwann meine Engel und Führer gebeten hatte, das Volumen des Klingelns in meinem Ohr herunterzuschrauben und mir nicht länger ins Ohrläppchen zu zwicken, wurde ich nie mehr von lauten Tönen oder schmerzhaftem Zwicken geplagt. Die Engel fühlen sich definitiv nie von uns gekränkt. Sie brauchen unser Feedback, um zu wissen, wie sie uns am besten helfen können.

»WIE KANN ICH WISSEN, WER ZU MIR SPRICHT?«

Wenn Sie Bedenken haben bezüglich der wahren Identität einer Stimme, die zu Ihnen spricht, bitten Sie einfach Ihren »Anrufer«, sich zu identifizieren. Wenn Sie der Antwort nicht vertrauen oder sie nicht glauben, bitten Sie das Geistwesen, Ihnen seine oder ihre Identität zu beweisen. Wie Sie dann feststellen werden, wird die Wesenheit etwas sagen oder tun, das wunderschöne, angenehme Emotionen in Ihnen hervorruft; oder es wird etwas sein, was nur dieses bestimmte Wesen wissen oder tun konnte.

Hier sind ein paar Richtlinien:

- Die Stimme Gottes ist sehr deutlich, auf den Punkt, freundlich, zwanglos und heiter, in moderner Umgangssprache.
- Die Erzengel sind sehr laut, formal und direkt. Sie sprechen viel von göttlicher Liebe und fordern Sie auf, Ihre Lebens-

aufgabe in Angriff zu nehmen und diesbezügliche Zweifel, Ängste und Zögern zu überwinden.

● Die Engel hören sich zuweilen fast an wie Shakespeare, mit sehr archaischen und formalen Sprechmustern.

● Ihr höheres Selbst hört sich an wie Ihre eigene Stimme.

● Das Ego kommt als verletzend, entmutigend, paranoid und deprimierend rüber und beginnt Sätze immer mit dem Wort »Ich«, weil es – natürlich – egozentrisch ist.

Wie Sie Ihre Hellhörigkeit verbessern können

Wir alle sind von Natur aus außersinnlich begabt, und zu diesen Fähigkeiten gehören sowohl das Hellhören als auch die anderen »Helltalente«. Wie ich bereits erwähnt habe, stellen wir in der Regel jedoch fest, dass jeder Mensch über einen hauptsächlichen Kanal göttlicher Kommunikation verfügt.

Das kann man mit einem Vier-Zylinder-Automotor vergleichen; alle vier Zylinder arbeiten und sind gleich wichtig. Ein Zylinder feuert jedoch als Erster, vor den anderen. Ihre erste oder hauptsächliche Hellfähigkeit treibt den Motor Ihrer göttlichen Führung an.

Wenn Ihr Gehörsinn stark ausgeprägt ist, hören Sie bereits die Stimmen Gottes und der Engel. Wenn dies jedoch nicht Ihr hauptsächlicher Kanal für göttliche Kommunikation ist, fällt es Ihnen vielleicht schwer, die Stimmen des Himmels auch wirklich zu hören. Vielleicht werden Sie Berichte von Personen lesen, die Warnungen oder Botschaften von ihren Engeln erhalten haben, und sich fragen: »Warum reden meine Engel nicht mit mir?«

Hier sind einige Methoden, die Ihnen helfen können, die Stimme des Göttlichen zu hören, laut und klar:

Klären Sie Ihre Ohr-Chakras.
Wie wir bereits besprochen haben, wird jeder Hellsinn von einem Chakra-Energiezentrum regiert, und Hellhören korrespondiert mit den beiden Ohr-Chakras. Diese Chakras liegen über den Augenbrauen, im Inneren des Kopfes. Sie scheinen von lilaroter Farbe zu sein. Stellen Sie sich also zwei lila-rote Scheiben vor, die sich im Uhrzeigersinn über Ihren Augenbrauen drehen. Sehen oder fühlen Sie, wie Sie diesen Scheiben Strahlen von weißem klärendem Licht senden und sie von innen her illuminieren. Achten Sie darauf, wie sauber und groß sie werden. Wiederholen Sie diese Methode täglich oder wann immer Sie fühlen, dass Ihr außersinnlicher Hörkanal verstopft ist.

Lassen Sie seelischen Müll los.
Wenn Sie durch die Worte anderer Menschen oder Ihr eigenes selbstkritisches Gerede verbal missbraucht wurden, sind Ihre Ohr-Chakras wahrscheinlich mit Giftstoffen aus diesen negativen, gegen Sie gerichteten Worten verschmutzt. Bitten Sie innerlich Ihre Engel, Sie mit tröstender Energie zu umgeben.

Sie können diese aufgestaute Negativität in Ihren Ohr-Chakras loslassen, indem Sie die Namen der Personen aufschreiben die Sie gekränkt haben (einschließlich Sie selbst), und die Notizen in einen mit Wasser gefüllten Plastikbehälter geben, den Sie dann in das Tiefkühlfach Ihres Kühlschrankes stellen. Sie werden umgehend ein Gefühl der Erleichterung verspüren, wenn Sie diese Namen in das Gefrierfach geben. Lassen Sie sie mindestens drei Monate dort liegen. (Übrigens ist dies eine wundervolle Methode, um *jegliche* Art von Problemen loszulassen.)

Öffnen Sie erneut ausgeschaltete Frequenzen.
Haben Sie als Kind die Stimme Ihrer Mutter, Ihres Vaters, Ihres Lehrers oder anderer Personen abgestellt – vielleicht sogar Ihre

eigene? Als Kind mag Ihre Fähigkeit, das ständige Nörgeln, Schimpfen oder andere verbale Unfreundlichkeiten auszuschalten, der einzige Verteidigungsmechanismus gewesen sein, der Ihnen zur Verfügung stand. Das Problem ist jedoch, dass Sie unter Umständen alle anderen Stimmen in dem Frequenzradius der Stimmen ausgeschaltet haben, die Sie ursprünglich ausgeblockt hatten. Daher haben Sie heute vielleicht Schwierigkeiten, eine himmlische Stimme zu hören, die zum Beispiel die gleiche hohe Tonlage hat wie die Ihrer Mutter. Es kann aber auch sein, dass Sie die Stimme Ihres höheren Selbst nicht hören, wenn Sie vor langer Zeit auch Ihre eigene Stimme ausgeschaltet haben.

Zum Glück können Sie einfach »Ihre Meinung ändern«, um Ihre physischen oder spirituellen Ohren wieder der vollen Bandbreite aller Frequenzen zu öffnen. Da in der Kindheit Ihre feste Entscheidung, Geräusche und Stimmen auszuschalten, der Grund für Ihre Blockierung war, entscheiden Sie sich einfach für eine andere, ebenso bewusste Intention, jetzt die volle Bandbreite aller Frequenzen zu hören.

Verbessern Sie Ihre Sensitivität für Klänge, Stimmen etc.

Nehmen Sie sich jeden Tag ein wenig Zeit und nehmen Sie die Geräusche und Klänge in Ihrer Umgebung wahr. Öffnen Sie Ihre Ohren zum Beispiel für den Gesang der Vögel, Kinderlachen und das Geräusch vorbeifahrender Autos.

Darüber hinaus achten Sie auf die Geräusche, die bei alltäglichen Verrichtungen entstehen, wie das Umblättern der Seiten eines Buches, das Schreiben einer Notiz oder Atmen. Indem Sie auf subtile und weniger subtile Geräusche in Ihrer Umgebung achten, erhöhen Sie Ihre Sensitivität für die Stimmen Ihrer Engel und geistigen Führer.

Schützen Sie Ihre physischen Ohren.
Während Ihre Sensitivität für die Tonfrequenz Ihrer Engel zunimmt, werden Sie merken, dass laute Geräusche Sie heute mehr stören, als es früher der Fall war. Sie werden Ihre Ohren bedecken müssen, wenn Sie zum Beispiel in einem Flugzeug sitzen, das zur Landung ansetzt, und ein lautes Rockkonzert eher von den hinteren Sitzreihen aus genießen. Außerdem werden Sie merken, dass Sie Freunde bitten, am Telefon leiser zu sprechen, Sie werden im Restaurant um einen ruhigen Tisch bitten, und Hotelzimmer reservieren, die nicht in der Nähe des Aufzugs oder der Eismaschine liegen.

Wenden Sie sich an Ihre Engel.
Manche Menschen haben leise Engel und introvertierte Geistführer um sich. Und genau so, wie Sie es bei einem Gespräch mit einer lebenden Person tun würden, zögern Sie nicht, jemanden, mit dem Sie reden, zu bitten: »Würdest du bitte ein wenig lauter sprechen?« Unsere himmlischen Freunde möchten wirklich mit uns kommunizieren, und sie brauchen unser ehrliches Feedback, damit sie wissen, wie sie sich am besten hörbar machen können.

Meine Mutter, Joan Hannan, hatte früher Schwierigkeiten, ihre Engel und Führer zu hören, also bat sie sie, lauter zu sprechen. Doch sie konnte sie immer noch nicht hören, also sagte Mom mit entschlossener Stimme: »Bitte, sprecht noch lauter!« Dann hörte sie die Stimme ihrer Großmutter sehr deutlich sagen: »Du musst nicht so brüllen – ich stehe direkt neben dir. Ich kann dich wunderbar hören!«

Sie haben jederzeit die Kontrolle über Ihre göttliche Kommunikation, und wenn Sie wollen, dass der Himmel die Lautstärke oder Intensität der für Sie bestimmten auditiven Botschaften herunterschraubt, dann bitten Sie einfach darum.

HIMMLISCHE BOTSCHAFTEN HÖREN

Im Allgemeinen gilt in unserer Kultur das Hören von Stimmen als Zeichen geistiger Verwirrung. Im Gegensatz dazu haben viele weltberühmte Heilige, Weise und große Erfinder auf diese Weise Führung erhalten. Vor meinem Carjacking-Erlebnis hatte ich eine laute, klare Stimme gehört, die mich warnte. Und Tausende von Menschen haben mir von ähnlichen Warnungen berichtet, die sie hörten und die sie selbst oder jemanden, der ihnen nahestand, auf eine Weise vor Gefahren retteten, die jeder normalen Erklärung trotzten.

Der Unterschied zwischen dem Hören einer wahren göttlichen Stimme, einer Imagination oder einer Halluzination ist klar und deutlich. Ich werde Ihnen ein paar Informationen geben, wie Sie zwischen Botschaften Ihrer Engel und Ihrer Imagination unterscheiden können. Was die Halluzinationen betrifft, weisen Wissenschaftler auf mehrere wichtige Unterschiede hin. Der Forscher D. J. West gab diese Definition des Unterschiedes zwischen einer Halluzination und einer echten außersinnlichen Erfahrung:

»Pathologische Halluzinationen tendieren dazu, sich in bestimmten weitgehend rigiden Mustern zu äußern; im Laufe einer manifestierten Erkrankung wiederholt zu erscheinen, jedoch nicht zu anderen Zeiten; und von anderen Symptomen begleitet zu werden, vor allem bei Bewusstseinsstörungen und dem Verlust der Wahrnehmung der normalen Umgebung. Das spontane außersinnliche (heute oft ›paranormal‹ genannte) Erlebnis ist in der Regel ein isoliertes Ereignis, nicht gebunden an irgendeine Erkrankung oder bekannte Störung und definitiv nicht von einem Verlust des Kontaktes mit der normalen Umgebung begleitet.« [1]

Der Psychiater Dr. Bruce Greyson untersuchte 68 Testpersonen, die zuvor klinisch untersucht wurden, um Schizophrenie auszuschließen. Dr. Greyson kam zu dem Schluss, dass genau die Hälfte dieser Personen berichtete, schon einmal eine Erscheinungserfahrung gemacht zu haben, bei der sie mit geöffneten physischen Augen einen verstorbenen Verwandten gesehen hatte.[2]

Die Forscher Dr. Karlis Osis und Dr. Erlendur Haraldsson stellten fest, dass bei den meisten Halluzinationen die betreffenden Personen davon überzeugt sind, ein lebendiges, menschliches Wesen zu sehen. Während außersinnlicher Erlebnisse, die mit Visionen einhergehen, glauben die Betreffenden, ein himmlisches Wesen zu sehen, wie beispielsweise einen Engel, einen verstorbenen Angehörigen oder einen aufgestiegenen Meister.[3]

Der Himmel kann zu Ihnen mit einer lauten, körperlosen Stimme außerhalb Ihres Kopfes sprechen; mit einer leisen inneren Stimme in Ihrem Kopf; durch ein Gespräch, das Sie »zufällig« überhören; oder mit Musik, die Sie in Ihrem Inneren oder immer wieder im Radio hören.

Wahre Engel-Erfahrungen durch Hören

- Sätze beginnen in der Regel mit den Worten *du* oder *wir*.
- Sie haben das Gefühl, als würde jemand zu Ihnen sprechen, selbst wenn sich die Stimme wie Ihre eigene anhört.
- Es wird sofort klar, dass die Botschaft mit Ihren gegenwärtigen Sorgen oder Fragen zu tun hat.
- Die Stimme ist direkt und unverblümt.
- Der Klang der Stimme ist positiv und liebevoll, selbst wenn sie Sie vor Gefahr warnt.
- Die Stimme bittet Sie, sofort aktiv zu werden, indem Sie zum Beispiel Ihre Denkweise oder Ihr Verhalten ändern und liebevoller werden.

- Die Stimme ruft beim Aufwachen Ihren Namen.
- Sie hören Töne einer schönen, körperlosen, »himmlischen« Musik.
- Sie empfangen eine Botschaft, wie Sie sich verbessern oder anderen helfen können.

Imagination oder falsche Führung durch Hören

- Sätze beginnen in der Regel mit dem Wort *Ich.*
- Es fühlt sich an, als würden Sie mit sich selbst reden.
- Die Botschaft ist verworren, kryptisch oder unklar.
- Die Stimme ist weitschweifig und vage.
- Der Ton ist höhnisch, alarmierend oder bösartig.
- Die Botschaft beinhaltet Klatsch, Tratsch und Spekulation.
- Sie hören verletzende Worte.
- Sie hören laute, unangenehme Geräusche oder dissonante Musik.
- Die Botschaft enthält die Aufforderung, sich selbst oder anderen wehzutun.

AUF DIE BOTSCHAFTEN ACHTEN

Ob Ihre himmlischen Botschaften nun als Vision, Stimme, Idee, Gefühl oder eine Kombination dieser vier Elemente zu Ihnen kommt, in jedem Fall können Sie wahre von falscher Führung unterscheiden, indem Sie auf die Charakteristika der jeweiligen Botschaft achten. Seien Sie versichert, dass Ihre Engel – wenn Sie zum Beispiel in Gefahr sind, bevor Ihre Zeit gekommen ist – Ihnen sehr laut und klar Führung zukommen lassen werden, unabhängig davon, wie sie sich bemerkbar macht.

Jeder Mensch besitzt die gleiche Fähigkeit, mit seinen Engeln zu kommunizieren, weil alle Menschen gleich spirituell »talentiert« sind. Manche mögen den Eindruck erwecken, größere außersinnliche Fähigkeiten zu haben als andere; das liegt jedoch nur daran, dass diese Individuen bereit gewesen sind, auf die Einsichten ihrer spirituellen Sinne zu hören, sie zu glauben und ihnen zu vertrauen.

Wie ich bereits betont habe, besteht das größte Hindernis, das ich bei meinen Studenten in den Seminaren zur Entwicklung außersinnlicher Fähigkeiten beobachte, darin, dass sie alles daransetzen, eine himmlische Erfahrung zu erzwingen. Sie wollen so verzweifelt einen Engel sehen oder hören, dass sie sich völlig verausgaben.

Doch jedes Mal, wenn Menschen unbedingt etwas erreichen oder erleben wollen, beruht dies auf einer tiefer liegenden Angst. Das könnte ein ängstlicher Gedanke sein wie zum Beispiel *Vielleicht werde ich nicht fähig sein, etwas zu sehen oder zu hören* oder *Vielleicht habe ich gar keine Engel um mich* oder irgendeine andere, vage, egozentrierte Angst. Das Ego hat null außersinnliche Fähigkeiten und basiert vollständig auf Angst. Nur das auf Liebe basierende höhere Selbst in jedem von uns ist in der Lage, mit dem Göttlichen zu kommunizieren.

Je mehr Sie sich also entspannen können, desto leichter wird es Ihnen fallen, bewusst mit Ihren Engeln zu kommunizieren. Der Atem ist ein wundervoller Ausgangspunkt, genau wie Optimismus, so wie Kinder ihn haben, wenn sie sagen:»Natürlich habe ich Engel! Die hat doch jeder!« Kinder kümmert es nicht, ob sie sich ihre himmlischen Visionen vorstellen; sie genießen sie einfach und akzeptieren sie. Was bedeutet, dass Kinder problemlos ihre Schutzengel sehen und hören. Wenn Sie aufhören würden, sich Sorgen zu machen, ob Ihre göttliche Connection real ist oder nicht, würden Sie die Blockaden des Egos überwinden und sich an den Geschenken Ihres höheren – und sehr realen – Selbst erfreuen.

Die Engel sagen:

»*Angst ist ein natürliches Raubtier im Bereich des Außersinnlichen. Sie beraubt deine Seele ihrer kreativen Kontrolle und fordert dich auf, ihr zu erlauben, deine Stimmungen, deinen Zeitplan und deine Entscheidungen zu dominieren. Sie schwächt dich, der du allmächtig bist. Deine Entscheidungsfähigkeit ist auf ihr Geheiß behindert. Lass nicht zu, dass Angst den Bereich deines Glückes stört, Gottes Königreich wunderbarer Segnungen. Du bist machtvoller als alle Kräfte der Angst. Deine göttliche Bereitschaft kann alle Dunkelheit überwinden, die die Welt je heimgesucht hat. Das Licht deines Schöpfers wird jeden Feind blenden, wenn du es so willst, also richte deinen Fokus auf dieses Strahlen in deiner Seele.*«

Anstatt also Ihre Fähigkeit anzuzweifeln, den Kontakt mit Ihren Engeln aufnehmen zu können, wollen wir uns anschauen, wie wir bereits heute Botschaften des Himmels empfangen und diese Verbindung noch mehr verstärken können. Als Nächstes werden wir lernen, wie wir einer anderen Person ein Engel-Reading geben können.

10

Wie man ein Engel-Reading gibt

Meine Lebensaufgabe besteht nicht darin, Klienten Engel-Readings und spirituelle Heilung zu geben. Vielmehr ist es meine Aufgabe, *anderen Menschen* zu zeigen, wie sie diese Dinge für sich selbst und für *ihre* Klienten tun können. Ich ermutige meine Seminarteilnehmer immer, andere zu unterrichten – um auf diese Weise einen sich immer weiter ausbreitenden Welleneffekt zu erzielen, der die Wahrnehmung der Tatsache verstärkt, dass wir *alle* Engel haben, dass wir *alle* mit ihnen kommunizieren können und dass wir *alle* spirituelle Gaben besitzen, die wir benutzen können, um uns selbst und der Welt zu helfen.

Der Hauptunterschied zwischen einem außersinnlichen und einem Engel-Reading besteht darin, dass bei Ersterem der Sensitive normalerweise Informationen von Geistführern empfängt, während bei Letzterem die Führung von Gott und den Engeln kommt. Zu einem Engel-Reading gehört wesentlich mehr, als die Zukunft vorherzusagen. Es bedeutet, den Klienten stärkende und lebensbejahende Botschaften und spirituelle Werkzeuge in die Hand zu geben, damit sie wissen, wie sie ihre eigenen Engel kontaktieren können. Außerdem schließt es in der Regel auch einige *Engel-Therapie*-Methoden ein, so wie sie in Kapitel 12 skizziert werden.

Ich möchte an dieser Stelle die genauen Schritte beschreiben, wie ich sie den Teilnehmern meiner Kurse zur Entwicklung außersinnlicher Fähigkeiten lehre, damit Sie sich selbst und anderen Engel-Readings geben können.

UND SO WIRD ES GEMACHT

Ein Engel-Reading ist so ähnlich wie ein außersinnliches Reading, außer dass Sie die Fragen bezüglich Heilung irgendeines Lebensbereiches und/oder die Bitte um Führung im Hinblick auf die Lebensaufgabe eines anderen Menschen an die Schutzengel richten.

Am besten ist es, ein Engel-Reading jemandem zu geben, den Sie nicht wirklich gut kennen, jemandem, der aufgeschlossen und vorurteilsfrei ist. Ein neuer Freund/Freundin in einer spirituellen Lerngruppe wäre zum Beispiel ein idealer Partner für ein Engel-Reading. Doch können Sie natürlich auch einem Familienmitglied oder einer alten Freundin ein Reading geben. Es ist nur so, dass Ihr Ego Sie wahrscheinlich anschreien wird: *Das weiß ich doch schon über ihn/sie!* Wenn es Ihnen gelingt, die Tiraden des Ego zu ignorieren, können Sie jedem ein Reading geben, egal ob Sie den Betreffenden kennen oder nicht.

Lasen Sie uns mit einem gegenseitigen Engel-Reading beginnen, bei dem Sie und eine andere Person sich gleichzeitig »lesen«. Beginnen Sie mit einem Gebet zu einer Wesenheit, mit der Sie sich spirituell im Einklang fühlen:

> *»Bitte hilf mir, ein klarer Kanal göttlicher Kommunikation zu sein. Bitte erlaube mir, klar zutreffende und detaillierte Botschaften zu hören, zu sehen, zu wissen und zu fühlen, die meinem Partner und mir Segen bringen werden. Bitte wache über dieses Reading und hilf mir, mich zu entspannen und es zu genießen. Danke und amen.«*

Als Nächstes nehmen Sie Ihrem Partner gegenüber Platz. Dann sollten Sie beide ein metallenes Objekt nehmen, das Sie am Körper tragen (beispielsweise eine Uhr, einen Ring, eine Kette, eine Gürtelschnalle, eine Haarspange, eine Brille oder einen Autoschlüssel etc.) und es der anderen Person geben. Dann halten Sie beide den metallenen Gegenstand, den Sie von Ihrem Partner bekommen haben, in der Hand, mit der Sie normalerweise nicht schreiben. Das ist die Hand, mit der Sie Energie empfangen – Ihre »empfängliche« Hand.

Als Nächstes nehmen Sie die freie Hand Ihres Gegenübers in die Ihre. Platzieren Sie Ihre Hände so, dass sie während der nächsten Minuten bequem ruhen, zum Beispiel auf Ihren oder Ihres Partners Knien oder dem Schoß. Jetzt bitte ich Sie, dass Sie beide eine kleine Ferienreise machen, einverstanden? Bitte schließen Sie die Augen und atmen Sie sehr tief ein und aus …

Stellen Sie sich vor, dass Sie beide in einer exquisiten lilafarbenen Pyramide sind, die Sie auf magische Weise zu einem weißen Sandstrand in Hawaii gebracht hat. Die lilafarbene Pyramide landet mit einem sanften »Plopp« auf dem Sand und öffnet sich, wobei sie ein natürliches Dach für Sie beide bildet, unter dem Sie geborgen sind. Der Tag ist perfekt, und da es sich um einen völlig isolierten Strand handelt, der nur per Boot oder Flugzeug erreicht werden kann, sind Sie und Ihr Partner vollkommen ungestört. Sie fühlen die sanfte Sommerbrise, wie sie über Ihre Haut und durch Ihre Haare streicht. Sie atmen die köstlich salzige Meeresluft und hören das melodische Branden der Wellen, wie sie ans Ufer schlagen. Sie fühlen, wie ein Strahl Sonnenlicht angenehm warm über Ihren Kopf tanzt, so als würde er direkt hineinleuchten und das Innere Ihrer Seele und Ihres Körpers illuminieren.

167

In einiger Entfernung bemerken Sie eine Gruppe von Delfinen, die sich im Ozean tummelt. Sie stimmen sich auf diese Wesen ein und fühlen, wie sie Ihnen eine riesige Woge göttlicher Liebesenergie senden. Während sich Ihr Herz mit Wärme und Dankbarkeit für diese herrlichen Tiere und diesen perfekten Tag am Meer erfüllt, erkennen Sie, dass Sie eins sind mit den Delfinen.

Doch damit nicht genug: Sie spüren, dass Sie eins sind mit allem Leben im Ozean – einschließlich der Meeresschildkröten und bunten tropischen Fische – und ebenso eins mit den Wellen, dem Sand und der Sonne.

Sie erkennen, dass Sie eins sind mit allem Leben, und dazu gehört auch Ihr Partner. **Du und ich sind eins ... du und ich sind eins ... ich bin du .... und du bist ich.** *Sie erkennen, dass dieses gemeinsam erlebte Einssein real ist. Wenn Sie auch äußerlich anders aussehen mögen, innerlich sind Sie und Ihr Partner von demselben Geist, demselben Licht, derselben Liebe erfüllt. Mental bestätigen Sie Ihrem Partner:* **Eine Liebe ... eine Liebe ... eine Liebe.**

Während Sie in diesem köstlichen Wissen schwelgen, wird Ihnen bewusst, dass Sie auch mit allen Engeln eins sind. Indem Sie Ihr Gegenüber mit geschlossenen Augen, doch weit geöffneter Seele scannen, stellen Sie sich vor, wie es sein würde, wenn Sie die Engel Ihres Partners vor Ihrem geistigen Auge sehen könnten. Wie würden sie aussehen?

Fallen Ihnen irgendwelche Wesen auf, die wie kleine Cherubim aussehen? Oder Engel von mittlerer Größe? Oder sehr große Engel? Vielleicht sehen Sie diese Wesen bis ins Detail vor Ihrem inneren Auge, oder als flüchtige Erscheinungen. Möglich ist auch, dass Sie ihre Gegenwart einfach fühlen.

Während Sie noch einmal Ihren Partner scannen, achten Sie auf andere Engel, die vielleicht präsent sind. Sollte eine oder mehrere dieser Wesenheiten Ihre Aufmerksamkeit besonders anziehen, stimmen Sie sich darauf ein, indem Sie die Intention halten, den Kontakt mit ihnen aufzunehmen.

Selbst wenn Sie keine Engel oder Geistwesen in der Umgebung Ihres Partners sehen oder sich nicht sicher sind, können Sie dennoch akkurate Botschaften von den Engeln Ihres Partners empfangen, die ihm oder ihr zum Segen gereichen werden. Indem Sie tief ein- und ausatmen, halten Sie an der Intention fest, ein mentales Gespräch mit diesen Wesen zu führen.

Dann fragen Sie sie innerlich: **Was möchtet ihr mich bezüglich meines Partners wissen lassen?** Wiederholen Sie die Frage, während Sie auf Eindrücke achten, die als Antwort zu Ihnen kommen. Machen Sie sich alle Gedanken, Worte, mentalen Bilder oder Gefühle bewusst, die hochkommen, während Sie diese Frage stellen. Versuchen Sie nicht, irgendetwas zu erzwingen. Vertrauen Sie einfach darauf, dass die Antworten jetzt zu Ihnen kommen, und achten Sie selbst auf den subtilsten kleinen Gedanken, ein Gefühl, eine Vision oder ein Wort, das Sie in Ihrem Kopf hören.

Als nächstes fragen Sie die Engel Ihres Partners: **Welche Botschaft soll ich meinem Partner von euch übermitteln?** Machen Sie sich auch dieses Mal alle Eindrücke bewusst, die als Gedanken, Gefühle, Visionen oder Worte zu Ihnen kommen. Beurteilen Sie diese Eindrücke nicht und tun Sie sie nicht einfach ab. Sehen Sie sie einfach losgelöst von irgendwelchen Deutungsversuchen.

Dann fragen Sie mental die Engel Ihres Gegenübers: **Gibt es irgendetwas, das ihr mir sagen möchtet?** Achten Sie darauf, ruhig weiterzuatmen, während Sie auf die Antwort lauschen.

Und schließlich fragen Sie die Engel innerlich: **Gibt es noch irgendetwas, von dem ihr wollt, dass ich es meinem Partner sage?** Und lauschen Sie auch jetzt wieder auf eine Antwort, die auf vielerlei Art zu Ihnen kommen kann.

169

Der wichtigste Teil eines Engel-Readings besteht darin, den Mut zu haben, Ihrem Partner alles zu sagen, was Sie empfangen haben, selbst wenn Sie die Information nicht verstehen oder befürchten, dass Ihr Gegenüber sich gekränkt fühlt – Sie können ja immer um eine diplomatische und liebevolle Weise beten, potenziell kränkende Botschaften weiterzugeben. Auch wenn die Engel-Botschaften für Sie vielleicht keinen Sinn ergeben, werden sie für Ihren Partner wahrscheinlich total sinnvoll sein.

Die nächsten paar Minuten teilen Sie und Ihr Partner einander alles mit, was Sie während Ihres gegenseitigen Engel-Readings gesehen, gefühlt, gehört oder gedacht haben.

BEANTWORTEN VON FRAGEN WÄHREND EINES ENGEL-READINGS

Wenn Sie jemandem ein Engel-Reading geben, können Sie mithilfe der himmlischen Führung die Fragen ihres Gegenübers beantworten. Entscheidend ist dabei, »aus dem Weg zu gehen« und Ihrem Klienten alles zu sagen, was Sie während des Readings sehen, hören, denken und fühlen (genau wie bei den mediumistischen Sessions, die in Kapitel 3 beschrieben sind).

Geben Sie den Engeln alle Fragen weiter, die Ihr Klient Ihnen stellt. Fühlen oder sehen Sie sich selbst als einen Mittelsmann, der die Fragen dem Himmel schickt, dessen Antworten Sie dann durch Ihren Geist und Ihren Körper empfangen.

Ihre Rolle und Ihre Verpflichtung ist es, Ihrem Klienten ohne Zögern alles mitzuteilen, was Sie empfangen. Wenn Sie sich einer Antwort nicht sicher sind, können Sie es sagen, müssen aber die Information dennoch weitergeben.

In der Regel verstehen Ihre Klienten die Antworten und Sie nicht. Das liegt daran, dass Sie bei einem Engel-Reading als Telefon für den Himmel funktionieren. Weder zögern Telefone noch diskutieren sie, bevor sie eine Botschaft weitergeben. Sie sind lediglich eine Leitung, genau wie Sie es während eines Engel-Readings sind.

Hier sind die am häufigsten gestellten Fragen, die Ihnen wahrscheinlich während eines Engel-Readings gestellt werden:

»Sind Engel bei mir?«

Die Antwort ist immer ein klares und deutliches »Ja!«. Diese Frage wird von fast allen Personen gestellt, die noch keine Erfahrung mit Engeln haben – und bedeutet eine Gelegenheit für Sie, die wunderbare Neuigkeit weiterzugeben, dass jeder Mensch Schutzengel hat, die überkonfessionell und bedingungslos liebevoll und zustimmend sind.

»Wen sehen Sie in meiner Nähe?«

Ihrem Klienten ist es im Grunde genommen egal, ob Sie Engel oder geistige Führer um ihn herum *sehen*. Die wirkliche Frage lautet: »Wen *erkennen* Sie in meiner Nähe?«

Manche Klienten stellen diese Frage, weil sie nach einem bestimmten lieben Verstorbenen suchen, während andere neugierig sind bezüglich ihrer himmlischen Engel. Und manchmal stellt jemand diese Frage auch, weil er oder sie wissen möchte, ob überhaupt *irgendjemand* bei ihnen ist.

Sie können die Frage beantworten, indem Sie Ihre Augen schließen und mental den Bereich um Kopf und Schultern Ihres Klienten scannen. Sie können auch mit Ihren Händen scannen, indem Sie den Oberkörper Ihres Klienten geistig abtasten (aber nicht berühren). Achten Sie auf alle Bereiche, die Ihnen besonders auffallen. Dann holen Sie tief Atem und stimmen sich ein. Richten Sie Ihren Fokus auf jegliche Gefühle (emotional oder physisch), Visionen (egal wie flüchtig oder fragmentiert), Gedanken (auch wenn Sie glauben, sie betreffen Sie selbst) sowie Geräusche, Töne oder Worte. Sagen Sie den Wesen, die bei Ihrem Klienten sind: »Bitte sagt mir, wer ihr seid«, und geben Sie dann die Antwort an Ihren Klienten weiter.

Sollte Ihr Klient einen bestimmten verstorbenen Angehörigen oder Freund suchen, dann benutzen Sie bitte diese Information und die Tabelle in Kapitel 3; und falls ein Klient die Namen seiner Engel wissen möchte, nehmen Sie die Methode zu Hilfe, die in Kapitel 2 beschrieben wird.

»Was ist meine Lebensaufgabe?«

Diese Frage bedeutet normalerweise: »Welche Arbeit würde mir ein Gefühl von Glück und Sinnhaftigkeit geben und gleichzeitig garantieren, dass ich meine Rechnungen bezahlen kann?« Gelegentlich jedoch wird jemand diese Frage in der Hoffnung stellen, seinen spirituellen Weg zu definieren. Daher werden Sie vielleicht vorher mit Ihrem Klienten abstimmen müssen, in welche Richtung seine Frage geht.

Jeder Mensch hat eine individuelle Lebensaufgabe, die ihm zeigt, warum er hier ist und was er in diesem Leben lernen muss, zum Beispiel Geduld, Vergebung, Mitgefühl, Harmonie und das Errichten bzw. Respektieren gesunder Grenzen.

Manche Menschen (Lichtarbeiter genannt) haben außer ihrer persönlichen auch noch eine globale Aufgabe. Das kann ein Beitrag sein, den zu leisten ihre Seele für diese Lebenszeit gewählt hat. Dazu kann eine Tätigkeit als Heiler gehören, als Lehrer, Autor, Maler, Komödiant oder Verfechter der Rechte für Tiere oder Kinder ... oder irgendeine andere Rolle zum Wohle der Welt.

Diese Frage wird am besten an Erzengel Michael weitergegeben, dem die Aufsicht über die Lebensaufgabe jedes Menschen obliegt. Zum Glück ist Michael der lauteste, direkteste und klarste Engel, mit dem Sie kommunizieren können. Daher sollten Sie sich bei Readings, bei denen es um die Lebensaufgabe eines Klienten geht, immer auf dessen ersten Namen fokussieren (erinnern Sie sich an die Macht des Namens, wie in Kapitel 3 erwähnt) und darauf, wie er die Frage formuliert hat. Meditieren Sie über die Energie der gewählten Worte.

Achten Sie auf alles, was Ihnen als Antwort auf die Frage in den Sinn kommt oder was Sie physisch fühlen, selbst wenn Sie glauben, es würde Ihrer Fantasie entspringen oder *Sie persönlich* betreffen. (Vergessen Sie nicht: Häufig sind die Antworten der Engel, die wir weitergeben, auch für uns gedacht, ohne dass sie ihre Gültigkeit für den anderen verlieren.)

Die meisten Menschen möchten spezifische Einzelheiten und Richtungsanweisungen hören, die mit ihrer Lebensaufgabe zu tun haben, daher bitten Sie Erzengel Michael immer wieder um Informationen und geben Sie diese Ihren Klienten weiter. Ihr Selbstvertrauen bei Engel-Readings wird umso mehr wachsen, je mehr Ihre Klienten Ihnen positives Feedback geben, nachdem sie die von Ihnen während eines Readings übermittelten Botschaften befolgt und positive Ergebnisse erzielt haben.

Liebesbeziehungen

Die bei Engel-Readings am häufigsten gestellte Frage bezüglich Liebesbeziehungen lautet: »Ist diese Person mein Seelengefährte?« Niemand stellt diese Frage, wenn er nicht Zweifel an der Beziehung hat. Wenn jemand Ihr Seelengefährte ist, müssen Sie niemanden danach fragen.

Andererseits entsteht jede romantische Beziehung aus einem bestimmten Grund und stellt eine Möglichkeit dar, unsere emotionalen Wunden zu heilen (die normalerweise mit unseren Eltern zu tun haben). Erotische Anziehung funktioniert wie ein Laser, und Sie fühlen sich zu Personen hingezogen, durch die Sie Ihrem Vater oder Ihrer Mutter vergeben können. Wenn diese

173

»heilenden« Beziehungen auch stürmisch und voll von Komplikationen sein können, führen sie letzten Endes doch zu einem großen spirituellen Wachstum beider Beteiligten.

Am besten gehen Sie mit Liebesfragen um, indem Sie die Macht des Namens benutzen. Fragen Sie Ihren Klienten nach dem Vornamen seines Liebespartners, um den es geht. Dann meditieren Sie darüber, bis Sie allmählich durch Ihre Gefühle, Gedanken, Visionen oder Worte Eindrücke gewinnen. Geben Sie diese Eindrücke Ihrem Klienten weiter.

Während Liebes-Readings ist es ganz besonders wichtig, mit Ihren Antworten sehr vorsichtig zu sein. Wenn zum Beispiel ein seit Langem verheirateter Mann oder eine Frau mit kleinen Kindern fragt, ob er oder sie sich scheiden lassen sollte, suchen Sie auf jeden Fall auch nach Alternativen, wie beispielsweise Eheberatung. Bei der Arbeit mit Engeln halten Sie immer nach Gelegenheiten Ausschau, die möglichst allen Beteiligten Frieden bringen.

Fragen zur Gesundheit

Bei Fragen dieser Art wird oft das Thema *Angst* hochkommen. Wenn Ihre Klienten zum Beispiel fragen, wie sich ihre Gesundheit in Zukunft entwickeln wird, haben Sie die Gelegenheit, sie über Gebete, positive Affirmationen und andere Möglichkeiten zur Erhaltung ihrer Gesundheit zu informieren. Machen Sie sich im Internet mit den neuesten Untersuchungen über die heilende Wirkung von Gebeten vertraut oder lesen Sie ein Buch von Larry Dossey.

Falls Sie sich angeleitet fühlen, während des Readings eine spirituelle Heilung vorzunehmen, können Sie Ihren Klienten um Erlaubnis dazu bitten – was total angemessen ist.

Vergessen Sie während eines Gesundheits-Readings jedoch nie Ihre moralischen Überlegungen. Seien Sie zurückhaltend und raten Sie Ihren Klienten nie, nicht mehr zu ihrem Arzt zu gehen oder ihre Medikamente nicht mehr zu nehmen (wenn auch oft das Einholen einer zweiten ärztlichen Meinung oder eine Bitte um Reduzierung oder Änderung ihrer Medikation angemessen sein kann). Mein Sprichwort ist »Wenn Sie Zweifel haben, geben Sie die Sache an einen Spezialisten weiter«. Mit anderen Worten, wenn Sie mit einer Situation konfrontiert werden, bei der Sie nicht sicher sind, wie Sie damit umgehen sollen, empfehlen Sie den Klienten an jemanden weiter, der in diesem Bereich spezialisiert ist.

Darüber hinaus ist es eine gute Idee, sich hin und wieder mit spirituell orientierten Ärzten und Heilern zusammenzusetzen, um Klienten im Bedarfsfalle guten Gewissens weiterzuempfehlen. Kirchen, Tempel, New-Age-Zentren und metaphysische Buchläden eignen sich besonders gut, um diese Menschen kennenzulernen.

REMOTE READINGS

Ihr Klient muss während eines Readings nicht physisch anwesend sein. Sie können mit den Schutzengeln eines jeden Menschen sprechen, egal wo sich der Betreffende aufhält. *Engel-Therapie-Practitioners* geben regelmäßig Readings via E-Mail, Brief und per Telefon, mit derselben Wirksamkeit, als säßen sie mit der betreffenden Person im gleichen Raum.

Um ein Remote Reading durchzuführen, stellen Sie sich einfach vor, dass der Klient Ihnen gegenübersitzt oder -steht. Überprüfen Sie seinen Kopf und seine Schultern auf Engel und Energien, genauso als wäre der Betreffende physisch im Raum. Sprechen Sie mit den Engeln auf dieselbe Weise, wie Sie es in einem »normalen« Reading tun würden.

Vor allem vertrauen Sie den Eindrücken, die Sie empfangen, denn sie sind genauso real wie bei jeder anderen Form von Reading.

NOCH IRGENDWELCHE ANDEREN FRAGEN?

Sie können jede Frage Ihres Klienten beantworten, indem Sie diese Fragen an die Engel weiterleiten.

Mithilfe der oben genannten Methoden werden Sie immer wertvolle Führung empfangen, um Ihren Klienten zu helfen.

Im nächsten Kapitel werden wir uns mit Weissagungsmethoden befassen, die ebenso detaillierte Informationen für Sie und Ihre Klienten liefern können.

* * *

11

Orakelkarten und andere Methoden der Weissagung

Als ich zum ersten Mal begann, Engel-Readings zu geben, benutzte ich während der Session Tarotkarten als zusätzliches Werkzeug, um weiterführende Informationen zu geben. Dabei stellte ich bald fest, dass einige der Symbole, Worte und Bilder auf den Tarotkarten manche meiner Klienten erschreckten oder ängstigten.

Eines Morgens hatte ich einen lebhaften luziden Traum, in dem meine Großmutter Pearl (die mir oft vom Himmel aus hilft) zu mir sagte: »Beschäftige dich mit Pythagoras.« Ich wachte abrupt auf und sagte laut: »Der Typ mit den Dreiecken?« Für mich war Pythagoras ein Charakter aus dem Geometrieunterricht in der Highschool.

Doch da ich großen Respekt für Grandma Pearls Weisheit und Führung hatte, las ich jedes Buch und jeden Artikel, den ich über diesen antiken griechischen Philosophen finden konnte. Und in einer Rückführungs-Session entdeckte ich sogar, dass ich einer seiner Schüler gewesen war.

Die Details aus dieser Rückführung kombiniert mit meinem Studium der pythagoreischen Lehren zeigten mir, dass das Universum numerisch geordnet und präzise ist. Alles vibriert und ist lebendig. Wenn Sie also eine Frage stellen, entspricht die jeweils von Ihnen gezogene Orakelkarte Ihrer Frage und den Vibrationen der Situation.

Ich wurde angeleitet, Orakelkarten zu kreieren, die auf der pythagoreischen Philosophie und den Tarotprinzipien basierten. Diese Karten würden die gleiche antike Weisheit wie das Tarot enthalten, ohne potenziell ängstigende Bilder oder Worte. Da ich mit Engeln arbeitete, schien es mir nur natürlich, ein Deck mit »Engel-Karten« zu entwerfen.

Mein amerikanischer Verleger Hay House brachte sie auf den Markt, und die Reaktion war überwältigend positiv. Ich habe tatsächlich das Gefühl, dass es eine meiner Lebensaufgaben ist, Orakelkarten zu kreieren. Schließlich sind zwei Indikatoren, die darauf hinweisen, dass Sie auf Ihre Lebensaufgabe eingestimmt sind, wie folgt: 1. Sie führen diese Aufgabe mit Freuden aus; und 2. Türen öffnen sich für Sie problemlos, während Sie mit dem Produkt oder Service, den sie anbieten, Erfolg haben. Falls eines dieser beiden Elemente fehlt, können Sie Korrekturen vornehmen, wie Sie es beim Autofahren tun würden. Befinden Sie sich auf dem richtigen Weg, sind diese beiden Faktoren sowohl die *Reise* als auch das *Ziel*.

Orakelkarten können Ihnen Einzelheiten – und eine Basis – für die Antworten geben, die Sie während eines Engel-Readings erhalten. Jedem Deck meiner Orakelkarten ist ein detailliertes Handbuch beigefügt mit Instruktionen, wie Sie die Karten klären, weihen und auslegen können. Jeder, der sie benutzt, ist im gleichen Maße fähig, ein akkurates Reading zu geben, und mit ein wenig Übung werden Sie schnell Vertrauen in die Karten gewinnen.

AUTOMATISCHES SCHREIBEN

Die Engel-Botschaften in meinem Buch *Das Heilgeheimnis der Engel* wurden durch den Vorgang des »automatischen Schreibens« empfangen. Dies ist eine Methode, die Ihnen erlaubt, detaillierte Botschaften des Himmels festzuhalten. Wahrscheinlich werden Sie feststellen, dass Ihre automatisch geschriebenen Übermittlungen Worte beinhalten, die nicht Teil Ihres alltäglichen Vokabulars sind. Vielleicht merken Sie auch, dass sich Ihre Handschrift verändert und Sie plötzlich Worte buchstabieren können, die Ihnen vorher Schwierigkeiten bereitet haben (und umgekehrt).

Automatisches Schreiben kann Ihnen außerdem auf Ihrem spirituellen Weg helfen. Zum Beispiel können Sie mittels dieser Methode Gespräche mit Gott, Ihren Schutzengeln, den aufgestiegenen Meistern und den Erzengeln führen. Sie können Ihre Engel »Wie heißt ihr?« und andere Dinge fragen. Und Sie können darum bitten, dass die Erzengel und aufgestiegenen Meister Ihnen helfen, sich an Ihre Lebensaufgabe zu erinnern und daran zu arbeiten.

Sie können das, was Sie empfangen, mit der Hand aufschreiben, oder mithilfe von Schreibmaschine oder Computer. Wenn Sie mit der Hand schreiben, brauchen Sie mindestens vier DIN-A-4-Bogen, eine feste Schreibunterlage und einen zuverlässigen Stift. Sehr hilfreich ist es, im Hintergrund leise Musik laufen zu lassen und eine bequeme Sitzposition einzunehmen.

Beginnen Sie Ihr automatisches Schreiben mit einem Gebet – nachstehend das Gebet, das ich benutze. Es basiert auf meinem persönlichen spirituellen Glauben, daher möchten Sie es vielleicht umschreiben, damit es in *Ihr* Glaubenssystem passt. Ich würde nie jemandem sagen, zu wem er beten soll, doch biete ich dieses Gebet als Beispiel für eine effektive Möglichkeit an, um Hilfe zu bitten:

»Lieber Gott, Heiliger Geist, Jesus, Erzengel Michael, alle meine Führer und alle meine Engel. Ich bitte euch, über mein automatisches Schreiben zu wachen und dafür zu sorgen, dass

*jeder, der durchkommt, ein positives, liebevolles Wesen ist. Bitte
verstärkt meine Fähigkeit, eure göttliche Kommunikation klar
zu hören, zu sehen, zu denken und zu fühlen. Bitte helft mir,
diese Botschaften akkurat zu empfangen und weiterzugeben,
damit sie mir und jedem, der sie liest, Segen bringen. Danke
und amen.«*

Dann denken Sie an jemanden im Himmel, mit dem Sie Kontakt aufnehmen wollen. Bitten Sie innerlich dieses Wesen, ein Gespräch mit Ihnen zu führen. Sie werden in einem Frage-und-Antwort-Format eine Frage stellen und dann die Antwort aufschreiben, die Sie empfangen, ähnlich wie bei einem Interview. Am wichtigsten bei automatischem Schreiben ist, dass Sie absolut authentisch sind. Halten Sie alle Eindrücke fest, die Sie bekommen, selbst wenn Ihnen unklar ist, ob es sich um Ihre Imagination handelt oder nicht. Und wenn Sie nichts bekommen, schreiben Sie auch das auf. Sie beginnen, indem Sie alles notieren, was passiert, und irgendwann wird das Ganze zu einer authentischen spirituellen Kommunikation.

Während des automatischen Schreibens kann es sein, dass Sie das Gefühl haben, als würde jemand anderes Ihren Stift führen. Wie ich bereits erwähnt habe, werden sich Ihre Handschrift, Ihr Vokabular und Ihr Buchstabierstil während der Session verändern. Lassen Sie sich davon nicht einschüchtern, da Angst die göttliche Kommunikation blockieren kann. Vergessen Sie nicht, Sie werden von Gott und Erzengel Michael beschützt (dem »Rausschmeißer«-Engel, der niemanden in Ihre Nähe lassen würde, der keine liebevollen Intentionen hat), und es kann Ihnen nichts passieren. Es kann sein, dass Ihre Hand anfängt, kleine Kreise zu kritzeln, eine in der Geistwelt beliebte Art, Sie zu grüßen und zu sagen: *»Wir freuen uns sehr, den Kontakt mit dir aufzunehmen!«* Wenn das Kritzeln zu lange dauert, sagen Sie dem Himmel, dass auch Sie glücklich über den Kontakt sind, aber könnte er jetzt nicht bitte zu einer Art von Kommunikation übergehen, die Sie verstehen. Ihr Ego wird während des automatischen Schreibens höchstwahrscheinlich seinen größten Auftritt haben. Es wird brüllen, dass Sie »das Ganze bloß erfinden!«. Wenn das passiert, übergeben Sie die Beweislast für die Authentizität der Kommunikation dem Wesen, mit dem Sie sprechen. Fragen Sie das Wesen: »Wie kann ich wissen, dass ich mir das alles nicht nur einbilde?« Die Antwort wird Sie höchstwahrscheinlich von der Authentizität Ihrer göttlichen Konversation überzeugen. Sollten Sie sich jedoch noch immer nicht sicher sein, fragen Sie so lange weiter, bis Sie eine Botschaft empfangen, die Ihr Ego zum Schweigen bringt. Oder bitten Sie die Wesenheit, Ihnen ein physisches Zeichen zu geben, und hören Sie dann eine Weile mit dem Schreiben auf. Wenn Sie dieses Zeichen bekommen, werden Sie mit größerem Vertrauen an Ihre nächste Session herangehen.

* * *

Und jetzt lassen Sie uns beginnen, indem Sie eine Frage denken, auf die Sie wirklich gerne eine Antwort hätten. Stellen Sie dem spirituellen Wesen mental diese Frage. Dann schreiben Sie sie oben auf das Blatt Papier, während Sie sie innerlich wiederholen. Seien Sie optimistisch mit dem positiven Gedanken, dass Sie eine Antwort erhalten werden.

Notieren Sie jeden Eindruck, den Sie durch einen oder mehrere der vier Kanäle göttlicher Kommunikation empfangen: Gedanken, Gefühle, Worte oder Visionen. Dann stellen Sie eine andere Frage und empfangen eine andere Antwort ... und so weiter.

Wenn Sie genug Antworten von einem geistigen Führer bekommen haben, können Sie den Kontakt mit einem anderen

Wesen aufnehmen. Wenn Ihre Kommunikation abgeschlossen ist, vergessen Sie nicht, allen Beteiligten zu danken.

Die Engel sagen, dass sie es lieben, uns Botschaften zu geben, und dabei große Freude empfinden, da sie auf diese Weise Gottes Willen erfüllen. Und wenn wir unseren Engeln danken, werden sich unsere Herzen mit Dankbarkeit erfüllen. Und dieses warme Gefühl der Anerkennung ist das »Ich liebe dich«, das wir mit unseren himmlischen Wächtern als passenden Abschluss für einen Liebesbrief des Himmels austauschen.

Üben Sie sich darin, Ihren Engeln Fragen zu stellen und dann auf ihre Antworten zu lauschen. Mit der Zeit werden Sie lernen, auf Anhieb die Stimme der Engel von der des Ego zu unterscheiden. Ähnlich wie wir beim Abnehmen des Telefonhörers sofort wissen, ob der Anrufer ein lieber Freund ist oder jemand, der uns etwas verkaufen will. Mit etwas Übung werden Sie auch schnell lernen, der Führung der Engel zu vertrauen und sich darauf zu verlassen, sobald Sie einmal erfolgreich ihrem liebevollen Rat gefolgt sind.

Sie können Ihre Engel bitten, Ihnen zu helfen, die Bedeutung ihrer zuweilen kryptischen Botschaften besser zu hören oder zu verstehen. Hier sind ein paar andere Möglichkeiten, die Klarheit Ihrer himmlischen Kommunikation zu verbessern:

Atmen nicht vergessen.
Wenn Sie gestresst sind, neigen Sie oft dazu, den Atem anzuhalten. Das hindert Sie daran, die Botschaften zu hören, die Ihren Stress *reduzieren* könnten. Daher vergessen Sie nicht, tief zu atmen, wenn Sie mit Ihren Engeln kommunizieren. Die Engel haben mir gesagt, dass ihre Botschaften auf den Molekülen des Sauerstoffs transportiert werden. Je mehr frische Luft Sie also atmen, desto lauter und deutlicher scheinen ihre Botschaften

zu sein. Das ist der Grund, warum Sie Ihre Engel leichter hören können, wenn Sie draußen in der Natur sind, oder in der Nähe von Wasser (einschließlich Ihrer Dusche oder Badewanne).

Entspannen Sie sich.
Zu große Anstrengung verhindert klare Kommunikation. Sie müssen sich nicht bemühen, Ihre Engel zu hören, da sie noch lieber mit Ihnen kommunizieren wollen als umgekehrt. Entspannen Sie sich stattdessen physisch mithilfe Ihres Atems. Gleiten Sie in einen Zustand der Empfänglichkeit und bitten Sie Ihre Engel, Ihnen zu helfen, jegliche Anspannung in Ihrem Geist oder Körper zu beseitigen.

Folgen Sie ihrer Führung.
Wenn Ihre Engel Sie bitten, ihre Ernährungsweise zu verbessern, liegt das wahrscheinlich daran, dass sie um die atmosphärischen Störungen in den himmlischen Kommunikationsleitungen wissen, die der Verzehr von industriell verarbeiteten Nahrungsmitteln und Chemikalien verursacht. Ihre Engel sind Ihre besten Lehrer, wenn es darum geht, Ihnen zu zeigen, wie Sie ihre Stimmen besser hören können. Bitten Sie sie diesbezüglich um Hilfe und folgen Sie dann der Führung, die Ihnen zuteilwird.

Bitten Sie um Zeichen.
Falls Sie unsicher sind, ob Sie Ihre Engel richtig hören, bitten Sie sie um ein Zeichen. Wie immer ist es auch hier am besten, nicht zu spezifizieren, welche Art von Zeichen Sie sich wünschen. Erlauben Sie der unendlichen Kreativität der Engel, ein wundervolles Zeichen zu finden, das Sie leicht erkennen können. Sie werden über den liebevollen Sinn für Humor entzückt sein, den sie dabei häufig an den Tag legen. Die Engel geben uns Zeichen, damit wir wissen, dass sie und ihre Botschaften real sind. Alles,

was Sie in der physischen Welt dreimal oder mehr – oder auch nur einmal auf eine sehr ungewöhnliche Weise – sehen oder hören, kann ein Zeichen sein. Wenn Sie zum Beispiel den gleichen Buchtitel aus drei oder mehr verschiedenen Quellen hören, dann handelt es sich wahrscheinlich um eine Empfehlung Ihrer Engel, das Buch zu lesen.

Außerdem lassen die Engel Federn an ungewöhnlichen Orten zurück, als Zeichen ihrer Gegenwart, wahrscheinlich weil wir Federn mit Engelsflügeln assoziieren. Ein anderes häufig anzutreffendes Zeichen sind engelförmige Wolken. Manchmal kommen die Zeichen auch in Form von Düften. Viele Menschen berichten, dass sie Parfum, Blumen oder Rauch gerochen haben, wenn ihre Engel in der Nähe waren.

ENGEL-LICHTER

Wie ich bereits gesagt habe, berichten circa 50 Prozent meiner Seminarteilnehmer auf der ganzen Welt von Lichtblitzen, die sie mit ihren physischen Augen sehen. Diese Lichter sehen aus wie das Blitzlicht von Kameras oder wie blitzende Funken. Manchmal sind sie weiß und manchmal leuchten sie wie Edelsteine in den Farben Lila, Blau, Grün etc.

Mehrere Personen haben mir erzählt, dass sie zum Augenarzt gegangen sind, um ihre Augen untersuchen zu lassen, weil sie fürchteten, bei ihren Visionen funkelnder Lichter handelte es sich um Zeichen einer Erkrankung. Doch die Ärzte hatten ihnen jedes Mal versichert, dass ihre physischen Augen völlig gesund waren.

Der Grund ist der, dass diese Lichter *nicht* physischen Ursprungs sind. Ich nenne dieses Phänomen »Engel-Lichter« oder »Engel-Spuren«. Wenn Sie diese Lichter bemerken, heißt das, Sie sehen Spuren der Energie von Engeln, die durch den Raum gleiten. Die weißen Lichter kommen von unseren Schutzengeln. Farbige Lichter sind Energiespuren der Erzengel.

Hier ist eine Liste, woraus Sie ersehen können, welche farbigen Lichter oder Funken den einzelnen Erzengeln zugeordnet sind (im Anhang dieses Buches finden Sie eine ähnliche Liste).

Beige: *Azrael*, der Erzengel, der uns hilft, Kummer zu überwinden.

Blau (hell): *Raguel*, der uns bei Beziehungsfragen hilft.

Blau (dunkel): *Zadkiel*, der Erzengel, der uns bei der Optimierung unseres Erinnerungsvermögens und unserer mentalen Funktionen hilft.

Blau (blass, fast weiß): *Haniel*, der für Probleme der weiblichen Gesundheit zuständig ist und Unterstützung im Bereich Hellsehen anbietet.

Grün (strahlendes Smaragdgrün): *Raphael*, der heilende Erzengel.

Grün (blass): *Chamuel*, der Erzengel, der uns hilft, alles zu finden, was wir suchen.

Grün mit Dunkelrosa: *Metatron*, der Kindern hilft, ihre spirituellen Gaben und Selbstachtung beizubehalten.

Rosa (strahlendes Rosarot): *Jophiel*, die uns bei der Verschönerung unserer Gedanken und unseres Lebens hilft.

Rosa (blass): *Ariel*, der bei Fragen bezüglich Tieren, Natur und Manifestation hilft.

Lila (strahlend, beinahe Kobaltblau): *Michael*, der uns Mut und Schutz zuteilwerden lässt.

Regenbogen: *Raziel*, der hilft, spirituelle und außersinnliche Blockaden zu heilen, und uns in esoterische Geheimnisse einweiht.

Türkis: *Sandalphon*, der musikalische Erzengel.

Violett (rötliches Lila): *Jeremiel,* der uns bei der Heilung unserer Emotionen hilft.

Gelb (hell): *Gabriel,* der Boten und Eltern hilft.

Gelb (dunkel): *Uriel,* der Erzengel der Weisheit.

ENGEL-ZAHLEN

Zahlenfolgen sind eine andere weit verbreitete Art, wie Engel mit uns kommunizieren. Haben Sie schon einmal bemerkt, dass Sie bei einem Blick auf die Uhr, ein Nummernschild oder eine Telefonnummer wiederholt die gleichen Zahlen sehen? Das ist kein Zufall, sondern eine Botschaft des Himmels.

Seit Pythagoras wissen wir, dass Zahlen machtvolle Vibrationen haben. Musikinstrumente und Computer basieren auf mathematischen Formeln, und die Zahlenbotschaften der Engel sind genauso präzise.

Die grundlegende Bedeutung der Zahlen, die Sie sehen, ist wie folgt:

0 – Du wirst von deinem Schöpfer geliebt.

1 – Achte auf deine Gedanken und denke nur an deine Wünsche anstatt deine Ängste, denn du ziehst das an, woran du denkst.

2 – Bleib zuversichtlich und gib die Hoffnung nicht auf.

3 – Jesus oder andere aufgestiegene Meister sind bei dir und helfen dir.

4 – Die Engel unterstützen dich in dieser Situation.

5 – Eine positive Veränderung steht dir bevor.

6 – Überlasse alle Ängste über die physische/materielle Welt Gott und den Engeln. Stelle in deinem Denken Harmonie zwischen dem Materiellen und dem Spirituellen her.

7 – Du bist auf dem richtigen Weg ... mach so weiter!

8 – Reiche Fülle kommt jetzt zu dir.

9 – Beginne ohne Zögern mit der Erfüllung deiner Lebensaufgabe.

Wenn Sie eine Kombination von Zahlen sehen, »addieren« Sie einfach die oben genannten Bedeutungen. Fällt Ihnen zum Beispiel die Zahl 428 auf, könnte das bedeuten: »Die Engel sind bei dir, also sei zuversichtlich, da reiche Fülle jetzt zu dir kommt.«

* * *

Die Engel sprechen auf viele unterschiedliche und kreative Weisen mit uns. Wenn Sie das Gefühl haben, ihre Führung zu empfangen, dann ist das wahrscheinlich *genau richtig*. Bitten Sie Ihre Engel, Ihnen zu helfen, ihre Zeichen und Botschaften zu erkennen, und bald werden Sie sie überall in Ihrer Umgebung bemerken. Je mehr Sie diese Zeichen erkennen, ihnen folgen und positive Ergebnisse erzielen, desto größer wird Ihr Vertrauen in die Engel … und Ihr Selbstvertrauen.

12

Engel-Therapie-Heilung

Die Engel haben mir in meinen Meditationen und Heilungs-Sessions die folgenden Methoden gezeigt. Jeder kann sie effektiv anwenden, und zwar vom ersten Versuch an.

DURCHTRENNEN ÄTHERISCHER SCHNÜRE

Jeder, der mit anderen Menschen arbeitet – entweder professionell oder aus reinem Mitgefühl und Freundlichkeit –, sollte über ätherische Schnüre und den Umgang mit ihnen Bescheid wissen. Grundsätzlich gilt: Wann immer ein Mensch eine auf Angst basierte Bindung zu Ihnen herstellt (zum Beispiel die Angst, Sie könnten ihn verlassen; oder die Überzeugung, dass sie seine oder ihre Quelle der Energie oder des Glücks sind), entsteht eine Schnur zwischen Ihnen und der anderen Person. Diese Schnur ist für alle sichtbar, die hellseherische Fähigkeiten haben, und jeder Intuitive spürt sie.

Die Schnüre sehen aus wie medizinische Schläuche, und sie funktionieren wie Benzinschläuche. Wenn eine bedürftige Person sich sozusagen an Ihnen festgemacht hat, saugt die/der Betreffende durch diese Schläuche Energie von Ihnen ab. Vielleicht sehen Sie es nicht, doch können Sie die Auswirkungen dieses Absaugens spüren – in erster Linie indem Sie sich müde oder traurig fühlen, ohne zu wissen, warum. Nun, der Grund ist der, weil die Person am anderen Ende sich gerade Ihrer Kraft bedient oder Ihnen durch die Schnur toxische Energie sendet. Und mehr noch: Wenn Sie durch eine ätherische Schnur mit jemandem verbunden sind, der wütend ist, dann stürzt diese wütende Energie durch den Schlauch auf Sie ein, direkt in Ihren Körper, was sich in einem scharfen, stechenden Schmerz äußert, dem keinerlei organische Ursachen zugrunde liegen.

Daher ist es jedes Mal, nachdem Sie jemandem geholfen haben – oder wenn Sie sich lethargisch, traurig oder müde fühlen –, eine gute Idee, die »Schnüre durchzuschneiden«. Wenn Sie in der Vergangenheit Beziehungen mit ständig wütenden Menschen hatten – oder jedes Mal, wenn Sie einen scharfen Schmerz verspüren –, ist es an der Zeit, diese Technik anzuwenden. Das bedeutet nicht, dass Sie die betreffende Person ablehnen, im Stich lassen oder sich von ihr »scheiden«, indem Sie diese Schnüre durchtrennen. Sie trennen lediglich den gestörten, angstvollen, abhängigen Teil der Beziehung ab. Der liebevolle Teil bleibt bestehen.

Um Ihre eigenen Schnüre durchzuschneiden, sagen Sie entweder innerlich oder mit lauter Stimme:

»Erzengel Michael, ich rufe dich jetzt an. Bitte durchtrenne die Schnüre der Angst, die meine Energie und Lebenskraft absaugen. Danke.«

Dann bleiben Sie ein paar Minuten lang still. Achten Sie darauf, während dieses Vorgangs tief ein- und auszuatmen, da der Atem den Engeln die Tür öffnet, um Ihnen zu helfen. Wahrscheinlich werden Sie fühlen, wie Schnüre durchtrennt oder aus Ihnen herausgezogen werden. Unter Umständen spüren Sie Veränderungen im Luftdruck oder andere eindeutige Zeichen, die das Durchschneiden der Schnüre bestätigen. Die Personen am anderen Ende werden in dem Moment, wo die Schnüre durchschnitten werden, an Sie denken, ohne zu wissen, warum. Vielleicht stellen Sie fest, dass Sie jede Menge Anrufe oder E-Mails bekommen von Personen, die an Ihnen »anhafteten« und die sagen: »Ich habe gerade an dich gedacht.« Lassen Sie sich nicht von falschen Überzeugungen dieser Menschen beeinflussen. Vergessen Sie nicht, Sie sind nicht die Quelle ihrer Energie oder ihres Glücks – Gott ist es. Die Schnüre werden sich jedes Mal wieder neu bilden, wenn jemand eine auf Angst basierte Beziehung mit Ihnen formt, also durchtrennen Sie diese Schnüre, wann immer es notwendig ist.

Darüber hinaus können Sie die angstbasierten Anhaftungen auch durchschneiden, indem Sie Erzengel Michael bitten, es für Sie zu tun; oder indem Sie selbst dafür sorgen (Sie können die Schnüre sehen oder fühlen, wenn Sie den Körper des Betreffenden mit Ihrem geistigen Auge und/oder Ihren Händen scannen).

Zuweilen kann es passieren, dass Menschen sich weigern, die Schnüre zu jemandem zu durchtrennen, den sie ablehnen. Die ständige Wut oder der Wunsch nach Rache kann der Auslöser sein, der sie an dieser toxischen Beziehung festhalten lässt. In diesen Fällen kann nicht einmal Erzengel Michael die Schnüre durchtrennen!

Also werden Sie Ihren Klienten Schritt für Schritt durch diesen individuellen Durchtrennungsprozess führen müssen. Dabei wird Ihre Intuition Ihnen sagen, welche Schnur Ihren Klienten mit welcher Person verbindet. Vielleicht bekommen Sie einen generellen Eindruck (»Ich fühle, dass diese Schnur an einem Mann festgemacht ist«) oder detailliertere Informationen (»Diese Schnur fühlt sich an, als sei sie mit Ihrem Vater verbunden«). Wie auch immer diese Informationen zu Ihnen kommen, spielt keine Rolle. Geben Sie Ihrem Klienten einfach nur alle Eindrücke weiter, die Sie empfangen.

Dann sagen Sie Ihrem Klienten: »Bitte nehmen Sie ein paar tiefe Atemzüge und seien Sie bereit, alte toxische Energien in Verbindung mit .... (Name oder Titel der Person, an der die Schnur festgemacht ist) loszulassen. Seien Sie bereit, sich selbst zu entgiften, damit Sie Frieden, Gesundheit und Glück genießen können.« Wiederholen Sie diese Aufforderung, während Sie Ihren Klienten innerlich unterstützen bei seinem Versuch, alte Wut loszulassen. Manchmal kann das eine Weile dauern, doch irgendwann entscheidet sich jeder für Aussöhnung. Betrachten Sie sich in dieser Situation als ein Hirte des Friedens, der seinen Klienten sanft und geduldig in diese Richtung drängt.

DURCHTRENNEN DER SCHNÜRE
BEI SUCHTVERHALTEN

Im Folgenden eine sehr wirksame Methode sowohl zur Reduzierung oder Beseitigung des Verlangens nach süchtig machenden Substanzen oder auch zerstörerischen Verhaltensweisen. Sie kann in Verbindung mit 12-Step- oder anderen Entwöhnungsprogrammen angewandt werden. Sie können die folgende Anleitung für sich selbst benutzen oder Sie einer anderen Person laut vorlesen:

Zunächst einmal denken Sie an jegliche Süchte, die Sie unbedingt aufgeben wollen. (Das funktioniert nur, wenn Ihre Absicht unerschütterlich ist.) *Sie können so viele Süchte simultan wählen und loslassen, wie Sie wollen.*

Als Nächstes stellen Sie sich vor, wie die Sucht, oder ein Symbol der gegebenen Situation, auf Ihrem Schoß sitzt. Achten Sie

191

auf das Netz der Schnüre, die sie mit Ihrem Körper verbinden, vor allem in der Nähe Ihres Bauchnabels. Dies sind die Anhaftungen der Angst, die Ihnen glauben machen, dass Sie diese Süchte brauchen.

Jetzt rufen Sie die Erzengel Michael und Raphael an mit der Bitte, Ihnen zu helfen, diese Schnüre zu durchtrennen und Ihre Süchte in den Himmel zu bringen, damit sie umgewandelt und geheilt werden. Atmen Sie tief und ruhig weiter und halten Sie an dem Gedanken fest, diese Abhängigkeiten komplett loszulassen. Fokussieren Sie sich darauf, wie wunderbar Sie sich jetzt und in Zukunft fühlen werden, wenn Sie frei von zwanghaftem Verhalten sind. Machen Sie sich bewusst, wie viel mehr Zeit, Energie, Geld und Selbstachtung Sie jetzt haben als Folge dieser gesundheitsfördernden Entscheidung.

*Sobald Sie die Wirkung dieses umfassenden Loslassens gefühlt haben, wird Erzengel Raphael Ihnen durch diese durchtrennten Schnüre sein smaragdgrünes Licht senden. Während Sie tief einatmen, ziehen Sie diese heilende Energie in Ihren Körper. **Sie** ist das, wonach Sie eigentlich verlangt haben: Gottes Liebe und Licht. Das ist es, was Sie wirklich ersehnt haben und mittels Ihrer früheren Süchte zu erreichen hofften. Trinken Sie so viel der heilenden Energie Raphaels in sich hinein, wie Sie wollen, da es einen grenzenlosen Vorrat dieser Energie für Sie und alle anderen gibt. Jede frühere Leere oder Angst ist jetzt aufgehoben, und Ihr Herz ist erfüllt von Frieden.*

Wir danken Raphael und Michael für diese Heilung.

»Staubsaugen«

Wenn wir uns über jemanden Sorgen machen, uns für seine oder ihre Misere die Schuld geben oder jemanden massieren, der unter emotionalem Schmerz leidet, kann es passieren, dass wir die negative Energie der anderen Person in einer fehlgeleiteten Form von Hilfsbereitschaft auf uns nehmen. Das passiert jedem, vor allem Lichtarbeitern, die ganz besonders von dem Gedanken beseelt sind, anderen Menschen zu helfen – oft zu ihren eigenen Lasten. Die Engel halten Methoden für uns bereit wie beispielsweise das »Staubsaugen«, um uns zu helfen, bei dem Service, den wir leisten, im inneren Gleichgewicht zu bleiben. Sie möchten, dass wir anderen helfen, aber ohne dass wir dabei Schaden erleiden. Es geht darum, offen für die Unterstützung anderer zu bleiben, einschließlich der Engel. Viele Lichtarbeiter sind wunderbare Helfer, aber nicht so wunderbar in der Lage, Hilfe anzunehmen.

Hier eine Methode, um dieser Tendenz entgegenzuwirken:

Um uns mithilfe der Engel quasi »staubzusaugen«, sagen Sie mental: Erzengel Michael, ich rufe dich jetzt an mit der Bitte, **die Auswirkungen von Angst zu beseitigen.** *Dann werden Sie innerlich sehen oder fühlen, wie ein hochgewachsenes Wesen erscheint – das ist Erzengel Michael. Er wird von kleineren Engeln begleitet sein, die als »Horde der Barmherzigen« bekannt ist.*

Achten Sie auf den Staubsaugerschlauch, den Michael in der Hand hält. Beobachten Sie, wie er ihn durch die Spitze Ihres Kopfes (»Kronenchakra« genannt) einführt. Sie müssen entscheiden, auf welche Stufe Sie den Staubsauger einstellen wollen: Extrahoch, Hoch, Medium oder Niedrig. Außerdem geben Sie an, wohin der Schlauch während des Säuberungsprozesses gehen soll. Führen Sie ihn innerlich durch Ihren Kopf, Ihren

Körper und um jedes Ihrer Organe herum. Saugen Sie jegliche negative Energie aus Ihrem ganzen Körper bis hin zu Ihren Finger- und Zehenspitzen.

Es kann sein, dass Sie Klumpen seelischen Unrats sehen, wie sie von dem Schlauch eingesaugt werden, so als würden Sie einen schmutzigen Teppich reinigen. Jegliche Wesenheiten, die in den Staubsauger geraten, werden am anderen Ende von der Horde der Barmherzigen liebevoll begrüßt und ins Licht begleitet. Saugen Sie so lange weiter, bis kein seelischer Müll mehr vorhanden ist.

Sobald Sie gereinigt sind, wird Erzengel Michael den Schalter des Staubsaugers umstellen, sodass dichtes, zahnpastaartiges weißes Licht aus dem Schlauch kommt. Dies ist eine Art »Abdichtungsmaterial«, das die Stellen auffüllen wird, an denen zuvor seelischer Müll gespeichert war.

»Staubsaugen« ist eine der machtvollsten Techniken, die ich je ausprobiert habe. Sie können diese Methode auch bei anderen anwenden, egal ob die Betreffenden körperlich anwesend sind oder nicht. Halten Sie einfach an der Intention fest, an ihnen zu arbeiten, und schon geschieht es! Selbst wenn Sie während des Vorgangs nichts deutlich sehen oder fühlen können oder sich Sorgen machen, *»Bilde ich mir das Ganze vielleicht einfach nur ein?«*, werden die Resultate spürbar sein. Die meisten Menschen fühlen nach einer Staubsauger-Session eine sofortige Erleichterung ihrer Depression und ein Nachlassen der Wut, die ihnen zuvor so zugesetzt hat.

Sie können darum bitten, dass ein Staubsauger für immer über Ihrem Kopf installiert wird, Zu Hause, im Büro oder wo immer Sie mögen. Betrachten Sie ihn als einen automatischen Filter, ähnlich wie der in Swimmingpools. Dieser permanente Staubsauger wird dafür sorgen, dass Sie immer »sauber« bleiben.

Beseitigung der Energie
ausersinnlicher Attacken

Gelegentlich schicken Menschen, wenn sie über sich selbst oder andere wütend sind, anderen Personen toxische Energie, die bei dem Betreffenden einen physischen Schmerz hervorrufen kann. Dieser Vorgang wird »außersinnliche Attacke« genannt. Manchmal geschehen diese Angriffe absichtlich, manchmal unabsichtlich.

Um sich selbst und andere von diesen toxischen Energien zu klären, wenden Sie sich als Erstes an Erzengel Michael und Erzengel Raphael. Dann legen Sie sich entweder auf den Bauch oder rücken auf Ihrem Stuhl so weit nach vorne, dass Ihr Rücken nicht die Lehne berührt. Sie können den folgenden Text laut lesen als geführte Meditation, zum Segen für sich selbst oder eine andere Person:

Während Sie tief einatmen, seien Sie bereit, jegliche alte Wut aus Ihrem Rücken, Ihren Schultern, Ihrem Nacken und anderen Bereichen Ihres Körpers loszulassen. Fühlen oder sehen Sie die Energieformen, die aus Ihrem Körper aufsteigen (und häufig wie Dolche, Pfeile und andere Angriffswerkzeuge aussehen).

Während diese Objekte problem- und schmerzlos aus Ihrem Rücken und Körper fließen, werden Sie vielleicht ein Gespür dafür bekommen, wer Ihnen diese Dinge schickt. Tun Sie Ihr Bestes, um Mitgefühl für die betreffende Person zu empfinden, und widerstehen Sie jeglicher Versuchung, es ihr heimzuzahlen zu wollen. Bitten Sie die Engel, Ihnen beiden heilende Energien zu senden, um den Kreislauf von Attacke und Gegenattacke zu beenden. Atmen Sie weiterhin tief und ruhig und lassen Sie die alte Energie aus Ihrem Körper steigen. Unter Umständen werden Sie jedes Mal, wenn eines dieser spitzen Instrumente von den Engeln fortgetragen wird, eine Gänsehaut und leichtes Zittern fühlen.

Wenn Ihr Körper sich ruhig und friedlich anfühlt, werden Sie Erzengel Raphael sehen, wie er vor Ihnen kniet. Er umgibt Sie mit seinem smaragdgrünen Heilungslicht, bis Ihr ganzer Körper davon erfüllt ist. Dieses Licht heilt umgehend jegliche Einschnitte, in denen zuvor Angriffswerkzeuge gelagert waren, und versetzt Ihren Körper wieder in seinen natürlichen Zustand der Harmonie. Erzengel Michael versiegelt Sie mit seinem schützenden violetten Licht, das zudem alle nachfolgenden niederen Energien abprallen lässt. Jetzt sind Sie geklärt und beschützt!

HEILUNG VON GELÜBDEN AUS FRÜHEREN LEBEN

Vielleicht haben Sie in Ihren vergangenen Leben als spirituell Suchender, Nonne oder Mönch ein Gelübde abgelegt. Am häufigsten anzutreffen sind Gelübde des Leidens, der Selbstaufopferung oder Vergeltung, Armut, Jungfräulichkeit, Keuschheit/Zölibat, Gehorsam und Schweigen. Wenn diese Gelübde nicht aufgelöst werden, können sie Ihnen in Ihr gegenwärtiges Leben folgen und im Bereich Liebe, Sexualität, Finanzen und im Leben allgemein zu großen Problemen führen. Niemand ist wirklich frei, bevor diese Verpflichtungen aus einer früheren Inkarnation nicht aufgehoben werden.

Die einzigen gesunden Gelübde sind jene, für die Sie sich *jetzt* entscheiden – die Sie also mit sich selbst eingehen. Und selbst dann sollten Sie diese Gelübde in regelmäßigen Intervallen neu überdenken, um zu prüfen, ob sie nach wie vor Gültigkeit haben. Lassen Sie diese Gelübde und ihre Auswirkungen los, indem Sie sich an Erzengel Raphael wenden, der uns hilft, die Folgen vergangener Lebenszeiten zu heilen. Dann affirmieren Sie deutlich und klar, entweder für sich selbst oder um einem anderen Menschen zu helfen:

>*Erzengel Raphael, ich bitte dich um deine Hilfe. Hiermit löse ich alle eventuellen Gelübde des Leidens, der Selbstaufopferung oder Vergeltung auf, die ich abgelegt habe, in allen Richtungen der Zeit. Ich widerrufe jegliche negativen Auswirkungen dieser Gelübde, jetzt und für immer.*«

Wiederholen Sie diesen Satz für jedes einzelne Gelübde (Armut, Zölibat usw.).

* * *

Die Engel und Erzengel werden Sie durch zusätzliche Heilungsmethoden führen oder die in diesem Kapitel beschriebenen anpassen und ergänzen. Vertrauen Sie diesen intuitiven Botschaften, durch die der Himmel Ihnen zeigt, wie Sie Vertrauen in Ihre natürlichen Heilungsfähigkeiten gewinnen können.

Dritter Teil

Sie sind ein spiritueller Heiler und Lehrer

13

*L*ichtarbeiter und *I*hre *L*ebensaufgabe

Bevor wir uns der Frage »Kann ich mit einer spirituell orientierten Karriere meine Familie und mich ernähren?« widmen (wobei die Antwort übrigens kurz und bündig lautet: »Auf jeden Fall!«), wollen wir uns ein paar damit zusammenhängende Themen anschauen.

Zunächst einmal glaube ich, dass jeder Mensch eine persönliche Lebensaufgabe hat – etwas, wofür Sie sich bereit erklärt haben, es in diesem Leben zu lernen. Das könnte Geduld sein, Vergebung, Mitgefühl, Harmonie, Selbstachtung oder Integrität. Jeder arbeitet an einer Lektion zum Seelenwachstum.

Zuzüglich zu ihren persönlichen Aufgaben haben sich einige Individuen bereit erklärt, »globale Missionen« zu übernehmen. Dazu gehört unter anderem, Menschen, Tieren, der Umwelt oder einer Sache zu helfen, bei der es nicht um die eigene Person geht. Nicht jeder hat eine globale Aufgabe. Manche Menschen auf der Erde sind nur zum Zwecke ihres eigenen persönlichen Wachstums hier.

Personen, die globale Aufgaben haben, sind als *Lichtarbeiter* bekannt. Ich benutze diesen Begriff, da er ähnliche Bezeichnungen wie beispielsweise Indigo- und Kristall-Kinder sowie Erden-Engel einschließt.

Sie wissen, dass Sie ein Lichtarbeiter sind, wenn Sie sich angetrieben fühlen, anderen zu helfen, und Ihnen das Wohl der

Welt zutiefst am Herzen liegt. Sie ziehen Personen an, die Hilfe brauchen, und haben ein Gespür für die Bedürfnisse der Menschen in Ihrer Umgebung. Oft haben Sie sogar das Gefühl, ein wenig *zu* sensitiv zu sein, da Sie die Energien der Stimmungen anderer absorbieren. Doch keine Angst – wir werden später ausführlich über »Shielding« und andere Methoden zum Schutz unerwünschter Energien sprechen.

Als Lichtarbeiter hatten Sie seit jeher das Gefühl, eine Aufgabe zu haben, so als gäbe es etwas Wichtiges, was Sie in diesem Leben tun müssen. Vielleicht wissen Sie nicht, was das beinhaltet, doch Sie können es fühlen. Allen Lichtarbeitern geht es so.

Es gibt sogar ein Gefühl von Dringlichkeit in Bezug auf Zeit, was mit dieser Aufgabe assoziiert ist, wie ein Wecker, der in der Tiefe Ihres Bauches klingelt und Sie drängt. *Geh! Geh! Geh! Und trage deinen Teil zur Verbesserung der Welt bei.* Alle Lichtarbeiter kennen dieses Gefühl.

Die tolle Neuigkeit ist, dass Sie als Lichtarbeiter schon Ihr ganzes Leben lang einen positiven Beitrag zur Welt geleistet haben. Sie strahlen heilende Energie aus, die andere tröstet und Frieden verbreitet, wo immer Sie sich hinbegeben. Das liegt daran, dass Ihre wichtigste globale Aufgabe darin besteht, zu lieben – etwas, was Sie ganz automatisch tun. Das Wohl anderer Menschen liegt Ihnen am Herzen; und Ihr Wunsch ist es, dass jeder Mensch glücklich, gesund und gut versorgt ist. Sie sind jemand, der immer und mit Begeisterung gibt.

Daher ist die *Form*, die Ihre Aufgabe annimmt, sekundär, solange Sie göttliche Liebe weitergeben. Mit anderen Worten, wenn Sie mit dem Gedanken an eine Karriere als spiritueller Heiler oder Lehrer spielen, ist die Art der Arbeit nicht wichtig. Ob Sie nun Reiki oder die Engel-Therapie lehren oder praktizieren, als Medium tätig sind oder in irgendeiner anderen Heilungsart – wenn Sie es mit einem liebevollen Herzen tun, ist alles andere nur eine Frage der Details. In diesem Sinne gibt es eine praktische Überlegung, wenn Sie sich für eine bestimmte Lehre oder Heilungsform entscheiden. Sie gehen eine langfristige Beziehung mit dem von Ihnen gewählten Beruf ein, daher achten Sie bitte darauf, dass es sich um einen Bereich handelt, der Sie wirklich begeistert und interessiert. Es ist keine gute Idee, einen Beruf zu wählen, nur weil Sie gesehen haben, wie ein anderer dadurch Ruhm und Reichtum erlangt hat.

Welche Art von Heilung oder Lehre Sie auch wählen, bitte vergewissern Sie sich, dass Sie diese Arbeit lieben. Ich habe schon des Öfteren erlebt, wie Lichtarbeiter in ihrem Kopf Ziele setzen und Geschäftspläne und Projektionen entwerfen, nur um mit einem Hindernis nach dem anderen konfrontiert zu werden, weil sie nicht mit dem Herzen bei der Sache waren. Und wenn Planen und Projizieren auch hilfreiche und vernünftige Ausgangspunkte für neue geschäftliche Unternehmungen sein können, sollten Sie dafür sorgen, in erster Linie immer Ihrem Herzen zu folgen.

Bei einer spirituell orientierten Karriere sind
Ihre Gefühle und Intuitionen Ihre Landkarte.
Ihr Kopf tritt erst danach in Aktion,
als Diener Ihres Herzens.

Welches Thema – selbst wenn es unvernünftig scheint – begeistert Sie wirklich? Lassen Sie uns Ihr höheres Selbst fragen:

Nehmen Sie sich ein wenig Zeit und entspannen Sie sich an einem ruhigen Ort, indem Sie sich entweder hinlegen oder bequem hinsetzen. Wenn möglich, schließen Sie die Augen und geben Sie sich die uneingeschränkte Erlaubnis, von Ihrem idealen Beruf zu träumen. Dann achten Sie darauf, welche Bilder, Gedanken und Gefühle zu Ihnen kommen:

- *Arbeiten Sie alleine, mit einem Mitarbeiter, mit mehreren Mitarbeitern?*
- *Arbeiten Sie zu Hause, in einem Heilungszentrum oder wo?*
- *Mit welcher Art von Klienten oder Schülern sind Sie involviert?*
- *Wie fühlen Sie sich bezüglich dieser Arbeit?*

Während Sie sich erlauben, sich Ihren idealen Beruf vorzustellen, machen Sie sich bewusst, wie warm und erfüllt Sie sich fühlen. Diese Gefühle sind die ultimative Bezahlung, die größte Belohnung. Und indem Sie sich zufrieden und erfüllt fühlen, ziehen Sie aufgrund des Gesetzes der Anziehung materielle Segnungen in Ihr Leben.

GLAUBE UND VERTRAUEN

Ihr Traum von einer Vollzeitkarriere als spiritueller Lehrer oder Heiler ist wesentlich mehr als nur ein Traum. Er ist ein *Zeichen*. Wenn Sie sich kontinuierlich vorstellen, einen sinnvollen Beruf auszuüben, der Sie und Ihre Familie finanziell, emotional und spirituell unterstützt, dann ist dies ein Zeichen, dass diese Art von Tätigkeit zu Ihrer Lebensaufgabe gehört.

Und dennoch reicht es nicht, nur zu träumen. Sie müssen auch handeln. Das ist jedoch nicht so einfach, stimmt's? Sonst wären Sie schon lange auf Ihrem Weg.

Lichtarbeiter sind, per definitionem, sensitiv. Sie sind empfänglich für die Energien in jedem Raum, den sie betreten. Sie sind auf die Launen und Gefühle anderer Menschen sowie auf

Faktoren in der Umwelt eingestimmt, wie zum Beispiel Chemikalien, Luftverschmutzung oder Lärm. Sie sind sich der Gegenwart von Engeln bewusst. Und sie sind sensitiv für die Meinungen anderer Leute. Diese Sensitivität ist sowohl ein Geschenk als auch ein lebensrettender Instinkt. Denn sehen Sie, Ihre generelle Persönlichkeit bleibt im Laufe vieler Leben beinahe völlig konstant. Einmal ein Lichtarbeiter, immer ein Lichtarbeiter.

Sie sind bereits viele Male in früheren Leben ein spiritueller Lehrer/in, Tempelaufseher, Mönch oder Nonne, Alchemist, Seher, Zauberer oder Zauberin, Schriftgelehrter, Astronom oder irgendeine andere Art esoterischer Heiler und Lehrer gewesen (oder vielleicht sogar alles oben Genannte).

Doch obwohl es auf diesem Planeten seit jeher Lichtarbeiter gegeben hat, wurden sie nicht immer freundlich behandelt. Die Geschichte ist voll mit Berichten von Hexenprozessen und Inquisitionen im dunklen Zeitalter der Welt (jene Perioden, wo dem Physischen und Greifbaren mehr Respekt gezollt wurde als dem Nichtgreifbaren und Spirituellen).

Es ist im Laufe der Geschichte immer wieder vorgekommen, dass Regierungen und Kirchen Lichtarbeitern die Schuld an Seuchen, schlechten Ernten und anderen Kalamitäten gegeben haben. Um am Leben zu bleiben und Bestrafung zu vermeiden, haben Lichtarbeiter eine extrem hohe Sensitivität für die Anerkennung oder Ablehnung durch andere Menschen entwickelt. (Außerdem wollen sie, dass alle glücklich sind.)

Wir werden später darüber sprechen, wie Sie ein gesundes Durchsetzungsvermögen entwickeln und lernen können, Grenzen zu setzen. Doch zunächst einmal ist es wichtig, dass Sie Ihre natürlichen Neigungen erkennen, die von manchen zuweilen als »Bedürfnis, anderen zu gefallen« bezeichnet werden, die ich jedoch als instinktive Überlebensfähigkeiten sehe, kombiniert mit der Sensitivität, die allen außersinnlichen Fähigkeiten zu grunde liegt.

Diese Qualitäten kommen auch zum Vorschein, wenn man Sie aufgrund Ihrer Eigenschaften als Lichtarbeiter hänselt oder verspottet. Wenn Sie schon einmal als »seltsam«, »komisch«, »zu empfindsam« oder schlimmer bezeichnet wurden, haben Sie damit milde Formen der Verfemung erlebt, die Lichtarbeiter im Laufe der Jahrhunderte immer wieder ertragen mussten. Das ist der Grund, warum diese Menschen dazu neigen, sich zu isolieren. Denken Sie an den Zauberer, der alleine im Wald lebt, und Sie wissen, was ich meine.

Doch in der heutigen modernen Gesellschaft ist es nicht sehr praktisch, sich zu isolieren. Die meisten Menschen müssen aus Gründen der Notwendigkeit und emotionaler Bedürfnisse mit anderen zusammenarbeiten. Wenn Sie beispielsweise die Interaktion mit Ihren Kollegen als schwierig empfinden, dann kann es gut sein, dass das Umfeld für Sie zu harsch ist. Sobald Sie sich auf eine spirituell orientierte Karriere fokussieren, werden Sie eine willkommene Erleichterung spüren, da Sie von anderen sensitiven und wohlwollenden Menschen umgeben sind.

BEKENNTNIS ZUR SPIRITUALITÄT

Viele Lichtarbeiter zögern, öffentlich Heiler und Lehrer zu werden, da sie Angst vor weiterem Hohn, Ablehnung oder Ausgrenzung haben. *Was werden die Leute denken?*, fragt sich der Lichtarbeiter ängstlich. Das gilt besonders dann, wenn seine Familie traditionellen, religiösen Werten anhängt oder konservativ ist.

Sich zu seiner Spiritualität zu bekennen impliziert, dass Sie anderen Ihre wahren Überzeugungen enthüllen. Ich würde Ihnen nicht empfehlen, in diesem Zusammenhang eine Debatte über Spiritualität oder Religion vom Zaun zu brechen, da niemand – zumindest heutzutage nicht mehr – durch Angst oder Wut bekehrt wird. Stattdessen lassen Sie Ihr »Outing« ganz natürlich und allmählich geschehen. Sie könnten zum Beispiel beginnen, indem Sie ein spirituelles Buch erwähnen, das Sie mit Vergnügen gelesen haben, und dann sehen, was passiert.

Vergessen Sie nicht: Ihre Aufgabe besteht nicht darin, als ein spiritueller Lehrer für Ihre Verwandten zu agieren – es sei denn, sie bitten von sich aus um solche Lektionen. Sie und Ihre Familie erleben bereits Lektionen spirituellen Wachstums in dieser Inkarnation, einfach weil Sie lernen, friedlich miteinander umzugehen.

Die Wahrheit ist, dass es sich *nicht vermeiden* lässt, dass manche Menschen Sie verurteilen oder kritisieren, wenn Sie in der Öffentlichkeit für Ihre spirituelle Arbeit bekannt werden. Irgendetwas über Spiritualität scheint einfach rechthaberische und eigensinnige Personen auf den Plan zu rufen.

Ich persönlich habe auf diesen prüfenden, oft verurteilenden Blick immer reagiert, indem ich mir in Erinnerung gerufen habe, dass es niemanden im Scheinwerferlicht der Öffentlichkeit gibt, der universal geliebt und akzeptiert wird. Bitte sagen Sie mir, ob Sie jemanden kennen, bei dem es anders ist.

Tatsache ist, dass jede mehr oder weniger berühmte Persönlichkeit nicht nur Bewunderer, sondern auch Kritiker und Verleumder hat. Zu erwarten, dass jeder Sie oder Ihre Arbeit liebt, ist daher unrealistisch. Akzeptieren Sie, dass Sie Menschen anziehen werden, die mit Ihnen arbeiten wollen, und lassen Sie es dabei bewenden. Vergeben Sie den Kritikern und Verleumdern, da sie alle nur Angst haben, sich auf ihre eigene Lebensaufgabe zu fokussieren (täten sie es, wären sie zu sehr beschäftigt, um andere zu verurteilen). Und wenn Sie Mitgefühl für diese Menschen empfinden, verringert sich der Schmerz, den ihre Worte verursachen.

Auch das Gesetz der Anziehung funktioniert auf diese Weise. Wenn Sie sich vor Kritik und Verurteilung fürchten, werden Sie definitiv mehr davon in Ihr Leben bringen.

Ich liebe diesen Spruch der Anonymen Alkoholiker: »Wenn du mich verurteilst, zeigst du mit einem Finger auf mich, und mit den drei anderen auf dich.« Oder diesen Spruch in Bezug auf den *projizierenden* Aspekt des Verurteilens: »Was du in mir siehst, ist das, was du in dir selbst siehst.« Und nicht sehen willst.

Mein Lieblingsbuch *Ein Kurs in Wundern* sagt, dass unser angstbasiertes Ego sich vor unserer bewussten Wahrnehmung versteckt. Wir wollen die Dunkelheit in unserem eigenen Inneren nicht sehen, also projizieren wir die Wahrnehmung nach außen und sehen diese Dunkelheit in anderen. Eine wunderbar klärende Affirmation, die die Engel mir vor Jahren gegeben haben, sollten Sie jedes Mal zitieren, wenn Sie auf jemanden wütend sind: »Ich bin bereit, den Teil von mir loszulassen, der mich irritiert, wenn ich an dich denke.«

Ein Kurs in Wundern sagt außerdem, dass Schuldgefühle negative Erfahrungen anziehen, weil diese Emotion immer Bestrafung erwartet. Also achten Sie darauf, Ihre auf Spiritualität basierende Karriere mit Begeisterung und einem klaren Bewusstsein zu beginnen.

Verbergen Sie vor den Menschen nicht das, was Sie tun, da dies sonst eine ungesunde Welle von Energie zur Folge haben wird, die genau das anzieht, was Sie am meisten fürchten: entdeckt zu werden. Stattdessen gehen Sie einfach Ihrer Arbeit nach, ohne sich für irgendetwas zu entschuldigen, und vertrauen Sie dem Gesetz der Anziehung, dass es Ihnen genau die richtigen Schüler, Zuhörer und Klienten bringt ... denn genauso wird es sein!

Erinnern Sie sich: Sie *sind* bereits ein spiritueller Lehrer und Heiler. Sie wurden als solcher geboren und haben Ihre Kunst schon in vielen Inkarnationen praktiziert.

Wenn Sie zum Beispiel häufig fremde Menschen angezogen haben, die Ihnen ihre Lebensgeschichte und Probleme erzählen, oder Ihre Hände benutzt haben, um Menschen von Krankheiten zu heilen, oder Ihre Freundinnen in Lebenskrisen beraten haben – dann, keine Frage, sind Sie bereits als spiritueller Lehrer/in und Heiler/in tätig.

Jetzt ist die Zeit gekommen, dafür bezahlt zu werden.

Hoppla, hat dieser Satz soeben einen kleinen Schock in Ihrem Bewusstsein kreiert? Ich entschuldige mich. Jedoch wollte ich tatsächlich, dass Sie mit diesem Gefühl in Berührung kommen, weil es essenziell ist, wenn Sie Ihren Weg weitergehen wollen.

Denn sehen Sie, um ein *professioneller* Lehrer oder Heiler zu werden, müssen Sie sich selbst die Erlaubnis geben, dafür kompensiert zu werden. Wie können Sie sonst Ihren Job kündigen und für sich und Ihre Familie sorgen, wenn Sie Ihren Schülern und Klienten nicht gestatten, Sie für Ihre Arbeit zu bezahlen?

Sollte Ihnen diese Vorstellung unangenehm sein, dann lassen Sie uns die Gründe dafür erforschen, denn wenn sie ungeheilt bleiben, könnten sie ein großes Hindernis für die Entwicklung Ihrer Karriere darstellen.

Als Erstes überlegen Sie bitte, welche Gefühle Sie bezüglich Personen haben, die für spirituell basierte Tätigkeiten Geld akzeptieren. Wenn Sie an einer idealistischen Idee der Selbstlosigkeit festhalten, der Überzeugung, dass wir alle umsonst das weitergeben sollten, was Gott uns geschenkt hat, verstehe ich Ihre Gefühle total. Und falls Sie andere Einnahmequellen haben, die Ihnen noch genug Zeit lassen, sich auf Ihre spirituelle Lehr- und Heilungsarbeit zu fokussieren, dann ist das wunderbar!

Fühlen Sie sich frei, Ihre spirituellen Gaben entsprechend Ihrer inneren Führung kostenlos weiterzugeben.

Für viele Menschen sind ehrenamtliche Tätigkeit und selbstloser Service die Fundamente persönlichen spirituellen Wachstums. Ich selbst habe meinen ersten Job als Beraterin bekommen, nachdem ich ein paar Monate lang ehrenamtlich in einem Krankenhaus gearbeitet hatte – es gibt also durchaus praktische Vorteile, wenn Sie Ihre Zeit ehrenamtlich zur Verfügung stellen.

Jene, die die Vorstellung verabscheuen, Bezahlung für spirituelle Arbeit zu akzeptieren, erinnern sich wahrscheinlich an vergangene Inkarnationen, in denen sie in einer kommunalen Umgebung wie zum Beispiel einem Kloster gelebt haben. In diesen Inkarnationen wurden Sie mit Nahrung und einem Dach über dem Kopf versorgt. Sie waren frei, sich ganz auf Ihren spirituellen Weg zu konzentrieren, ohne sich um ein Einkommen sorgen zu müssen.

Doch in unserer modernen Zeit brauchen wir in der Regel ein Gehalt, um unsere Rechnungen zu bezahlen. Sie leben nicht in einer kommunalen Umgebung; und Sie sind verantwortlich für Ihre Hypothek, Miete, Nebenkosten und Lebensmittel. Wahrscheinlich haben Sie im Moment einen Job, der Ihre Rechnungen bezahlt. Die Frage ist: *Lieben* Sie Ihren Job?

Ich glaube, dass wir eine Arbeit tun sollten, die uns und anderen Freude bringt. Wir sollten Berufe haben, die für uns persönlich sinnvoll sind und die uns ein gutes Gefühl geben. Und wenn wir unsere Arbeit lieben, ergibt sich alles andere (wie zum Beispiel Bezahlung) wie von selbst. Wenn Sie lieben, was Sie tun, beruht Ihr hauptsächlicher Fokus nicht auf Geld; er beruht auf Liebe. Dennoch verdienen Sie Geld, weil dies die natürliche Ordnung von Geben und Empfangen darstellt.

Seit ich 1996 angefangen habe, meine *Engel-Therapie-Practitioner*-Kurse zu geben, habe ich viele Absolventen dieser Kurse und ihre Karrieren im Auge behalten. Dabei hat sich ein deutliches Muster von drei Herangehensweisen an spirituell basierte Karrieren gezeigt, mit den entsprechenden Resultaten:

1. Man benutzt seinen Kopf, aber nicht sein Herz

Ich habe Menschen erlebt, die mit einer unternehmerischen Denkweise an spirituelle Lehren herangegangen sind wie an ein Pferderennen, indem sie das Pro und Kontra abwägen und eventuell resultierende Gewinne kalkulieren. Sie schalten teure Anzeigen, mieten elegante Ballsäle, um Veranstaltungen abzuhalten ... und niemand kommt. Das tut weh – was ist da passiert?

Nun, Ihre potenziellen Schüler und Seminarteilnehmer sind sensitiv, genau wie Sie. Sie können die Intentionen hinter Ihren Seminaren und Ihrer Heilungsarbeit fühlen. Wenn Ihr Hauptmotiv Reichtum oder Ruhm ist, wird sich niemand zu dem hingezogen fühlen, was Sie anzubieten haben. Natürlich ist es völlig in Ordnung, wenn Sie durch Ihre spirituelle Arbeit Geld verdienen, doch darf dies nicht Ihr *Haupt*fokus sein. Falls Sie Einkommen brauchen, während Sie Ihre Heilungspraxis aufbauen, sollten Sie besser Ihren früheren Job beibehalten oder eine Teilzeitbeschäftigung annehmen und sich erst allmählich selbstständig machen.

2. Sie sind zu schüchtern, um einen Versuch zu wagen

Diese Situation mag aussehen wie das Gegenteil der oben beschriebenen, doch haben beide eine Menge gemeinsam. Im ersten Szenario benutzen die betreffenden Personen ihren Kopf, um Entscheidungen über ihre spirituell ausgerichtete Karriere zu treffen, weil sie tief in ihrem Inneren weder ihrer Intuition noch ihren persönlichen Wünschen vertrauen; oder sie haben egobasierte Konkurrenztriebe. Und Menschen, die zu schüchtern sind, um sich aufzumachen und ihrer Intuition zu folgen, leiden unter geringem Selbstvertrauen oder Unentschiedenheit ... was in der Regel die Angst bedeutet, den falschen Schritt zu machen oder die falsche Entscheidung zu treffen.

Es gibt jedoch ein wenig bekanntes universales Gesetz, das immer funktioniert: das Gesetz der Tat. Diese Regel besagt, dass für jede Aktion, die Sie in Richtung auf Ihr Ziel vornehmen – egal, wie unwichtig sie zu sein scheint –, das Universum einen noch größeren Schritt in Ihre Richtung macht, um Ihnen zu helfen, Ihr Ziel zu erreichen.

Wenn Sie also davon träumen, ein spiritueller Lehrer oder Heiler zu sein, dann tun Sie etwas in dieser Richtung ... jetzt! Ein wenig später werden wir spezifische Ideen und Beispiele von Schritten besprechen, die Sie vornehmen können.

3. Geführte Aktion

Aktiv zu werden erfordert Vertrauen und Mut, keine Frage. Das ist auch der Grund, warum ich diesen Punkt »geführte« Aktion nenne, was so viel bedeutet wie Ihrer Intuition zu folgen.

Ein Lieblingszitat von mir stammt von dem Autor Sheldon Kopp: »Ich habe noch nie ein wichtiges Unternehmen begonnen, auf das ich mich ausreichend vorbereitet fühlte.« Dieser Satz macht die Tatsache deutlich, dass das Ego immer versuchen wird, Sie zu der Annahme zu verführen, Sie seien noch nicht bereit, in Aktion zu treten. Es wird Ihnen sagen, dass Sie, weil Sie sich nicht vorbereitet *fühlen*, nicht vorbereitet *sind*.

Darüber hinaus benutzt das Ego einen Trick, genannt »Hochstaplerphänomen«, bei dem es Ihnen sagt, dass Sie unqualifiziert sind, ein Angeber oder Betrüger. Diese Annahme ist weit verbreitet, vor allem unter intelligenten und erfolgreichen Menschen. Sie basiert auf der überholten Energie, die sagt, dass Sie leiden und extrem hart arbeiten müssen, um etwas Wertvolles zu erreichen. Wenn Ihnen also die Dinge leicht von der Hand gehen und sich erfolgreich entwickeln (wie es bei intelligenten Menschen oft der Fall ist), dann sagt Ihr Ego, dass es nicht wertvoll oder real sein kann. Sobald Sie erkennen, dass diese Gefühle nichts mit der Realität zu tun haben, verlieren sie ihre Macht über Sie.

Eine Frau meldete sich vor einiger Zeit bei einem meiner *Engel-Therapie-Practitioner*-Kurse an mit der klaren Intention, zu graduieren und dann sofort eine Vollzeitkarriere zu starten und *Angel-Readings* zu geben. Sie hatte sogar schon ein Büro gemietet und Visitenkarten drucken lassen, bevor sie den Kurs überhaupt gemacht hatte! Und tatsächlich war sie gleich nach ihrer Rückkehr mit ihrer Privatpraxis in jeder Hinsicht erfolgreich. Sie folgte ihrer Intuition und trat geführt in Aktion.

Menschen zahlen gutes Geld für geschäftliche Tipps, doch die beste Quelle professioneller Führung ist kostenlos: Ihre Bauchgefühle. Nehmen Sie sich jeden Tag ein wenig Zeit für sich, lauschen Sie auf die Stimme Ihrer Intuition und dann werden Sie entsprechend tätig. Ihre Bauchgefühle sind Ihre besten Geschäftspartner.

Geben und Nehmen: Beides ist gleich wichtig

Wenn Sie ein Reading oder eine Beratungs-Session geben, ein Seminar oder andere hilfreiche Dinge anbieten, ist es nur richtig, dass Sie im Ausgleich dafür etwas bekommen. Geben und Empfangen sind zwei gleich wichtige Energien, und beide sind notwendig für ein Leben in Harmonie.

Lichtarbeiter sind von Geburt an besonders gebend und fürsorglich. Es ist Teil unserer Seele, unserer Instinkte und unserer DNA, anderen dabei zu helfen, sich glücklicher und gesünder zu fühlen. Daher wollen wir diese Neigung weder blockieren noch bekämpfen. Jedoch ist es extrem wichtig, all dieses Geben mit dem gleichen Maß an Nehmen auszugleichen. Manche Lichtarbeiter haben Probleme, etwas anzunehmen, weil das Ego ihnen das Gefühl gibt:

- **sich zu verpflichten:** »Wenn du mir etwas gibst, dann schulde ich dir etwas.«
- **unnötig zu sein:** »Solange ich es bin, der gibt, werde ich gebraucht. Doch wenn du mir etwas gibst, dann brauche *ich* dich.«
- **die Kontrolle abzugeben:** »Ich kann mich selbst und meine Handlungen kontrollieren, doch ich kann dich nicht kontrollieren, wenn du mir etwas gibst.«
- **schuldig zu sein:** »Ich fühle mich nicht wert, etwas von dir zu bekommen.«
- **passiv-aggressiv zu sein:** »Ich möchte dir nicht die Befriedigung geben, mir eine Freude zu machen.«

Diese (in der Regel) unbewussten egobasierten Gefühle und Ängste können aus vergangenen Inkarnationen stammen, wo Sie die Rolle des Dieners oder Sklaven innehatten oder auf eine andere Weise kontrolliert wurden. Normalerweise haben diese Blockaden ihre Ursache jedoch darin, auf das Ego zu hören, das sich nur um Angst dreht und dessen geheimer Plan es ist, Sie davon abzuhalten, sich Ihrer göttlichen Identität und Lebensaufgabe zu erinnern. Das Ego möchte Sie und andere in einem Zustand der Angst und Unsicherheit belassen, denn das ist sein Fundament und Lebenselixier.

Zum Glück haben Sie nicht den geringsten Grund, auf das Geschwätz des Ego zu hören, da Ihr höheres Selbst (das eins ist mit Gott) der Teil von Ihnen ist, der die spirituellen Dienste vornimmt, die Sie anbieten. Ihr höheres Selbst ist bereits ein spiritueller Lehrer, Heiler, Lichtarbeiter etc.

Sie bringen reine göttliche Liebe, Weisheit und Kreativität durch Ihr höheres Selbst zum Ausdruck wie ein klares Prisma an einem sonnigen Tag. Wenn Sie nur geben und sich nicht erlauben zu empfangen, werden Sie sich irgendwann ausgebrannt und leer fühlen. Außerdem werden Sie bitter, weil Sie tief in Ihrem Inneren wünschen, dass andere Menschen Ihre Bedürfnisse wahrnehmen und erfüllen. Das ist jedoch nicht fair in zwischenmenschlichen Beziehungen. Sie müssen die anderen wissen lassen, was Ihnen wichtig ist. Sollten die Betreffenden nicht auf Ihre offen dargelegten Bedürfnisse reagieren, dann ist es an der Zeit, die Beziehung neu zu überdenken.

Geben ist eine maskuline Energie und Empfangen eine weibliche. Wie in meinem Buch *Wie oben, so unten* beschrieben, sind beide für ein ausgeglichenes Leben nötig. Außerdem stellen Empfangen und weibliche Energie die Basis für außersinnliche Wahrnehmung dar. Um die göttlichen Botschaften zu hören, muss man empfänglich sein. Sonst ist es wie eine Konversation, bei der keiner hinhört.

Praktizieren Sie jeden Tag mindestens dreimal Geben und Empfangen. Und wenn Ihnen jemand Hilfe anbietet, sagen Sie lächelnd: »Ja, bitte.« Oder: »Danke.« Übergeben Sie jegliche Schuldgefühle oder harschen Emotionen Gott und den Engeln. Die Ausnahme wäre ein starkes Gefühl im Bauch, das Sie davor warnt, sich auf eine bestimmte Person einzulassen. Folgen Sie immer Ihrem Bauchgefühl!

Wenn Ihre Klienten oder Schüler Sie bezahlen, sagen Sie auch hier einfach »Danke« und schreiben ihnen eine Quittung. Bitte sprechen Sie nicht über Ihr Unbehagen oder Ihre Schuldgefühle, wenn es darum geht, Geld anzunehmen. Sparen Sie sich dieses Gespräch für Gott und Ihre Schutzengel auf, die Sie beruhigen und Ihre Gefühle heilen können.

Indem Sie Vergütung für Ihre Dienste akzeptieren, nehmen Sie einen »Energieaustausch« vor, bei dem das eben erfolgte *Geben* durch das *Annehmen* einer Bezahlung ausgeglichen wird. Ihre Klienten oder Schüler werden Ihre Dienste noch mehr schätzen, da sie Ihnen im Austausch dafür etwas von Wert gegeben haben.

Sie unterscheiden sich nicht von anderen Heilern, die Bezahlung annehmen, wie zum Beispiel Ärzte und Krankenschwestern (deren Berufe genauso heilig sind wie Ihrer).

Indem Sie Ihre Dienste mit einem Preis versehen, sorgen Sie dafür, dass Sie in vielfacher Hinsicht unterstützt werden. Das Geld erlaubt Ihnen, Ihrer Heilungs- und Lehrtätigkeit mehr Zeit zu widmen. Wenn Sie es nicht akzeptieren, werden Sie unter Umständen wertvolle Zeit mit einem ungeliebten Job verbringen müssen, um es zu verdienen ... Zeit, die Sie für den Dienst an Ihren Klienten, Schülern und Gott nutzen könnten.

Ihre vergangene Inkarnation, wo Sie mit einer Bettelschale an der Ecke standen, ist vorbei. Heute sind Sie ein professioneller Heiler und Lehrer und verdienen, dass man Ihnen Ihre Arbeit vergütet. Ihre Schüler und Klienten, die Sie für Ihren Service bezahlen wollen, sind Teil der Antwort auf Ihr Gebet. Sagen Sie einfach freundlich »Ja« und »Danke« und erlauben Sie sich zu empfangen.

HOHE SELBSTACHTUNG = SELBSTVERTRAUEN

Der schnellste Weg, Ihr Selbstvertrauen und Ihren Mut zu stärken, besteht – um es mal ganz unverblümt zu sagen – darin, Ordnung in Ihr Leben zu bringen. Das bedeutet eine Inventur all der Verhaltensweisen, die Sie gegenwärtig pflegen und bei denen Sie das Gefühl haben, dass sie Ihnen nicht guttun. Überprüfen Sie Ihre Ernährungsweise, Beziehungen, Geschäftspraktiken, Ehrlichkeit mit sich selbst und anderen, Lebensart und sonstige Faktoren. Schaudert es Sie bei irgendwelchen Ihrer Aktivitäten? Tun Sie Dinge, von denen Sie hoffen, dass niemand sie entdecken wird? Irgendetwas, dessen Sie sich schämen oder sich schuldig fühlen?

Alle diese Aktivitäten verringern Ihre Selbstachtung, was wiederum Ihr Selbstvertrauen reduziert. Selbstvertrauen beruht auf Vertrauen in die eigene Person; es bedeutet, eine wunderbare vertrauenswürdige Beziehung mit *sich selbst* zu haben. Denn wenn es Ihnen vielleicht auch gelingt, bestimmte Dinge zu tun, ohne dass andere es merken – *Sie* wissen, dass Sie es tun. Was dazu führt, dass Sie sich selbst weniger vertrauen, was wiederum bedeutet, dass Ihr Selbstvertrauen und Ihre Selbstachtung geringer werden.

Genauso wie Sie jemanden lieben, der Sie gut behandelt, lieben Sie sich selbst mehr, wenn *Sie sich selbst* gut behandeln.

Sie können Gott und die Engel um Hilfe bitten (vor allem Raphael, den Heilungsengel, und Michael, den Engel des Mutes), wenn es darum geht, das Verlangen nach ungesunden Dingen jedweder Art sowie Suchtverhalten loszulassen. Der Himmel kann schädliches Verlangen reduzieren oder eliminieren, sodass Sie nicht in Versuchung geführt werden.

Manchmal tun wir Dinge, die nicht gut für uns sind, um uns selbst aufgrund von Schuldgefühlen zu bestrafen. Nun, eine solche Situation ist ein wahrer Teufelskreis, weil diese negativen Aktivitäten die zugrunde liegenden Schuldgefühle nur noch verstärken. Wir können diesen Kreislauf durchbrechen, indem wir um spirituelle Hilfe bitten. (Hilfe bietet Ihnen auch mein kostenloses Video auf YouTube mit dem Titel *Healing of Addictions with Archangel Raphael.*)

217

Schädliche, ungesunde Verhaltensweisen können auch Verzögerungstaktiken sein für jene Menschen, die Angst haben, Ihre Ziele und Prioritäten in die Tat umzusetzen. Angst sowohl vor Versagen als auch vor Erfolg raubt uns jegliches Vertrauen, was zu lähmender Unentschlossenheit führen kann. Ich kenne das – ich habe es selbst erlebt!

Da endloses Zögern ärgerlich ist, halten wir uns lieber selbst zum Narren, indem wir uns auf zeitverschwendende Aktivitäten wie zum Beispiel Suchtverhalten einlassen. Als ich zum Beispiel mein erstes Buch schreiben wollte, fühlte ich mich vom Vorgang des Schreibens total eingeschüchtert. Also verwandte ich meine ganze Zeit darauf, eine perfekte Hausfrau zu sein. Ich wollte, dass mein Zuhause makellos sauber war, bevor ich mir die Zeit zum Schreiben erlaubte. Und natürlich ist kein Haus jemals makellos sauber, also hatte ich eine perfekte Entschuldigung dafür, das Buchprojekt immer weiter hinauszuzögern.

Und ich habe auch andere Verzögerungstaktiken benutzt, einschließlich zu viel Aufwand beim Essen (man braucht viel Zeit, ein Menü zu planen, vorzubereiten, zu essen und danach alles wieder aufzuräumen), zeitintensive Beziehungen und Alkohol, was meine Energie raubte und mich so müde machte, dass ich nicht mehr schreiben konnte.

Eine andere Verzögerungstaktik bestand darin, ständig am Telefon zu sitzen und mit meiner Freundin zu reden, deren Leben ein einziges endloses Drama war, die aber dennoch weder Ratschläge noch Führung oder Hilfe wollte. Sie wollte einfach nur klagen. Doch gab mir das einen zusätzlichen Grund, nicht zu schreiben, damit ich für sie da sein konnte … stunden- und tagelang. Zunächst war ich sauer auf sie, weil sie so viel von meiner Zeit in Anspruch nahm, und noch dazu in einer einseitigen Beziehung (sie wollte nie hören, wie es mir ging). Und dann erkannte ich, dass ich sie ebenso benutzte wie sie mich. Ich benutzte sie als eine Verzögerungstaktik, um nicht schreiben zu müssen, und sie benutzte mich als Resonanzboden. Nach dieser Erkenntnis verlief unsere »Freundschaft« einfach ganz natürlich im Sand.

Wenn Sie Schritte in Richtung der Realisierung Ihres Traumes vornehmen, fühlt es sich zunächst an wie ein gewaltiger Sprung ins Ungewisse. Indem Sie aktiv werden, verpflichten Sie sich zu etwas, was über alle Maßen wichtig ist für Sie. Es ist ein Traum, den sie lange Zeit heimlich mit sich herumgetragen haben, daher kann es sich bedrohlich anfühlen, diesen Traum wachen Auges anzuschauen und daran zu arbeiten. Was ich total verstehe, glauben Sie mir!

Das ist der Grund, warum es eine große Erleichterung ist, zu erkennen, dass die Realisierung Ihrer Hoffnung nicht viel Ihrer Zeit in Anspruch nehmen wird. Selbst wenn Sie nur täglich 30 Minuten investieren, indem Sie *irgendeinen* Schritt vornehmen, der mit Ihrem Traum zu tun hat, wird dies Ihre Manifestation rapide beschleunigen.

If you can dream it, you can do it!

* * *

14

Schritte, die Sie
sofort vornehmen sollten

Wie wir bereits besprochen haben, reagiert das Universum positiv auf Aktionen, die Sie bezüglich Ihres Traumes vornehmen. Es spielt keine Rolle, welche Schritte das sind oder ob es etwas Wichtiges, Unwichtiges, Großes oder Kleines ist. Das Universum reagiert auf Intentionen, und Ihre Bemühungen sind eine Deklaration Ihrer Absicht, ein professioneller Lehrer und Heiler zu werden. Jedes Mal, wenn Sie einen Schritt in diese Richtung tun, überfluten wunderschöne Funken das Universum … Funken des Glaubens, Vertrauens, Selbstvertrauens und kristallklarer Intentionen. Diese Funken haben eine Lebenskraft, die *neues* Leben kreiert.

Also müssen Sie sich keine Sorgen machen, dass Sie falsche Schritte vornehmen, weil alles zählt und zu einem positiven Ergebnis beiträgt. Sie können tatsächlich dem Universum vertrauen, Sie mit Gelegenheiten zu überraschen, an die Sie nicht einmal im Traum gedacht haben … und die Genese dieser Gelegenheiten beginnt mit Ihrer Intention und den Schritten, die Sie zu ihrer Manifestierung vornehmen.

Jede diesbezügliche Aktion wird Ihnen Türen öffnen. Also tun Sie jeden Tag etwas, was sich auf Ihren Traum bezieht.

Wählen Sie Ihre Aktionen immer entsprechend den Anweisungen Ihrer Intuition, da Ihre Bauchgefühle direkt mit der universalen Weisheit Gottes verbunden sind. Haben Sie nicht auch schon bemerkt, dass Sie es stets bereuen, wenn Sie Ihre Bauchgefühle ignorieren? Den meisten Menschen geht es so. Es ist jedoch zu hoffen, dass diese Erfahrungen Ihnen geholfen haben, Ihrer Intuition zu vertrauen. Und es besteht wahrhaftig kein Anlass zur Reue, da wir aus unseren sogenannten Fehlern immer eine Menge lernen.

Wenn Sie aktiv werden, sollten Sie dem Himmel nicht sagen, auf *welche Weise* Sie Ihren Traum manifestiert haben wollen. Richten Sie einfach Ihren ungeteilten Fokus auf den jetzigen Moment und folgen Sie Ihrer jeweiligen Führung. Lassen Sie alle Sorgen bezüglich der Resultate Ihrer Aktion los. Vertrauen Sie dem Universum, die großen oder kleinen Schritte, die Sie machen, entsprechend zu bearbeiten und Ihnen das erwünschte Ergebnis zu präsentieren.

Hier sind einige Beispiele bedeutender Schritte, die Sie nehmen können. Entscheiden Sie sich für einen oder mehrere entsprechend Ihrer intuitiven Führung:

- Lesen Sie ein Buch oder einen Artikel, der mit Ihrem Karrierewunsch zu tun hat.
- Vereinbaren Sie einen Termin mit einem Mentor (jemand, der auf dem von Ihnen gewählten Gebiet erfolgreich ist), der Sie ermutigt und Ihnen zeigt, wie Sie vorgehen müssen.
- Kreieren Sie eine »Visionstafel«, ein großes Stück Pappe, auf das Sie Bilder oder Worte zeichnen oder kleben, die mit Ihren Träumen zu tun haben.
- Gründen Sie eine Schreibgruppe oder werden Sie Mitglied bei einer bereits bestehenden.
- Visualisieren Sie, wie Sie in dem von Ihnen ersehnten Beruf erfolgreich sind.
- Schreiben Sie ein oder mehrere Kapitel für Ihren Artikel oder Ihr Buch.

- Schicken Sie Anfragebriefe an Literaturagenten, Verlage oder Magazine.
- Nehmen Sie an einem Kurs oder Seminar teil, das für Ihren Bereich relevant ist.
- Suchen Sie nach Möglichkeiten, öffentlich Vorträge über Ihr Projekt zu halten.
- Finden und mieten Sie einen Büroraum für Ihre Privatpraxis.
- Entwerfen Sie Visitenkarten oder Prospektmaterial für Ihre Arbeit.
- Entwerfen und schalten Sie Werbeanzeigen (die meisten Publikationen werden Ihnen bei dem Design helfen).
- Beten und bitten Sie um Hilfe, Unterstützung und Führung.
- Treten Sie einer Networking-Gruppe bei.

Und hier noch ein paar mühsam erworbene Ratschläge, was Sie *nicht* tun sollten: *Bitte* erzählen Sie Pessimisten, Skeptikern oder negativen Personen nichts von Ihrem Traum. Das Risiko ist zu groß, dass die Kritik dieser Menschen Ihnen gnadenlos jegliche Begeisterung raubt.

Ihr Traum ist wie ein neugeborener Kolibri, sehr zerbrechlich und kostbar. Halten Sie ihn nahe an Ihrem Herzen und teilen Sie ihn nur mit liebevollen und verständnisvollen Personen. Und selbst dann würde ich an Ihrer Stelle warten, bis der kleine Vogel stark genug ist, sich alleine in die Lüfte zu erheben und zu fliegen.

Sogar die wohlwollendsten Menschen können unter Umständen eifersüchtig werden oder sich bedroht fühlen, wenn Sie über Ihren Traum sprechen. Schließlich haben sie ihre eigenen Träume. Und wenn Sie Ihren in die Tat umsetzen und die anderen nicht ... nun, das kann bei manchen zu Unsicherheiten führen: *Wirst du erfolgreich sein und mich verlassen?* ist ein weit verbreitetes Beispiel. Und es kann sein, dass diese ansonsten so wohlmeinenden Personen Sie sabotieren, ohne dass es ihnen bewusst ist.

Im Moment erzählen Sie Ihren Traum am besten nur sich selbst, Gott und den Engeln. Wenn er stärker und widerstandsfähiger wird, können Sie anfangen, anderen Menschen Hinweise auf Ihren Traum zu geben. Doch jetzt noch nicht. Momentan nähren Sie ihn einfach nur mit positivem Denken, Gebeten und täglichen Aktionsschritten.

DIE ERZENGEL UND IHRE KARRIERE

Die Erzengel sind jederzeit glücklich, Ihnen bei allen Aspekten Ihrer Karriere zu helfen. Hier sind einige der Rollen, die spezifische Erzengel in dieser Hinsicht erfüllen:

Ariel: Dieser Erzengel hilft allen, die an einer Tätigkeit in den Bereichen Umwelt, Natur oder Tiere interessiert sind. Darüber hinaus hilft Ariel bei der Manifestation finanzieller Mittel oder anderer Dinge, die für Ihre Lebensaufgabe und täglichen Ausgaben erforderlich sind.

Azrael: Falls Ihre Karriere mit Trauerberatung zu tun hat oder damit, Menschen durch einen Verlust zu führen (wie zum Beispiel im Krankenhaus, im Hospiz, in Beratungszentren etc.), kann dieser Erzengel Ihre Worte und Taten führen, um die Trauernden zu trösten und ihnen Kraft zu geben.

Chamuel: Der »Erzengel, der alles findet« wird Ihnen helfen, die Karriere oder den Job zu finden, den Sie suchen. Chamuel wird Ihnen außerdem helfen, Ihren inneren Frieden beizubehalten oder wiederzufinden.

223

Gabriel: Der Boten-Erzengel hilft Lehrern, Journalisten, Autoren und allen, die mit Kindern arbeiten wollen. Wenn Sie sich angeleitet fühlen, zu schreiben, wird Gabriel Sie motivieren und führen. Wenn Sie auf irgendeine Art Kindern helfen wollen, bitten Sie Gabriel diesbezüglich um eine göttliche Aufgabe.

Haniel: Den Erzengel der Anmut sollten Sie anrufen, wenn Sie zu einem Jobinterview gehen, bei Meetings oder immer dann, wenn Sie besonders artikuliert und elegant sein wollen.

Jophiel: Der Erzengel der Schönheit hilft, die Energie an Ihrem Arbeitsplatz sowie Ihre Gedanken bezüglich Ihrer Karriere klar, positiv und hochzuhalten. Außerdem hilft sie Künstlern, kreativen Menschen jeglicher Couleur und jedem, der im Schönheitsbereich tätig ist, sowie Feng-Shui-Praktizierenden bei allen Aspekten ihrer Berufe.

Metatron: Wenn zu Ihrem Beruf die Arbeit mit Jugendlichen oder schwer erziehbaren Kindern gehört, wenden Sie sich an Metatron. Er kann Ihnen eine göttliche Aufgabe geben, falls Sie zum Beispiel mit Teenagern arbeiten möchten. Erzengel Metatron ist darüber hinaus ein wundervoller Motivator und Organisator, also rufen Sie ihn herbei, wenn Sie Hilfe bei Ihrem Tatendrang brauchen.

Michael: Erzengel Michael kann Ihnen helfen, Ihre Lebensaufgabe klar zu erkennen und die nächsten Schritte in Ihrer Karriere vorzunehmen. Eine der besten Möglichkeiten, ihn anzurufen, besteht darin, ihm einen Brief zu schreiben und ihn nach Ihren besten beruflichen und schulischen Entscheidungen zu fragen. Michael ist einer der lautesten Erzengel, daher werden Sie wahrscheinlich keine Schwierigkeiten haben, ihn zu hören.

Notieren Sie seine Antworten unter die Fragen in Ihrem Brief – auf diese Weise halten Sie seine Führung bezüglich Ihrer perfekten Karriere fest.

Michaels Redeweise ist ohne Umschweife und auf den Punkt. Er ist sehr liebevoll, aber auch sehr direkt. Aus diesem Grund ist er ein wunderbarer Erzengel, den Sie um den nötigen Mut bitten können, wenn Sie den Beruf wechseln oder sich verbessern möchten. Er wird Ihnen helfen, den Übergang zu einem geeigneteren Job zu schaffen, Ihr eigenes Business zu starten, und Ihren Kollegen, Chefs und Klienten gegenüber liebevoll Ihre Wahrheit zum Ausdruck zu bringen.

Darüber hinaus hat Michael die verblüffende Fähigkeit, elektronische und technische Objekte wie beispielsweise Computer, Autos, Faxmaschinen und Ähnliches zu reparieren.

Raguel: Falls zu Ihrer Arbeit Beziehungen mit Klienten und Mitarbeitern oder die Tätigkeit als Vermittler gehört (zum Beispiel als Eheberater), kann Erzengel Raguel für harmonische Interaktionen sorgen.

Raphael: Wenn Sie im Gesundheitsbereich tätig sind oder Heiler/in sein möchten, kann Erzengel Raphael Ihnen helfen. Als oberster Heilungs-Engel assistiert Raphael bei allen Aspekten des von Ihnen gewünschten Berufes.

Raphael kann Ihnen helfen, die Art von Heilungsarbeit zu wählen, die Ihnen die größte Freude machen würde; er kann die finanziellen Mittel für Ihre Ausbildung manifestieren; ein Heilungszentrum eröffnen und führen; den für Sie besten Job in diesem Bereich finden oder Ihnen helfen, eine erfolgreiche Privatpraxis zu eröffnen; und er kann Sie so führen, dass Sie bei Ihren Heilungs-Sessions die segensreichsten Aktionen und Worte zum Ausdruck bringen.

Sandalphon: Dieser Erzengel hilft Ihnen bei einer Karriere im Bereich der Kunst, vor allem Musik. Wenden Sie sich an Sandalphon, um Sie als Muse zu inspirieren; als Lehrer, um Ihren kreativen Prozess zu führen; und als Agent, um Ihre kreativen Projekte zu vermarkten.

Uriel: Der Erzengel des Lichtes kann Ihren Geist mit weisen Ideen illuminieren. Rufen Sie Uriel um Hilfe, wenn es um Problemlösung, Brainstorming oder wichtige Gespräche geht.

Zadkiel: Dieser Erzengel hilft Ihnen, Ihr Erinnerungsvermögen zu verbessern; und er ist ein wundervoller Gehilfe für Studenten oder jeden, der sich an Namen, Zahlen oder andere wichtige Informationen erinnern muss.

Spezifizierung Ihres spirituellen Weges

Jetzt ist die Zeit gekommen, sich für einige spezifische Fakten in Bezug auf Ihre Arbeit als spiritueller Lehrer und Heiler zu entscheiden. Sie werden Ihre Nische irgendwie definieren müssen, um potenzielle Klienten und Schüler wissen zu lassen, was Sie anbieten.

Keine Angst – Sie müssen sich nicht in eine Schublade stecken. Sie werden in der Lage sein, sich zu erproben, während Sie allmählich entdecken, was für Sie das Beste ist.

Lassen Sie uns beginnen, indem wir Ihre Hobbys anschauen: Was machen Sie in Ihrer Freizeit gerne und mit Vergnügen? Wenn dies vielleicht auch nicht die Basis für Ihre Karriere wird, gewährt es doch wertvolle Hinweise auf Ihr Temperament und Ihre Vorlieben.

Sind Sie zum Beispiel lieber:

- draußen oder drinnen?
- alleine und ungestört, mit einer bestimmten Person oder einem Haustier, oder mit einer Gruppe von Menschen?
- Brauchen Sie Struktur und müssen Sie wissen, was von Ihnen erwartet wird, oder denken Sie sich Dinge aus, während Sie frei fließend durchs Leben gehen?
- Ziehen Sie logische Fakten oder künstlerische und kreative Projekte vor?
- Ziehen Sie es vor, wenn Ihnen jemand übergeordnet ist und zeigt, was Sie tun müssen, oder sind Sie lieber Ihr eigener Boss?
- Arbeiten Sie lieber in Teil- oder Vollzeit?
- Reisen Sie lieber oder bleiben Sie lieber zu Hause?
- Sind Sie durch Ihren Arbeitgeber krankenversichert und erhalten zuzügliche Sozialleistungen oder hätten Sie nichts dagegen, für diese Ausgaben selbst aufzukommen?
- Ziehen Sie eine regelmäßige Bezahlung vor, auf die Sie sich verlassen können, oder manifestieren Sie Ihr Einkommen immer wieder aufs Neue?

Beantworten Sie diese Fragen offen und ehrlich, da Ihre natürlichen Vorlieben wichtige Überlegungen sind. Es bringt nichts, wenn Sie versuchen, sich neu zu erfinden, um dem Paradigma einer neuen Karriere zu entsprechen. Bleiben Sie bei Ihren wohlbekannten Vorlieben und vermeiden Sie alles, was Ihnen eher nicht zusagt, während Sie Ihre spirituelle Lehr- und Heilungskarriere aufbauen.

Wichtig ist, dass Sie selig, voller Freude und begeistert über Ihr nächstes Karrierewagnis sind. Und ein großer Teil Ihrer Freude rührt daher, dass Sie Bedingungen schaffen, die Ihnen angenehm sind, einschließlich all der oben erwähnten Faktoren.

LEGEN SIE IHREN FOKUS FEST

Okay, Sie sind also bereit, Ihr Buch oder Ihren Artikel zu schreiben, einen Vortrag zu halten oder Ihre Heilpraxis zu eröffnen. Herzlichen Glückwunsch!

Meine nächste Frage für Sie lautet:»Was ist Ihr Thema?« Oder:»Was ist Ihr Fokus?«

Mit anderen Worten, es reicht nicht, zu sagen:»Ich möchte unterrichten oder schreiben.« Ohne Frage ist das ein guter Ausgangspunkt, doch zieht er die Frage nach sich, was denn nun Ihr spezielles Thema ist.

Bevor Sie dieses Buch zuklappen und wegrennen, weil meine Fragen Ihre Knöpfe drücken, atmen Sie bitte tief durch und bleiben Sie noch ein Weilchen bei mir. Alles ist gut, ich verspreche es. Sie werden es wunderbar schaffen.

Wie wir bereits besprochen haben, ist es wichtig, ein Thema zu wählen, das Sie von Haus aus begeistert. Diese Begeisterung wird Ihnen den nötigen Antrieb geben, jeden Tag einen Schritt weiterzugehen. Wenn Ihnen der Bereich oder das Thema, auf das Sie Ihre Bemühungen fokussiert haben, nicht zusagt, werden Sie es zu vermeiden wissen. Und das führt zu Verzögerungen.

Sie können feststellen, welches Thema Sie wirklich begeistert, indem Sie Ihre Gespräche mit anderen beobachten. Achten Sie darauf, was Ihr Interesse reizt und Sie veranlasst, länger oder schneller zu reden. Und welche Bücher oder Artikel ziehen Ihre Aufmerksamkeit unweigerlich an? All dies sind wichtige Hinweise.

Achten Sie außerdem auf Ihre natürlichen Tendenzen im Umgang mit Menschen. Neigen andere zum Beispiel dazu, Sie stets um die gleiche Art von Hilfe oder Information zu bitten? Und falls Sie bereits eine Privatpraxis haben, achten Sie auf die Muster der Fragen, die Ihre Klienten Ihnen stellen. Mit diesen

Fragen werden Sie gebeten, den Betreffenden mehr über dieses Thema beizubringen.

Hier sind einige Kategorien, um Ihnen bei Ihrem Brainstorming zu helfen, neue Ideen zu entzünden und Ihre Interessen einzugrenzen:

Astrologie
Blumenessenzen
Chanting und Toning
Einhörner
Energieheilung
Engel
Entwicklung außersinnlicher Fähigkeiten
Ernährung
Ethisches Investieren
Feen
Feng-Shui
Frauenthemen
Glutenfreie Ernährung
Häusliche Gewalt: Vermeidung und Genesung
Heilige Geometrie
Hermetik
Indigene spirituelle Praktiken
Indigo-Kinder
Kinderthemen
Kraftorte
Kräuterkunde
Kristalle und Minerale
Kristall-Kinder
Kunst und Handwerk
Lebensberatung
Liebesbeziehungen und Beziehungen allgemein

Manifestation und das Gesetz der Anziehung
Männerthemen
Massage und Körperarbeit
Mediumistik
Musik
Natürliche Schönheitsprodukte
Numerologie
Obdachlosigkeit und Menschen in Not
Ökologie und Umstellung auf eine »grüne« Lebensweise
Orakelkarten
Organisation und Zeitmanagement
Pilates
Rohkostzubereitung
Schreiben und Verlegen
Schutz des Meeres
Stressmanagement
Suchtentwöhnung
Tai-Chi
Tanz
Tiere allgemein und Haustiere
Trauerhilfe
Trauminterpretation
Wassernixen
Weltreligion und Spiritualität
Yoga

Wenn Sie sich einer persönlichen Herausforderung gestellt und sie überwunden haben (wie beispielsweise Sucht- oder Missbrauchserfahrungen) und der Gedanke Sie begeistert, aufgrund Ihrer eigenen Erfahrung anderen zu helfen ... dann ist dies ein Zeichen. Entscheiden Sie sich für das, was Sie wirklich begeistert und Ihnen Freude bringt. Benutzen Sie Ihr Herz, nicht Ihren Verstand, um diese Entscheidungen zu treffen, da Sie mit diesem Thema eine Weile leben werden.

»BIN ICH BEREIT?«

Sobald Sie ein Thema gewählt haben, sind Sie sofort bereit, damit zu arbeiten oder es zu lehren? Die Antwort lautet: *Vielleicht.* Ihr höheres Selbst wird Ihnen sagen, ob Sie zusätzliche Forschung, Ausbildung oder Vorbereitung brauchen.

Als ich angeleitet wurde, Heilerin zu werden, bekam ich die sehr deutliche und klare Führung, wieder aufs College zu gehen und Psychologie zu studieren. Ich liebte dieses Thema, daher machten mir die Kurse großen Spaß, auch wenn sie eine Menge Zeit und Arbeit erforderten.

Ich ging aus Liebe, Freude und aufgrund meiner inneren Führung zurück aufs College – ein positives Beispiel für die Vorbereitung auf eine spirituell basierte Karriere.

Ich habe jedoch andere Menschen kennengelernt, die als Verzögerungstaktik wieder die Schulbank gedrückt haben, um den Moment hinauszuzögern, wo sie definitive Schritte in Richtung der Realisation ihres Traumes tun mussten. Für sie war die Ausbildung von Angst anstatt von Liebe motiviert.

Eine meiner Kommilitoninnen hatte bereits drei Doktortitel. Als sie diese Tatsache näher betrachtete, wurde ihr klar, dass sie versuchte, sich adäquat und qualifiziert zu fühlen – und die Bestätigung ihres Vaters zu erlangen – indem sie Diplome und Doktortitel sammelte. Diese Erkenntnis half ihr, damit aufzuhören und sich ihrem wahren Traum zu widmen.

Wenn Sie also mit dem Gedanken einer zusätzlichen Ausbildung spielen, lautet die wichtigste Frage: *Wird diese Ausbildung mich davon abhalten, meinen Traum zu realisieren?* Ist die Antwort Nein, dann entspringt der Wunsch nach weiterem Lernen der

Weisheit Ihres höheren Selbst. Sie werden wissen, dass dies *definitiv* so ist, wenn der Gedanke Sie glücklich macht. Es ist möglich, gleichzeitig an Ihrem Traum zu arbeiten und sich weiterzubilden. Als ich meinen Bachelorabschluss in beratender Psychologie an der Chapman University machte, begann ich mit meiner ehrenamtlichen Tätigkeit in einem Behandlungszentrum für Drogen- und Alkoholabhängige. Nach wenigen Monaten bot man mir eine Vollzeitstelle an. Und wenn ich auch im College wertvolle Lektionen gelernt hatte, lernte ich aus meiner praktischen Arbeit als Beraterin am meisten. Ich empfehle Ihnen *dringend*, ein Praktikum in dem von Ihnen gewählten Bereich bei jemandem zu machen, der bereits etabliert ist. Sie werden unschätzbare Erfahrungen gewinnen.

Das Ego wird versuchen, Ihnen zu sagen, dass Sie nie bereit und in der Lage sein werden, ein spiritueller Lehrer, Autor oder Heiler zu sein. Es will – wie schon besprochen –, dass jeder in einem Meer von Angst und Unsicherheit schwimmt ... der Nahrung des Ego.

Ich erinnere mich, wie unsicher ich mich gefühlt habe, als ich als Beraterin anfing, Menschen mit Essstörungen zu unterrichten und ihnen zu helfen. Schließlich war ich gerade erst selbst von meiner eigenen Essstörung genesen. Ich machte mir solche Sorgen wegen meiner Qualifikationen, dass ich nachts nicht schlafen konnte.

Doch zum Glück entdeckte ich schnell, dass ich mich genau aus diesem Grund sehr gut in die Gefühle meiner Patienten hineinversetzen konnte. Ich wusste, wie es war, eine Sucht aufzugeben, weil ich es gerade selbst geschafft hatte!

Sicher, als Veteran kann man wertvolle Erfahrungen gewinnen. Doch Menschen, die ein Thema jahrelang unterrichtet haben, haben wahrscheinlich vergessen, wie es sich anfühlt, wenn man diesen Weg zum ersten Mal beschreitet. Doch ist es genau dieses Mitgefühl, das »neue« Lehrer und Heiler ihren Klienten anbieten können.

Das Gesetz der Anziehung wartet darauf, die richtigen Schüler und Klienten zu Ihnen zu bringen, sobald Sie unmissverständlich deklarieren, dass Sie ein spiritueller Heiler, Lehrer oder Autor sind (oder alles zusammen). Ihre kristallklare Entscheidung, dass Sie *jetzt* die Verkörperung Ihrer Berufswahl sind, ist wichtiger als Visitenkarten, Werbeanzeigen oder Prospekte. Begehen Sie nicht den Fehler, sich selbst als jemanden zu sehen, der *eines Tages* einen spirituell orientierten Beruf ausüben wird. Diese Art der Visualisierung wird immer dafür sorgen, dass Ihre erträumte Karriere in der Zukunft stattfindet anstatt in der Gegenwart.

Sehen, fühlen, denken und reden Sie von sich selbst so, als würden Sie *bereits jetzt* Ihren Traumberuf ausüben. Und wenn Sie gerade dabei sind, bitte visualisieren und fühlen Sie jedes andere gewünschte Element als etwas, was jetzt für Sie Realität ist: finanzielle Sicherheit, ein wundervolles Liebesleben, strahlende Gesundheit, hohe Energie und Motivation, ein Gefühl von Sinnhaftigkeit in Ihrem Leben, tiefe Freundschaften, erfolgreiche Projekte und so weiter. Sehen und fühlen Sie alles, was Sie ersehnen, als wäre es schon in diesem Moment Realität. Auf diese Weise ziehen Sie alles, was Sie brauchen und wünschen, schnell in Ihr Leben, auf wunderbar mysteriöse Weise.

Also schreiben und affirmieren Sie:

- »Ich *bin* ein spiritueller Lehrer!«
- »Ich *bin* ein spiritueller Heiler!«
- »Ich *bin* ein erfolgreicher Autor!«

… und alle anderen Affirmationen bezüglich Ihrer ersehnten Karriere. Affirmationen und Visualisierungen sind machtvoll, und Sie benutzen sie bereits – manchmal ohne es zu erkennen. Wenn Sie sagen: »Eines Tage würde ich gerne ...«, affirmieren Sie, dass Ihr Wunsch in der Zukunft liegt. Sorgen Sie dafür, dass all Ihre Erklärungen im Präsens, also in der Gegenwart, ausgedrückt werden (selbst wenn Sie das Gefühl haben, Sie würden nur so tun als ob). Indem Sie wiederholt affirmieren: »Ich *bin jetzt* ein spiritueller Lehrer!«, unterstützt das Universum diese Erklärung mit entsprechenden Erfahrungen.

Keine Sorge, Sie können es – Sie tun es bereits!

* * *

15

*E*rste *S*chritte in der *Ö*ffentlichkeit

Sie werden sich nicht nur in die Öffentlichkeit vor Publikum begeben, sondern sich auch spirituell, emotional und intellektuell »publik machen«. Es ist nicht unbedingt einfach, öffentlich über die eigenen Glaubenssätze zu sprechen. Außerdem ist es ein Risiko … ein Risiko, das sich lohnt!

Auf Dinnerpartys sind die Themen Religion und Politik aus guten Gründen tabu. Alle haben ihre (oft sehr divergierenden) Meinungen zu diesen Themen. Daher beten Gastgeber, dass ihre Gäste die Konversation auf angemessen konfliktfreie und gleichzeitig anregende Themen beschränken. Der Moment, in dem ein Gast beginnt, über die neuesten politischen Skandale zu sprechen, ist der Moment, wo es vorbei ist mit der Harmonie.

Das Gleiche gilt für spirituelle Lehrer, Autoren und Heiler. Sie betreten Bereiche, die Tabubereiche sind, da Spiritualität so schnell mit Religion in Verbindung gebracht wird. Was bedeutet, dass zu diesen Berufen ein gewisser Wagemut gehört, weil Sie Überzeugungen zur Sprache bringen werden, die andere unter Umständen nicht akzeptieren.

Können Sie damit umgehen? Ja, natürlich können Sie das. Vergessen Sie nicht, was ich früher schon erwähnt habe: Es hat noch nie eine historische Figur gegeben, die von allen akzeptiert wurde. Jedem, der in dieser Welt wirklich etwas bewirkt hat, hat es an Gegnern nicht gemangelt. Wenn Sie eine aufrührerische Seite haben, werden Sie die heißen Debatten mit anderen vielleicht sogar genießen. Doch die meisten spirituellen Lehrer und Heiler sind hochsensitiv – und sogar panisch – sobald es zu Konflikten kommt. Außerdem ist es unmöglich, jemand anderen in wütendem Ton zu Ihrer Denkweise zu bekehren. Und ich bin mir ziemlich sicher, dass Sie – genau wie ich – sowieso nicht daran interessiert sind, Menschen zu bekehren.

Die beste Möglichkeit zu lehren besteht darin, Ihre Prinzipien durch Ihr eigenes alltägliches Verhalten zu demonstrieren. *Leben* Sie als verkörpertes Vorbild für alles, was Sie lehren. Praktizieren Sie, was Sie lehren. Ich persönlich tue das, indem ich seit Jahren eine gesunde, vegane, alkoholfreie Lebensweise pflege ... weil es das ist, woran ich glaube und was ich weitergebe. Die wunderbaren Nebenwirkungen des »Walk your Talk« bestehen darin, dass Ihre Selbstachtung und Ihr Selbstvertrauen stark bleiben, weil Sie wissen, dass Sie entsprechend Ihrer Prinzipien leben.

Darüber hinaus kann die Geistwelt klar sehen, welche Lehrer und Heiler die hohe Vibration ausstrahlen, die mit der richtigen Lebensweise einhergeht. Als Teil Ihres spirituellen Marketingteams schicken sie Ihnen Klienten, die an Sie glauben. Und die beste Möglichkeit, ihre Gunst zu gewinnen, besteht darin, das zu leben, was Sie lehren.

Richten Sie den ganzen Fokus Ihrer spirituellen Praxis auf die Frage »Wie kann ich dienen?« und *denken* Sie nicht einmal an die materiellen Aspekte – das heißt an Geldverdienen und öffentliche Anerkennung. Indem Sie Ihre Motivation, warum Sie ein spiritueller Lehrer oder Heiler werden wollen, verstärken, werden Sie viele wundervolle Gelegenheiten anziehen.

Nehmen Sie sich Zeit für Meditation und Gebet, indem Sie reinigendes Licht visualisieren, das durch Ihren Geist, Ihre Emotionen und Ihren Körper strömt. Bitten Sie das Licht, Ihre Motive auf einer noch höheren Ebene anzusiedeln und Sie jenseits aller finanziellen oder persönlichen Unsicherheiten zu führen. Bitten Sie es um Hilfe, damit Sie unerschütterlich bleiben in Ihrer Absicht, Gott durch Ihre Existenz und Ihren Lebensunterhalt zu dienen.

TRAGEN SIE IHRE BOTSCHAFT IN DIE WELT HINAUS

Die geistige Welt wird Ihnen Gelegenheiten und Klienten schicken, wenn sie erfährt, dass Sie ein Lehrer und Heiler sind, der seinen Worten Taten folgen lässt und darauf fokussiert ist, Gott zu dienen. Außerdem werden Sie zusätzliche göttliche Führung erhalten, die Ihnen zeigt, was Sie tun müssen, damit die Menschen etwas über Ihren Service erfahren.

Eine spirituelle Praxis zu vermarkten ist etwas ganz anderes, als eine materielle Ware an den Mann und die Frau zu bringen. Vergessen Sie nie, dass Ihre potenziellen Klienten außersinnlich begabt und hochsensitiv sind und daher Unehrlichkeit und Verkaufstricks schon von Weitem riechen können.

Am besten ist es, wenn Sie Ihre Dienste der Öffentlichkeit präsentieren und darauf vertrauen, dass das Gesetz der Anziehung Ihnen wundervolle Klienten und Gelegenheiten bringt … denn genau das wird passieren!

Die Menschen neigen in der Regel dazu, sich mit einem spirituellen Heiler oder Lehrer vertraut zu machen, bevor sie bereit sind, eine Session bei ihm oder ihr zu buchen. Daher sollten Sie sich auf eine Weise präsentieren, die ihnen erlaubt, Sie kennenzulernen, zum Beispiel durch:

Artikel in metaphysischen Zeitschriften

Sie kennen diese kostenlosen periodischen Zeitschriften oder Magazine, die Sie in Naturkostläden finden? Sie sind sehr be-

liebt. Schreiben Sie einen Artikel mit 750 Worten über Ihr ge-
wähltes Thema zusammen mit einer kurzen Biografie (später
mehr über Biografien) einschließlich Ihrer Website, E-Mail-
Adresse oder anderen Kontaktdetails. Dann senden Sie diesen
Artikel via Internet an die Lektoren metaphysischer Magazine
oder Zeitschriften, die auf das Thema *Körper, Seele, Geist* spezialisiert sind.

Sie können diese Magazine vor Ort oder auch durch eine Internetsuchmaschine wie beispielsweise Google finden, indem
Sie Schlüsselbegriffe wie *New-Age-Magazin, metaphysisches* oder
esoterisches Magazin und *Körper-Seele-Geist-Magazin* benutzen.

Diese kleinen Zeitschriften zahlen ihren Autoren zwar nichts,
aber Ihre Arbeit und Ihr Name werden publiziert, und Sie erhalten so die Gelegenheit, viele Leser gleichzeitig zu erreichen.
Es lohnt sich also!

Blogs und Videoblogs

Doch sind es nicht nur Magazinartikel, durch die Sie sich einen
Namen machen können – das Gleiche erreichen Sie, wenn Sie
Blogs schreiben, auf Ihrer eigenen Website oder auf einer Net-
working-Seite wie Facebook.

Videoblogs (auch Vlogs genannt) sind eine weitere Option,
bei der Sie Filmclips von sich selbst hochladen, in denen Sie
über diverse Themen sprechen. Und kurze Blogs auf Seiten wie
zum Beispiel Twitter sind beliebte Möglichkeiten, andere Menschen mit Ihren Lehren und Gedanken vertraut zu machen.

Vorträge und Seminare

Als ich mit meiner Arbeit als psychologische Beraterin in privater Praxis mit dem Schwerpunkt Essstörungen anfing, gab ich
kostenlose Vorträge in örtlichen Fitnesszentren und bei entsprechenden Organisationen. Diese Vorträge sorgten dafür, dass

meine Ideen wie auch meine Privatpraxis bekannt wurden. In der Regel meldeten sich nach jedem Vortrag drei bis vier Zuhörer als Klienten bei mir an.

Im nächsten Kapitel dieses Buches werden wir ausführlicher darüber reden, wie man öffentliche Vorträge hält.

Mund-zu-Mund-Propaganda

Alles, was nötig ist, ist eine tolle Rede, eine Heilungs-Session oder ein außersinnliches Reading, und jeder wird um Sie und Ihre Arbeit wissen. Mund-zu-Mund-Propaganda kann Ihrem Geschäft zu großem Aufschwung verhelfen, weil Menschen der Meinung und dem Feedback ihrer Freunde vertrauen.

Als ich meine private *Engel-Reading*-Praxis eröffnete, kannte mich praktisch niemand. Eine meiner ersten Klientinnen war eine Frau, die eine führende Position bei den Anonymen Alkoholikern innehatte. Jeder mochte sie, so schien es. Und als sie das Reading, das ich ihr gab, tatsächlich gut fand, hat sie all ihren Freunden davon erzählt ... und sie alle buchten Sessions bei mir. Der ganze Erfolg meiner Privatpraxis begann praktisch mit diesem einen Reading für diese eine Frau.

Gebete

Ich habe mehr als einmal großartige Resultate durch Beten erzielt, indem ich sagte:

> *Ich bitte darum, dass jeder, dem seine Teilnahme an meinem Seminar zum Segen gereichen könnte, angeleitet wird, sich heute dafür anzumelden. Ich bitte darum, dass diese Personen mit der nötigen Zeit, Geld, Transportmöglichkeit, Babysitter und allem anderen, was sie brauchen, versorgt werden, damit sie teilnehmen können.*

Und tatsächlich berichten Teilnehmer meiner Seminare regelmäßig von erstaunlichen Geschichten, wie sie »zufällig« von meinem Seminar gehört und »völlig unerwartet« genug Zeit und Geld hatten, um teilnehmen zu können. Fühlen Sie sich frei, das Gebet für den Service, den Sie anbieten, nach Ihren Wünschen umzuschreiben.

All diese Tipps werden dazu beitragen, Ihre spirituelle Praxis bekannter zu machen und Ihnen darüber hinaus wertvolle Erfahrungen schenken, wenn es darum geht, mit einem guten Gefühl in den Augen der Öffentlichkeit zu bestehen. Also bleiben Sie bitte am Ball. Zuweilen müssen Menschen Ihr Gesicht mehrmals sehen und Ihre Worte in Magazinen und Blogs lesen, bevor sie bereit sind, eine Session bei Ihnen zu buchen.

IHRE BIO (GRAFIE)

Sie werden nicht umhinkönnen, für Ihre Artikel, Blogs und Pamphlete eine Biografie zu kreieren. Die meisten Lichtarbeiter scheuen sich, in ihr eigenes Horn zu blasen oder nette Dinge über ihre eigene Person zu sagen, daher sollten Sie vielleicht einen vertrauten Freund oder eine Freundin bitten, Ihnen dabei zu helfen.

Ihre Bio muss in der dritten Person geschrieben werden, so als würde jemand anderes über Sie sprechen. Anstatt also zu sagen: »Ich habe mich seit meiner Kindheit mit Metaphysik beschäftigt.«, würde es heißen: »Susanne Meier (bzw. Ihr Name) hat sich seit ihrer Kindheit mit Metaphysik beschäftigt.«

Wenn es um Spiritualität geht, sind die wichtigsten Qualitäten, nach denen die Menschen suchen, relevante Lebenserfahrungen. Aus diesem Grund scheinen mystische Begegnungen wertvoller zu sein als lehrreiche Betätigungen.

Wenn Sie also irgendwelche der folgenden Lebenserfahrungen hatten, stellen Sie sie an den Anfang Ihrer Bio:

- Sie hatten eine Nahtoderfahrung oder sind dem Tod begegnet, vor allem wenn eine wunderbare Rettung eintrat.
- Sie haben mit Engeln, Feen, verstorbenen Personen etc. gesprochen.
- Sie kommen aus einer Familie von Hellsehern.
- Sie sind aus einem Job »geflüchtet«, den Sie nicht mochten, und sind heute in dem Bereich tätig, von dem Sie immer geträumt haben.
- Sie haben eine Seelengefährten-Beziehung manifestiert, die lange genug gewährt hat, um als solide Partnerschaft betrachtet zu werden.

Darüber hinaus achten Sie darauf, alle Manifestationsgeschichten à la «Vom Tellerwäscher zum Millionär« oder profunde mystische Erlebnisse einzufügen – so sie stattgefunden haben.

Der nächste Punkt Ihrer Biografie sollte alle Formen Ihrer bisherigen spirituellen Ausbildung beinhalten, wie zum Beispiel das Studium von Meditationstechniken. (Nennen Sie den Namen Ihres Lehrers, falls er bekannt war, oder spezifizieren Sie, ob Ihre Ausbildung an einem berühmten spirituellen Ort der Kraft stattgefunden hat.)

Danach listen Sie alle Publikationen auf, für die Sie geschrieben haben oder noch schreiben. Es ist allgemein üblich, dass Leute auf ihre Bücher, an denen sie noch arbeiten, wie folgt hinweisen: »Susanne Meier ist Autorin des demnächst erscheinenden Buches *Wie Sie ein Leben voller Freude führen können*.« Achten Sie auf das Wort »demnächst«, was darauf hinweist, dass das Manuskript noch nicht erschienen ist, doch eines Tages erscheinen wird, weil Sie es gerade schreiben – was, wenn man es bedenkt, eine wunderbare Affirmation ist.

Und schließlich führen Sie Ihre relevante Ausbildung und andere Arbeiten auf, die Ihre gegenwärtige Karriere als spiritueller Lehrer oder Heiler unterstützen. Zum Beispiel wäre »Susanne Meier hat als Krankenschwester am Dreikönigskrankenhaus in .... gearbeitet« hochrelevant für Ihre jetzige Arbeit als spirituelle Heilerin.

Am besten ist es, wenn Ihre Bio zwei bis vier Paragrafen lang ist. Sorgen Sie dafür, einen Satz bezüglich Ihrer Persönlichkeit hinzuzufügen, wie zum Beispiel: »Susanne Meier ist eine warmherzige, unterhaltsame und inspirierende Rednerin.« (Ihre Freunde können Ihnen bei der Formulierung helfen, weil es ihnen Freude machen wird, etwas Schönes über Sie zu sagen.)

Bitte machen Sie sich keine Sorgen: Bei Ihrer Bio handelt es sich nicht um eine Erfindung Ihres Ego. Vielmehr ist es eine Information, die den Menschen hilft, sich mit Ihnen und Ihrem Service vertraut zu machen. Solange Sie Ihre Biografie real und liebevoll halten, werden Ihre potenziellen Klienten positiv darauf reagieren.

Unternehmertum und Selbstständigkeit

Für viele von uns Lichtarbeitern ist dies unsere erste Inkarnation als selbstständige Unternehmer. Wie ich bereits im letzten Kapitel erwähnt habe, haben die meisten von uns ihre früheren Inkarnationen komplett versorgt als Mönche, Priesterinnen, Nonnen, Schriftgelehrte, Diener oder Ähnliches in kommunaler Umgebung gelebt.

Wenn Ihnen also der Gedanke widerstrebt, sich mit Ihrem Service den Lebensunterhalt zu verdienen, sind Sie damit nicht alleine. In diesen anderen Lebenszeiten gab es kein Konzept von »getrenntem Eigentum«. Niemand (außer vielleicht königlichen Familien) hatte persönliche Rücklagen irgendeiner Art. All Ihre materiellen Bedürfnisse wurden automatisch erfüllt. Es ist Teil Ihres spirituellen Wachstums, zu lernen, wie Sie unabhängig für sich selbst sorgen können. Sie sind nicht zuletzt hier, um zu lernen, wie Sie um die Erfüllung Ihrer Bedürfnisse bitten können, und im Gegenzug Ihre Dienste anzubieten. Und das wunderbare Fazit ist, dass Ihre Dienste Ihnen und anderen Freude und Segen bringen. Kein Leiden mehr ... das ist *so was* von gestern!

Wenn berufliche Selbstständigkeit neu für Sie ist, hier ein paar der Eigenschaften, die dazugehören:

Selbstdisziplin: Sie bezieht sich auf Ihre Fähigkeit, einen festen Arbeitsplan beizubehalten, ohne einen Chef zu benötigen, der Sie motiviert. Dies ist auch der Hauptgrund, warum Ihr Beruf auf einem Thema basieren muss, das Ihnen leidenschaftlich am Herzen liegt, denn diese Leidenschaft wird Ihnen den nötigen Antrieb und die Motivation geben, zu arbeiten, anstatt Ihre Zeit mit Internetspielen zu vergeuden.

Tausendsassa: Als Unternehmer treffen Sie in einem Moment wichtige Entscheidungen – und putzen im nächsten Moment den Boden oder tragen den Müll raus.

Fokus: Wenn Sie von zu Hause aus arbeiten, stellt das eine doppelte Herausforderung für Ihren Job dar. Zum Beispiel werden Sie der Nachbarin Nein sagen müssen, wenn sie auf einen Kaffee und einen Plausch herüberkommen will, nur weil Sie tagsüber zu Hause sind (es sei denn, Sie haben das angeborene Talent, Arbeitszeit und Ruhepausen gerecht zu verteilen).

243

Beharrlichkeit: Dies bedeutet, dass Sie an Ihren Träumen und Intentionen festhalten, selbst angesichts scheinbarer Ablehnung oder Verzögerungen.

Kreativität und Flexibilität: Zuweilen ist es erforderlich, dass Sie Ihre ursprüngliche Route ändern.

Entschlossenheit: Die Engel haben mir mal gesagt, dass der Grund, warum ich jede Menge toller Gelegenheiten bekomme, in meiner Neigung liegt, Ja zu sagen. Sie wissen, dass sie auf mich zählen können, den nächsten Schritt zu tun ... und Sie können es ebenso tun.

Die Fähigkeit, Ihre Steuern selbst zu bezahlen: Als Angestellter werden Ihre Steuern in der Regel jeden Monat vom Gehalt abgezogen.

Als Unternehmer müssen Sie selbst dafür sorgen, dass Sie am Ende des Jahres genug Geld beiseitegelegt haben, um Ihre Steuern entrichten zu können. Andererseits gewährt ein eigenes Unternehmen viele Gelegenheiten für legale Abzüge (bitten Sie einen Steuerberater um eine komplette Liste dieser möglichen Abzüge).

Es ist verständlich, wenn die oben beschriebenen Eigenschaften Sie zunächst einschüchtern. Schließlich sind die Eigenschaften, die Sie zu einem sensitiven Heiler oder Lehrer machen, in der Regel das genaue Gegenteil der Fähigkeiten, die Sie als Unternehmer/in brauchen. Um sensitiv, hellsichtig oder Künstler *und* *gleichzeitig* Unternehmer zu sein, müssen Sie Ihre linke und rechte Gehirnhälfte in gleichem Maße benutzen.

Sehr ratsam ist es, sich allmählich selbstständig zu machen, indem Sie halbtags mit Ihrer Tätigkeit als Heiler oder Lehrer

beginnen und Ihren alten Job beibehalten. Diese Vorgehensweise bietet Ihnen mehrere Vorteile:

1. Sie sollten niemals ein eigenes Unternehmen starten, wenn
Sie unbedingt schnell Geld brauchen. Sensitive New-Age-Kli-
enten können Verzweiflung fühlen, was zur Folge hat, dass sie
sich von Ihnen und dem, was Sie anzubieten haben, abwenden,
weil es sich so anfühlt, als wollten Sie etwas von ihnen – eine
Energie des »Nehmens«. Ihre Klienten kommen zu Ihnen, weil
sie etwas *von Ihnen* brauchen, anstatt dass Sie energetischen
Druck auf Ihre Klienten ausüben, die Quelle Ihres Einkommens
zu sein.

Wenn Sie also zunächst Ihren regulären Job für ein regelmä-
ßiges Einkommen beibehalten, werden Sie in der Lage sein,
Ihren neuen Beruf mit einer Mentalität der Fülle anzugehen,
die Klienten und andere Formen von Erfolg anziehen wird.

2. Außerdem werden Sie besser fähig sein, Ihren regulären Job
auszuführen, wenn Sie sich auf die neue, angenehme Tätigkeit
in Ihrer Freizeit freuen können. Sie wird Ihr Licht am Ende des
Tunnels sein.

3. Während Ihr spirituell basiertes Unternehmen an Umfang
zunimmt, können Sie Ihren normalen Job entweder in eine Teilzeitbeschäftigung umwandeln ... oder ganz aufgeben. Sie werden das Gefühl der Freiheit lieben, wenn dieser Tag kommt.

Jeder Ihrer bisherigen Jobs hat Ihnen wertvolle Fertigkeiten und
Lektionen gebracht, keine Arbeit war je umsonst. Betrachten
Sie Ihren regulären Job mit Dankbarkeit für das, was er Ihnen
bietet, und Ihre liebevolle Energie wird dazu beitragen, jegliche
Spannung, die Sie vielleicht dabei erlebt haben, aufzulösen.

* * *

Ich empfehle Ihnen dringend, häufig Erfolg in dem von Ihnen gewählten Beruf zu visualisieren und zu affirmieren. Ihre Visionen und Worte spielen eine große Rolle bezüglich der Resultate Ihres neuen Unternehmens. Bitte vergessen Sie nicht:

Freude zieht Klienten an.
Sorge und Angst stößt Klienten ab.

Übergeben Sie jegliche Angst im Gebet an Gott und richten Sie Ihren ungeteilten Fokus auf die Frage »Wie kann ich dienen?«. Vertrauen Sie darauf, dass immer, wenn Sie etwas geben, das Universum Ihnen im gleichen Maße etwas zurückgeben *muss*, um Harmonie beizubehalten. Ihre einzige Aufgabe besteht darin, offen zu sein, um zu empfangen – ohne Angst oder Schuldgefühle.

* * *

16

Sie sind ein professioneller Redner

Egal ob Sie Heiler, Künstler, Autor oder Lehrer sind, öffentliche Vorträge zu halten ist eine wunderbare Möglichkeit, heilende Energie, Licht und Liebe zu verbreiten. Sie werden viele Menschen gleichzeitig erreichen, was Sie in die Lage versetzt, noch mehr zur Verbesserung der Welt beizutragen.

DOCH WIE FANGEN SIE DAMIT AN?

Ich habe mir diese Frage gestellt, als ich vor Jahren die intuitive Führung erhielt, öffentliche Vorträge zu halten. Ich war mir nicht sicher, ob ich die nötigen Fähigkeiten als Rednerin hatte und qualifiziert genug war, um Informationen weiterzugeben. Doch das Universum brachte mich immer wieder in Situationen, wo ich Vorträge halten musste, da es zu einigen meiner Beratungsjobs gehörte, dass ich öffentlich unterrichtete.

Und es war nicht leicht. Eine meiner ersten Erfahrungen in diesem Bereich hatte ich, als ich vor einer Gruppe von Personen, die wegen Trunkenheit am Steuer Strafanzeigen bekommen hatten, über Alkoholentzug sprach. Die Leute waren aufgrund von Gerichtsbeschlüssen gekommen, und sie waren nicht glücklich darüber.

Die meisten der Anwesenden trugen Sonnenbrillen und hatten ihre Arme vor der Brust gekreuzt, während ich sprach. Ein echt feindseliges Publikum! Nun, wenigstens machte es mich widerstandsfähiger in Bezug auf solche Begegnungen, sodass ich heute nicht mehr Angst habe vor potenziellen Kritikern unter meinen Zuhörern. Wie ich gesagt habe, *jeder* Job hält wertvolle Lektionen bereit.

Es half allerdings, dass ich seit meiner Jugend als Gitarristin in mehreren Bands in San Diego und Umgebung Erfahrung mit Publikum gesammelt hatte – wobei es einen Unterschied macht, wenn man sich nicht hinter einem Instrument »verstecken« kann und das Publikum zum größten Teil betrunken ist. Wenn Sie vor einem New-Age-Publikum sprechen, gibt es kein Verstecken ... Ihre Aura und Körpersprache sind so klar für die Menschen wie der helllichte Tag.

Daher nahm ich einige Kurse über öffentliches Reden, was wirklich hilfreich war. Sie wurden am örtlichen Community College und als Teil des auswärtigen Programms der University of California angeboten. Später zahlten einige meiner Verleger für meine weitere Ausbildung durch Mediatrainer. Jeder Lehrer und jeder Kurs brachte neue Erkenntnisse und Erfahrungen.

Da Umfragen zeigen, dass die meisten Menschen Angst vor öffentlichen Auftritten haben, können diese Kurse Ihnen Selbstvertrauen und Mut geben. Allerdings stimme ich nicht der alten Überzeugung zu, dass man die Nervosität verringern kann, indem man sich die Menschen im Publikum in Unterwäsche vorstellt. Das funktioniert absolut nicht, glauben Sie mir! Stattdessen beruhigten sich meine Nerven durch:

1. Beten

Als mein amerikanischer Verlag Hay House mich in den frühen 90er-Jahren während ihrer »Empowering Women«-Tour als Eröffnungsrednerin für Louise Hay, Christiane Northrup und Susan Jeffers buchte und ich bei unserem ersten Auftritt durch den Vorhang lugte und Tausende von Menschen sah, die gekommen waren, begann ich vor lauter Nervosität so sehr zu zittern, dass ich buchstäblich weiche Knie bekam!

Also ging ich in einen kleinen Raum hinter der Bühne, schloss die Tür, fiel auf die Knie und betete um Hilfe. Nur noch ein paar Minuten, und ich musste hinaus auf die Bühne gehen, komme, was da wolle, und meine Stimme zitterte! Mein persönliches Wunder trat ein, als ich angeleitet wurde zu visualisieren, wie ich von Legionen liebevoller und beschützender Engel umgeben war. Ich folgte dieser Führung sofort, und alle Spannung wich aus meinem Körper. Ich betrat die Bühne, und kaum hatte ich die ersten Worte gesagt, fing das begeisterte Detroiter Publikum an zu applaudieren. Danke, Gott! Danke, Detroit!

2. Segnen, nicht beeindrucken

Aus irgendeinem Grund war ich eines Tages am Abend vor einem Auftritt vor einem großen Publikum sehr nervös. Also ging ich hinter die Bühne und meditierte. Bald fühlte ich deutlich die Präsenz von Raphael, dem Erzengel der Heilung. In meinem Inneren hörte ich, wie er mir den Rat gab: »*Sorge dich nicht darüber, ob du das Publikum beeindruckst. Stattdessen richte deinen ganzen Fokus darauf, die Leute zu segnen.*«

Raphael hatte recht! Ich hatte mir *tatsächlich* Sorgen darüber gemacht, ob das Publikum mich oder meine Botschaft annehmen würde; mit anderen Worten, ich war darauf fokussiert, sie zu *beeindrucken*. Dieses Bedürfnis kam klar erkennbar von meinem Ego. Und da, wie ich bereits mehrfach betont habe, das Ego keine außersinnlichen Fähigkeiten besitzt (weil es auf Angst basiert), hätte ich mit Sicherheit ein *nicht* beeindruckendes Seminar gegeben, wenn ich meinen Fokus nicht verlagert hätte.

Dem Ego geht es ausschließlich um »mich, mich, mich«: *Was ist, wenn die Leute mich nicht mögen? Was ist, wenn ich es nicht kann? Was ist, wenn ich alles falsch mache?* Und andere Fragen, die sich um »ich«, »mich« und »meine Person« drehen. Mit dieser Art Fokus kann ein Mensch gar nicht anders, als ins Stolpern zu kommen und so dafür zu sorgen, dass alle seine Ängste wahr werden.

Im Gegensatz dazu ist das höhere Selbst hundertprozentig außersinnlich, da es reine Liebe ist … und daher eins mit allem und jedem. Was bedeutet, dass Ihr höheres Selbst superklar kommuniziert. Ihre Readings sind zutreffend, Ihre Heilungen effektiv und Ihre Vorträge artikuliert, wenn sie aus Ihrem höheren Selbst kommen.

Und Sie verlagern sich auf diesen Teil Ihres Wesens, indem Sie sich darauf fokussieren, dem Schöpfer zu dienen, oder dem Publikum, das eins ist mit Ihnen. Anders ausgedrückt, Ihre Intention ist es, zu segnen anstatt zu beeindrucken.

3. Loslassen und »Gott machen lassen«

Gott hat die Kontrolle über jede spirituell ausgerichtete Arbeit. Daher ist es wichtig für Sie, wenn Sie einen Vortrag halten, Ihren Geist und Ihr Herz zu öffnen und der Liebe des Schöpfers zu erlauben, Sie zu durchströmen.

Sicher, es ist sinnvoll, eine grundlegende Vorstellung von dem zu haben, was Sie vermitteln wollen, einschließlich der Eröffnungs- und Schlussworte. Seien Sie jedoch flexibel und offen für göttliche Inspiration.

Sie werden die Bedürfnisse Ihrer Zuhörer fühlen, daher sollten Sie Ihr Thema anpassen entsprechend der Führung Ihrer Intuition. Das gleiche Prinzip gilt, wenn Sie die Fragen der Zuhörer beantworten: Lassen Sie die Antworten durch Sie hindurchströmen. Solange sie hundertprozentig freundlich und liebevoll sind, können Sie sicher sein, dass sie von Gott kommen.

DIE ZUHÖRER

Die große Mehrzahl der Menschen, die an spirituellen Seminaren teilnimmt, ist freundlich, aufmerksam und respektvoll, daher werden Sie ohne Zweifel ein wunderbares Publikum haben, mit dem Sie arbeiten können. In einer Seminarumgebung Verbindung mit einer Gruppe der Liebe hingegebener Lichtarbeiter aufzunehmen, sorgt für ein regelrechtes High, und Sie werden es höchstwahrscheinlich genießen, spirituelle Seminare zu leiten.

Es kann jedoch sein, dass Sie ein oder zwei Gäste dabeihaben, die für Sie und die anderen Teilnehmer ein Problem darstellen. In einer solchen Situation können Sie Folgendes tun:

1. Die »Mitlehrer«
Es gibt Seminarteilnehmer, die helfen wollen, den Kurs zu »lehren«. Diese Personen unterbrechen Sie, um Ihnen ihre Meinung oder Geschichten kundzutun. Wenn Sie auch Ihre Zuhörer ermutigen wollen, sich mitzuteilen, sind diese eher störenden Personen darauf fokussiert, Sie und die anderen Anwesenden zu beeindrucken, was bedeutet, dass sie sich *nicht* nach dem Konzept liebevollen Mitteilens zu Wort melden. In Wahrheit *nehmen* sie etwas … sie nehmen Ihnen Zeit und hindern *Sie* damit an Ihrem Vortrag.

Ich kann nicht genug betonen, wie wichtig es für Sie ist, in dieser Situation die Kontrolle zu behalten. Geben Sie Ihre Macht *nicht* an Zuhörer weiter, egal wie einschüchternd sie oder die Umstände sein mögen.

Ihr Publikum wird sich sowohl über die Möchtegernlehrer *als auch* über Sie ärgern, wenn Sie nicht die Kontrolle über die Situation beibehalten. Schließlich haben sie Zeit und Geld investiert, um *Sie* reden zu hören und nicht die andere Person.

Sie können dem Betreffenden liebevoll sagen: »Wow, Sie scheinen eine Menge über dieses Thema zu wissen. Wenn wir jetzt aber alle damit anfangen, unsere Geschichten zu erzählen, weichen wir von unserer Linie ab. Also möchte ich für den Moment mit diesem Thema und Seminar im Hier und Jetzt bleiben.« Damit würdigen Sie das Bedürfnis des Individuums nach Anerkennung, was dem oder der Betreffenden in der Regel hilft, sich zu entspannen und dem zuzuhören, was Sie zu sagen haben.

2. Die Zwischenrufer

Das sind Personen, die in der Regel über Religion streiten wollen. Sie wollen von Ihnen wissen, warum Sie den Namen Gott oder Jesus so oft in Ihrem Vortrag benutzen.

Ich habe festgestellt, dass man die Situation am besten entschärfen kann, indem man dem Zwischenrufer mit ehrlichem Mitgefühl sagt: »Oh, Sie scheinen sehr wütend zu sein. Ich werde für Sie beten, dass Sie Frieden finden.« Schließlich hat der oder die Betreffende keinen Frieden, sonst würde er Sie nicht mit seinen Zurufen unterbrechen.

Wenn so jemand biblische Zitate anbringen will, ist jedoch Vorsicht geboten. Ich habe die Bibel viele Male gelesen und kann es in dieser Hinsicht mit den Besten von ihnen »aufnehmen«. Doch es ist immer eine No-win-Situation. Ich habe nie erlebt, dass diese Menschen ihre Meinung ändern, und die restlichen Seminarteilnehmer werden unruhig und ärgern sich über die aggressive Energie.

Es ist besser, dem Zurufer zu sagen: »Das ist faszinierend, und ich würde sehr gerne nach dem Seminar privat mit Ihnen über dieses Thema sprechen, doch im Moment sind wir hier, um uns auf ... (nennen Sie das Thema) zu fokussieren.«

Außerdem ist es wichtig, genug Zeit für Fragen und Antworten der Seminarteilnehmer festzulegen. Sagen Sie den Anwesenden gleich zu Beginn, dass Sie zu einem festgesetzten Zeitpunkt Ihres Vortrages auf Fragen antworten werden. Und wenn jemand seine Hand hebt, können Sie sagen: »Bitte gedulden Sie sich noch ein wenig, bald werde ich Ihre Fragen gerne entgegennehmen.« Ermutigen Sie die Zuhörer, ihre Fragen aufzuschreiben, damit sie nicht vergessen, sie später zu stellen.

Als Vortragender sind Sie der Gastgeber der Veranstaltung. Also werden Sie die Höflichkeit aufbringen müssen, pünktlich zu beginnen, notwendige Pausen einzulegen, die Zuhörer auf das Thema fokussiert zu halten und die Veranstaltung zum vereinbarten Zeitpunkt zu beenden.

WO SOLL DER VORTRAG STATTFINDEN?

Die Veranstaltungsorte für spirituelle Kurse und Seminare sind zahllos, weil dazu nichts anderes erforderlich ist als Sie und ein Publikum. Dennoch ist es am besten, Ihren Veranstaltungsort nach bestimmten Gesichtspunkten zu wählen – und vor allem darauf zu achten, dass es eine ruhige und private Örtlichkeit ist. Schließlich werden Sie wahrscheinlich irgendwann im Verlauf des Seminars beten oder meditieren. Das Letzte, was Sie dabei hören wollen, ist Straßenlärm.

Ich habe einmal eine Rede im Ballsaal eines Hotels gehalten, wo im Nebenraum, nur durch eine dünne Wand von unserer Veranstaltung getrennt, ein Chor seine Übungsstunde abhielt. Und wenn das Singen auch spektakulär war, konnten wir in meinem Seminar nichts anderes mehr hören, meine Worte gingen im Brausen der volltönenden Stimmen aus dem Nebenraum unter. Ein anderes Mal hielt ich ein Seminar in einem Raum direkt über einem Hochzeitsempfang ... mit allem Drum und Dran einschließlich lauten Trommelns.

Doch das in dieser Hinsicht ultimative Erlebnis war ein Seminar, das ich am gleichen Tag hielt, wo im Hotel nebenan ein Harley-Davidson-Treffen stattfand. Den ganzen Tag lang erfüllte der Lärm laut aufheulender Motoren den Raum, in dem ich Meditationen leitete. Aber irgendwie gelang es uns, das Seminar zu Ende zu bringen.

Daher prüfe ich heute jedes Mal, welche anderen Ereignisse zeitgleich stattfinden, bevor ich mich bereit erkläre, irgendwo einen Vortrag oder ein Seminar zu halten.

***

Bevor Sie sich für einen Veranstaltungsort entscheiden und Ihr Seminar oder Ihren Vortrag buchen, sollten Sie mindestens drei feste Themen im Kopf haben, zusammen mit einer kurzen Beschreibung. Und sorgen Sie auch dafür, dass Ihre Themen und die Zusammenfassung »segenbringend« sind, damit Ihre potenziellen Zuhörer wissen, was sie gewinnen, wenn sie Ihrem Vortrag beiwohnen.

Zum Beispiel:

Stressmanagement für spirituell veranlagte Menschen

»In diesem unterhaltsamen Vortrag von Mary Smith, einer professionellen Heilerin, werden Sie die drei Möglichkeiten erfahren, wie Sie sich von einem Moment auf den anderen beruhigen können. Sie werden verstehen, wie Sie Ihr Immunsystem durch einfache Prozesse stärken können, die Sie während der Arbeit, beim Autofahren oder mitten in einem hektischen Tag durchführen können. Mary wird Sie und den Rest der Zuhörer durch eine beruhigende Meditation führen, die darauf abzielt, heilende Energie in Ihren Körper und Geist zu bringen. Mary wird Ihnen helfen, vom Stress ... zum Segen zu gelangen!«

Bieten Sie auf einem Flyer oder in einem Brief drei bis vier solcher Titel und Beschreibungen, zusammen mit Ihrer Biografie an und kontaktieren Sie den Besitzer oder Event-Koordinator folgender Veranstaltungsorte:

Buchläden

Buchläden benötigen dringend Kunden und finanzielle Unterstützung. Sie lieben es, Veranstaltungen zu organisieren, nicht zuletzt weil sie dadurch neue Kunden gewinnen. Am besten wenden Sie sich direkt an den Besitzer des Ladens, sofern er in privater Hand ist, oder an den Event-Koordinator, wenn es sich um die Filiale einer Ladenkette handelt. Sie können mit dem Betreffenden telefonisch, per E-Mail oder persönlich Kontakt aufnehmen.

Buchladenfilialen: Bei den großen Filialunternehmen, auch wenn sie von einer zentralen Stelle aus geführt werden, werden die einzelnen Läden oft von echten Buchliebhabern gemanagt. Sie sind in der Regel sehr offen, wenn es um Veranstaltungen wie zum Beispiel Lesegruppen geht – übrigens eine wunderbare Möglichkeit, als Redner Erfahrung und Selbstvertrauen zu gewinnen, da Sie in einem Kreis mit anderen zusammensitzen und über Ihr Lieblingsbuch diskutieren.

Wenn Sie darüber hinaus bereits ein Buch veröffentlicht haben – einschließlich Ihres Beitrages im Buch eines anderen Autors –, wird der Manager begeistert sein, wenn Sie über das Buch sprechen und es danach signieren.

Normalerweise bieten Filialunternehmen kostenlose Events an, was bedeutet, dass Sie für Ihren Auftritt kein Geld bekommen. Sie werden jedoch wertvolle Erfahrungen gewinnen und Menschen kennenlernen, die potenziell Sitzungen mit Ihnen buchen.

Buchläden mit Schwerpunkt Metaphysik/Esoterik: Diese charmanten kleineren Läden brauchen dringend Kunden. Die Einnahmen aus Ihrem Vortrag können ihnen helfen, weiterhin im Geschäft zu bleiben.

Im Allgemeinen verlangen diese Buchläden Geld für ihre Veranstaltungen, wobei Sie einen Prozentsatz der Ticketverkäufe erhalten. Die Läden wissen, welchen Preis sie verlangen können, daher vertrauen Sie ihnen bei dieser Entscheidung. Wahrscheinlich wird man Sie bitten, die Einnahmen fifty-fifty zu teilen, oder in einem ähnlichen Prozentsatz. Falls Kosten durch die Einnahmen gedeckt werden sollen, bevor Sie Ihren Anteil bekommen, legen Sie vorher Ihre Bedingungen fest.

Esoterische Buchläden lieben es, Events abzuhalten, die ihre Produkte hervorheben. Dazu können gehören:

1. Produkt-Demonstration: Viele Engel-Therapeuten, die meine Seminare durchlaufen haben und mit Engel-Karten arbeiten, zeigen in Buchläden, wie man sie benutzen kann. Bei diesen Demonstrationen gewinnt jeder: Die Kunden finden es toll, kostenlose Mini-Readings zu erhalten; der Manager freut sich über die zusätzliche Laufkundschaft; und die Engel-Therapeuten profitieren bei ihrem öffentlichen Auftritt von Klienten, die eine volle Session bei ihnen buchen, und damit einhergehenden Gelegenheiten. In der Regel handelt es sich hierbei um kostenlose, unbezahlte Events.

2. Vortrag über ein Produkt: Haben Sie zum Beispiel ein Lieblingsbuch, von dem Sie gerne der Welt erzählen möchten? Der Buchladen wird dankbar sein für Ihren Vortrag über ein Buch, das er verkauft. Auch diese Veranstaltungen sind in der Regel kostenlos und unbezahlt.

3. *Heilungs- oder Selbsthilfegruppe:* Hierbei handelt es sich um eine regelmäßig durchgeführte Veranstaltung. Dazu kann ein »Engel-Heilungs-Kreis« gehören, bei dem Menschen sich in einem Kreis aufstellen und Sie Gebete und Meditationen führen, oder eine Selbsthilfegruppe für ein bestimmtes Thema wie beispielsweise »Manifestation« oder »Trauerarbeit«. Diese Veranstaltungen werden in der Regel auf der Basis von freiwilligen Spenden durchgeführt.

4. *Vorträge:* Hierbei handelt es sich um bezahlte Veranstaltungen, bei denen in erster Linie *Sie* sprechen.

5. *Seminare:* Ein Seminar ist ein längeres, erfahrungsbezogenes Event, bei dem Sie die Teilnehmer durch bestimmte Übungen führen (indem sie zum Beispiel lernen, wie man Orakelkarten liest, außersinnliche Readings gibt, Energieheilung vornimmt und so weiter). Seminare kosten in der Regel mehr als Vorträge.

Kirchen und Tempel

Auch Orte der Anbetung müssen Rechnungen bezahlen, genau wie jedes Profitunternehmen. Ihre Gebäude stehen außerhalb der Gottesdienste für gewöhnlich leer, doch Stromversorgung, Telefonanschlüsse und Hypotheken müssen auch hier beglichen werden.

Aus diesem Grund sind sie oft dankbar, spirituelle Events zu veranstalten und somit für neues Einkommen zu sorgen, ihrer Gemeinde interessante Dinge anzubieten und neue Mitglieder anzuziehen. Vor allem mögen sie Gastredner, die nach einem bestimmten Gottesdienst einen Vortrag halten (in der Regel folgt zuerst ein Pot-Luck-Dinner, und anschließend halten Sie Ihren Vortrag). Wenden Sie sich an Kirchen und Tempel, indem Sie dem Veranstaltungskoordinator Ihren Prospekt oder Brief präsentieren, in dem Ihre Themen aufgeführt sind, Beschreibungen Ihrer Vorträge und Ihre Biografie. Sie können dieses Material persönlich vorbeibringen, es mit der Post oder als E-Mail senden. Vergessen Sie nicht, Ihre Kontaktdetails beizufügen! Ihr Material wird bis zum nächsten Kirchen-/Tempelmeeting aufgehoben, wo alle potenziellen Redner überprüft werden, bevor abgestimmt wird. Falls Sie akzeptiert werden, wird man Sie kontaktieren, um Termine und weitere Details zu besprechen. Kirchen/Tempel veranstalten ihre Events auf zwei verschiedene Arten:

1. Sie können ihren Gemeindesaal für einen relativ geringen Preis mieten. Das schließt einen Kirchenmitarbeiter ein, der die Türen auf- und abschließt und einfaches Audiomaterial wie ein Mikrofon und Lautsprechersystem zur Verfügung stellt.

2. Sie können das Event mit der Kirche oder dem Tempel koproduzieren. In diesem Fall zahlen Sie vorher nichts für den Raum. Doch anschließend teilen Sie sich die Einnahmen mit der Organisation. Es kann sein, dass man das Eintrittsgeld selbst einsammeln will, oder Sie werden gebeten, dies zu tun.

Nach meiner Erfahrung ist es wesentlich besser, die zweite Option zu wählen und das Event mit der Kirche oder dem Tempel zu koproduzieren. Dabei haben die Verantwortlichen ein zusätzliches Motiv, für Ihre Veranstaltung zu werben, weil sie einen Prozentsatz von jedem Ticket bekommen.

Also werden sie in ihrem Newsletter Artikel über Ihren Vortrag veröffentlichen, Flugblätter dafür drucken und auf ihrem Schwarzen Brett aushängen und Sie sogar zu ihrem Gottesdienst einladen, um über Ihr Thema zu sprechen. Und falls Sie eingeladen werden, auf der Kanzel über Ihre Veranstaltung zu sprechen, nehmen Sie diesen Vorschlag auf jeden Fall an. Wenn es auch einschüchternd sein kann, während des Gottesdienstes vor einer Gemeinde zu stehen, können Sie die Menschen in einer völlig neuen Art erreichen. Sprechen Sie einfach aus Ihrem Herzen und geben Sie den Anwesenden ein paar kurze Perlen der Weisheit, die mit dem zu tun haben, was Sie anbieten. »Verkaufen« Sie Ihr Event nicht – reden Sie einfach nur darüber – und vertrauen Sie darauf, dass alle, die entsprechende Führung erhalten, kommen werden.

Es gibt kleine, mittelgroße und große Kirchen und Tempel. Nach meiner Erfahrung sind die kleinen und mittelgroßen Orte der Anbetung sehr offen, wenn es darum geht, Redner einzuladen. Die großen Gemeinden laden in der Regel nur bekannte Redner ein, also schreiben Sie das auf Ihre Manifestationsliste. Anhand der Anzahl der Gottesdienste, die eine Kirche oder ein Tempel jede Woche anbietet, können Sie erkennen, welche Kirchen oder Tempel klein oder mittelgroß sind. Megakirchen oder große Tempel bieten in der Regel drei oder mehr Gottesdienste pro Woche an, während es bei den kleineren meist nur ein oder zwei sind.

Ich selbst habe an Dutzenden dieser Orte gesprochen, doch in erster Linie in Unity-Kirchen, die überkonfessionell sind. Sie finden eine Liste dieser Kirchen unter unity.org.

Mind-Body-Spirit-Festivals und Esoterik-Messen

Jahrelang habe ich als Redner für die *Whole Life Expo* gearbeitet, eine Organisation von spirituellen Rednern und Anbietern, die in verschiedenen Städten der USA Veranstaltungen durchführte. Wir präsentierten an zwei Wochenenden im Monat in großen Städten wie zum Beispiel Minneapolis und Austin Festivals und Messen. Jedes Mal gab es vier oder fünf Hauptredner,

259

die nacheinander ihre Vorträge hielten. Die weniger bekannten Redner sprachen zur selben Zeit drei auf einmal in jeweils einem kleinen Konferenzzimmer.

Die Besucher mussten Eintritt zahlen, was sie berechtigte, die freien Vorträge und Seminare sowie die Verkaufsstände zu besuchen. Die Besucher bezahlten extra für die Vorträge bekannter Redner. Die Expo vergütete den Rednern sowohl die Kosten für Reise und Unterkunft als auch für ihren Vortrag. Es war, als wären wir Teil einer fahrenden Zirkustruppe, weil wir alle mehrere Jahre lang ständig zusammen unterwegs waren.

Diese Arten von Ausstellungen, Festivals und Messen sind wundervolle Ansatzpunkte für spirituelle Lehrer. Sie werden überall auf der Welt abgehalten. Am einfachsten finden Sie diese Veranstaltungen mittels einer Internetsuchmaschine, indem Sie Begriffe wie *mind-body-spirit festival*, *New Age Expo* oder *Esoterik-Messe* benutzen oder in metaphysischen Magazinen nach entsprechenden Anzeigen suchen.

Die Kontaktdetails für ein solches Event sind die gleichen, als würden Sie einen Verkaufsstand mieten oder sich als Redner bewerben wollen. Schicken Sie dem Veranstalter Ihre Biografie, die Themen, die Sie präsentieren wollen, eine kurze Beschreibung des Seminars ... und natürlich Ihre eigenen Kontaktdaten.

Manche Festival-Organisatoren werden Ihnen den Vorschlag machen, nicht nur einen Vortrag zu halten, sondern außerdem einen Stand zu mieten. Darauf sollten Sie jedoch nur eingehen, wenn Sie sich wirklich dazu angeleitet fühlen, da ein Verkaufsstand energetisch etwas sehr anderes ist als ein Vortrag. Eine Möglichkeit ist, sich mit anderen spirituellen Heilern oder Lehrern zusammenzutun und gemeinsam einen Stand zu betreiben. Viele Engel-Therapeuten nehmen an Festivals teil, wo sie Engel-Readings geben. Sie verschönern ihre Stände mit engelinspiriertem Dekor und bieten gegen Bezahlung Readings an. Manchmal bieten sie sogar Dinge zum Verkauf an.

Manche Festivals und Messen bezahlen ihre Redner, manche nicht. Das ist von Fall zu Fall verschieden, daher sollten Sie klare Intentionen bezüglich Ihrer Bedürfnisse und Erwartungen haben, bevor Sie den Event-Organisator kontaktieren. Ich weiß aus Erfahrung, dass einige Anbieter Profit machen, während andere gerade mal ihre Reise-, Übernachtungs- und Standkosten bezahlen können.

Heilungs-, Gesundheits- und Wellnesszentren

Diese Zentren bieten normalerweise regelmäßig öffentliche Seminare an. Ihr Vortrag kann bezahlt werden oder auch nicht, also seien Sie sich über Ihre Intentionen im Klaren, bevor Sie sich als Redner bei einem Heilungszentrum bewerben.

Retreat-Zentren

Diese Zentren werden in der Regel mit Yoga-Retreats assoziiert, wo Sie in einer ländlichen, aber angenehmen Umgebung von natürlicher Schönheit umgeben sind. Einige Retreat-Zentren, wie zum Beispiel Kripalu und Omega in den USA, zahlen ihren Rednern einen Prozentsatz der Einnahmen aus der Veranstaltung. Andere wiederum wollen, dass Redner oder Seminarleiter ihre Örtlichkeiten mieten und ihre eigenen Events produzieren.

Soziale Organisationen

Lokale Organisationen im Dienst des Gemeindewohls oder Sozialdienste wie beispielsweise *Kiwanis*, *Rotary* und *Soroptimist* brauchen immer Gastredner für ihre monatlichen Treffen. Sie könnten eine willkommene Alternative zu dem örtlichen Abwasser-Spezialisten sein, der über seine neue Kläranlage spricht. Sie werden allerdings für dieses Publikum den blumig-esoterischen Teil Ihres Vortrages abmildern müssen. In der Regel ziehen diese Organisationen Themen vor, die sich mit praktischen Dingen beschäftigen, beispielsweise Stressmanagement.

Ich habe zu Beginn meiner Tätigkeit als Rednerin bei Dutzenden dieser Meetings gesprochen. Man wird zwar nicht bezahlt, bekommt jedoch eine kostenlose »Gummiadler-Mahlzeit«, was sich auf das übliche Club-Mittagessen bezieht, das bei solchen Meetings jedem serviert wird. Man erlaubt Ihnen jedoch, Produkte zu verkaufen und Ihre Dienste während Ihres Vortrages anzubieten, falls das für Sie von Interesse ist. Ich würde Ihnen auch raten, Ihren Terminkalender mitzunehmen, da mit Sicherheit viele Mitglieder der Organisation Sessions bei Ihnen buchen wollen.

In Ihrer örtlichen Bibliothek oder Tageszeitung finden Sie eine Liste lokaler Sozialorganisationen, komplett mit den Kontaktdetails der jeweiligen Projektkoordinatoren.

Selbsthilfegruppen

Falls Sie auf ein Heilungsthema spezialisiert sind, wie zum Beispiel Trauerarbeit, das segensreich sein könnte für eine Selbsthilfegruppe in Ihrer Umgebung, sollten Sie auf jeden Fall Kontakt bezüglich eines Vortrages aufnehmen. Normalerweise sind diese Gruppen klein und haben nicht die Mittel, um Referenten zu bezahlen, aber es wird Ihnen guttun, zu wissen, dass Sie anderen auf diese Weise helfen.

Lernzentren für Erwachsene

Das berühmteste dieser Zentren ist *The Learning Annex* in den USA und Kanada, das jedes Jahr zahllose interessante Vorträge von Experten und Autoren anbietet.

Lernzentren für Erwachsene präsentieren ein breites Spektrum an Kursthemen einschließlich Karriere, Beziehungen, Fitness und Spiritualität. In der Regel begrüßen sie auch spirituelle Lehrer auf ihrer Angebotsliste, und sie führen ihre Kurse in gemieteten Konferenzräumen in Hotels durch, daher sind sie rein technisch keine »Zentren« im Sinne einer ständigen Einrichtung. Wenn Sie den Begriff *Lernzentren für Erwachsene* in eine Internetsuchmaschine eingeben, werden Sie weltweit viele dieser Zentren finden.

Die meisten Kurse und Seminare werden an Wochenenden gehalten. Die Zentren zahlen Ihnen einen prozentualen Anteil der Einnahmen, es sei denn, Sie sind ein berühmter Referent. Sie stellen Ihnen einen oder zwei Mitarbeiter oder ehrenamtliche Helfer zur Verfügung, die Ihnen bei der Registrierung vor Ort und anderen logistischen Fragen im Zusammenhang mit dem Kurs helfen können. Sie erlauben Ihnen, im Rahmen dieser Veranstaltungen Ihre Produkte zu verkaufen und Werbung für Ihren Service zu machen.

Fernsehen und Radio

Darüber hinaus können Sie Ihr Thema durch die Medien bekannt machen, unter anderem im Radio, Fernsehen oder Internet. Ich bin in Hunderten von Radio- und Fernsehshows interviewt worden, fast immer mit positiven Resultaten.

Radiosender lieben alles, was mit außersinnlichen Fähigkeiten zu tun hat; falls Sie also Readings geben, sollten Sie definitiv die Medien davon in Kenntnis setzen. Und die örtlichen Fernsehsender suchen vor allem für ihre Morgenshows immer nach interessanten »bunten Vögeln«, wie sie spirituelle Lehrer und Heiler bezeichnen.

Ich bin von Nachrichtensendern, Rock-and-Roll-Sendern, Gesundheitsprogrammen, spirituellen Shows und allem, was dazwischen liegt, interviewt worden. Obwohl viele der Interviewer über meinen Namen (»Haben Sie Ihren Nachnamen erfunden?« war eine oft gehörte Frage, worauf die Antwort lautete: »Nein, so heiße ich wirklich.«) und mein Thema gewitzelt haben, ist meine Botschaft bei den Zuhörern perfekt angekommen. Zum Beispiel hörte sich eine Frau vor Jahren im Autoradio auf dem Weg zum Arzt, den sie wegen einer ernsthaften Erkrankung aufsuchen wollte, mein Programm an. Sie hörte, wie ich über die Wichtigkeit des freien Willens sprach und wie wir Gott und die Engel um Hilfe bitten sollten. Sie erkannte, dass sie Gott *nicht* um Hilfe gebeten hatte, also holte sie es auf der Stelle nach. Als sie in der Praxis des Arztes ankam, hatte sie keine Beschwerden mehr.

Ich liebe Radiointerviews, weil man sie bequem via Telefon aus den eigenen vier Wänden führen kann, ohne dass Make-up oder elegante Kleidung nötig sind! Es gab eine Zeit, da gab ich fünf bis sieben dieser Interviews täglich, was viel zu viel war. Irgendwann hatte ich einen regelrechten Burnout in dieser Hinsicht, also bitte lernen Sie von meinem Fehler und üben Sie sich in Mäßigung.

INTERNET- UND TELEKURSE

Außerdem können Sie dank moderner Technologie auch von zu Hause aus lehren. Zum Beispiel habe ich ein paar Kurse in Chat-Rooms auf Websites gelehrt, die sich mit Spiritualität befassen. Moderatoren nehmen die Fragen von Zuhörern entgegen und helfen, den Chat organisiert ablaufen zu lassen.

Wenn Sie gut sind im Tippen, ist dies eine besonders vergnügliche Art, mit Leuten in Kontakt zu kommen. Nach einer Weile vergessen Sie, dass Sie die Worte per Keyboard eingeben, und es hat den Anschein, als würden Sie in einem Auditorium sprechen. In der Regel werden Sie für einen Kurs im Chat-Room nicht bezahlt, doch ist dies eine wundervolle Möglichkeit, Ihre Botschaft in die Welt hinauszutragen und Ihren Service bekannt zu machen, sozusagen ein Bewusstsein dafür zu kreieren.

»Telekurse« und »Video-Chats« sind weitere internetbasierte Veranstaltungsorte, um über Ihr Thema zu sprechen. Sie erlauben Ihnen, viele Menschen gleichzeitig mittels Ihres Festanschlusses oder Computers über Skype oder andere Internet-Telefonverbindungen zu unterrichten. Die Anrufer bezahlen über eine Telefonnummer und einen Zusatzcode, der sie mit Ihrer Nummer verbindet. Manche Telekurse erlauben es Anrufern, ihre Fragen laut auszusprechen, während man bei anderen die Stimmen der Anrufer nicht hören kann. Beinahe immer ist ein Moderator damit beschäftigt, die Logistik im Auge zu behalten und alles so zu organisieren, dass keine Pausen oder Staus in den Leitungen entstehen.

Man wird Ihnen eine prozentuale Vergütung anbieten, um einen Telekurs zu lehren. Wenn Sie mit einem Produzenten arbeiten, wird er oder sie wahrscheinlich die bei dem Kurs entstandene Anruferliste aufbewahren, also erinnern Sie sich daran, bevor Sie sich als Lehrer buchen lassen. Ich fühle mich verantwortlich für den Schutz der E-Mail-Informationen meiner Kursteilnehmer, was ein Grund ist, warum ich keine Telekurse anbiete – es sei denn, ich habe echtes Vertrauen in den Produzenten. Noch besser ist es, wenn Sie Ihre eigenen Kurse produzieren können, solange Sie die Fähigkeit haben, genug Menschen von Ihrem Vorhaben zu informieren.

Außerdem können Sie auf YouTube oder anderen Videoseiten unterrichten, etwas, was ich persönlich sehr genieße. Sie werden für diese Beiträge auf öffentlichen Seiten nicht vergütet (wenn auch YouTube ständig drängt, ich solle mich an einem

Finanzausgleich für meine populären Videos beteiligen, was ich aber aus Prinzip ablehne). Ich liebe die Direktheit der Verbindung via Videos als Lehrmöglichkeit.

REDNER VON AUSWÄRTS

Es gibt ein altes Sprichwort, das lautet:»Der Experte kommt immer von auswärts.« Das bedeutet, dass Menschen die Meinung eines Besuchers mehr schätzen als die von jemandem, der in ihrer näheren Umgebung lebt. Es existiert die Annahme, dass Redner von weit her mehr wissen und mehr exotische Erfahrungen anzubieten haben als ein »gewöhnlicher« Mitbürger. Das Gleiche gilt auch für professionelle Redner, und Sie werden unter Umständen feststellen, dass Sie an weit entfernten Orten oder sogar in anderen Ländern größeren Erfolg haben als bei sich zu Hause.

Wenn Sie gerne reisen, werden Sie Ihre Aufgabe als professioneller Redner oder Seminarleiter lieben. Häufig werden Sie in der Lage sein, Ihre Reisekosten als Geschäftsausgaben geltend zu machen, was bedeutet, dass Sie eine Rede oder ein Seminar auch mit einem Besuch bei Ihren Verwandten verbinden können (natürlich sollten Sie diesbezüglich vorher Ihren Steuerberater fragen).

MIKROFONE

Wenn Ihr Vortrag oder Seminar gebucht ist, wird der Produzent Sie fragen, welche Art von Mikrofon Sie bevorzugen. Obwohl Sie vielleicht bei dem Gedanken, dass Ihre Stimme elektrisch verstärkt wird, erst einmal schlucken müssen, ist es absolut notwendig, dafür zu sorgen, dass jeder Ihre Botschaft hören kann. Nach einer Weile werden Sie völlig vergessen, dass es überhaupt ein Mikrofon gibt, und es wird sich völlig natürlich für Sie anfühlen. Es gibt drei grundlegende Arten von Mikrofonen, unter denen Sie wählen können:

1. Drahtloses Handmikrofon. Dies ist die beste Wahl für Redner, die die ganze Breite der Bühne oder des Raumes ausnutzen und sich frei bewegen wollen, vor allem wenn Sie planen, mit einzelnen Zuhörern zu reden. Da diese Mikrofone einfach gerichtet sind, wird Ihre Stimme nur verstärkt, wenn Sie direkt in das Mikrofon sprechen, also achten Sie darauf, es nahe an Ihren Mund zu halten.

2. Verkabeltes Mikrofon. Solange es Ihnen nichts ausmacht, durch das Kabel des Mikrofons an die Bühne gebunden und daher in Ihrer Bewegungsfreiheit eingeschränkt zu sein, ist dies eine sehr wirkungsvolle Methode, Ihre Stimme zu verstärken. Da die Schnur ein wenig heikel ist und man darüber stolpern kann, sollten Sie das Mikrofon vielleicht auf einem Ständer befestigen und während Ihres Vortrages an dieser Stelle stehen bleiben. Vergessen Sie jedoch nicht, dass dies für die Zuhörer visuell eher langweilig ist. Es ist wesentlich unterhaltsamer, zu sehen, wie Sie über die Bühne und – noch besser – hinunter ins Publikum gehen.

3. Lavalier-Mikrofon. Hier haben wir ein drahtloses Mikrofon zum Anstecken, das man in der Regel am Jackenaufschlag oder Kragen befestigt. Manchmal geht es wie ein Kopfhörer über den Kopf (denken Sie an Madonna im Konzert). Die meisten Redner und Audiophilen sagen, dass Lavaliers eine schlechte Tonqualität haben im Vergleich zu Handmikrofonen. Dem stimme ich zu. Ich habe festgestellt, dass ich lauter spreche, damit man mich durch das Lavalier-Mikrofon hört, was anstrengend ist, wenn man sehr lange redet.

Außerdem haben Sie nicht die Möglichkeit, das Lavalier-Mikrofon einem Zuhörer im Publikum zu reichen, damit er etwas sagen kann – es sei denn, Sie lösen es von Ihrer Jacke oder beugen sich zu ihm nieder, was jedoch einen unbeholfenen Eindruck macht.

REDNERPULT UND NOTIZEN

Ihre Rolle als spiritueller Lehrer besteht darin, Zuhörern oder Teilnehmern an Ihren Seminaren esoterische Konzepte auf eine leicht verständliche Weise näherzubringen. Wenn Sie also einen Vortrag halten, möchten Sie alles vermeiden, was Sie daran hindern könnte, eine Beziehung zum Publikum herzustellen ... wie zum Beispiel Rednerpulte.

Wenn Sie hinter einem Rednerpult stehen oder an einem Tisch sitzen, wird das Publikum nur Ihren Oberkörper sehen. Vor seinen Zuhörern teilweise versteckt zu sein ist irritierend. Sorgen Sie dafür, dass alle Sie von Kopf bis Fuß sehen und damit Ihre Gegenwart voll wahrnehmen können. Vergessen Sie nicht, Menschen, die zu spirituellen Seminaren gehen, tendieren dazu, hochsensitive und außersinnlich prädestinierte Individuen zu sein.

Außerdem möchten Sie sicher, dass Ihre Rede spontan ist, daher schauen Sie bitte nicht ständig in Ihren Notizen nach. Wie langweilig ist es, die Kopfspitze eines Menschen zu sehen, während er nach unten schaut und eine Rede abliest! Es ist okay, im Sitzen zu reden, solange Sie durch Ihre Stimme und Eigenart lebendig und energetisiert bleiben.

Lächeln Sie und stellen Sie Augenkontakt mit den Menschen im Raum her, um sie wissen zu lassen, dass Sie voll präsent und authentisch sind. Die Leute werden Ihre Botschaft auf einer tiefen Ebene hören, wenn sie Ihrer Ehrlichkeit und Authentizität vertrauen.

MUSIK

Wenn Sie vorhaben, Ihr Publikum durch eine Meditation zu führen, werden Sie Hintergrundmusik benötigen. Das ist etwas, was Sie als Seminarleiter organisieren müssen. Fragen Sie den Veranstalter, ob er einen CD-Player oder eine Andockstelle für ein iPod hat, die über sein Soundsystem laufen. Wenn nicht, planen Sie, Ihr eigenes hoch qualitatives Abspielgerät mitzubringen. Es ist eine gute Idee, in jedem Fall eins mitzubringen, für den Fall, dass es Probleme mit dem bestehenden Lautsprechersystem gibt. Bevor es losgeht, sollten Sie das notwendige Gerät vorbereitet und sanfte Musik abspielbereit zur Hand haben.

Livemusik ist sogar noch besser, und örtlichen Musikern, die spirituell orientiert sind, macht es oft große Freude, bei solchen Seminaren zu spielen. In der Regel werden sie um eine Pauschalsumme für den Abend bitten, plus der Möglichkeit, ihre CDs zu verkaufen und für sich zu werben. Klären Sie auf jeden Fall vorab, ob es Ihnen angenehm sein wird oder nicht, wenn die Musiker eine Mailing-Liste Ihrer Seminarteilnehmer erstellen, da dieses Thema während der Veranstaltung zur Sprache kommen kann.

BEANTWORTEN VON FRAGEN AUS DEM PUBLIKUM

Wie ich bereits an früherer Stelle erwähnt habe, sollten Sie eine festgesetzte Zeit reservieren, um Fragen aus dem Publikum zu beantworten. Nehmen Sie die Kontrolle an sich, falls Sie mitten im Erzählen einer Geschichte oder einer Erklärung unterbrochen werden. Lassen Sie sich nicht durch Fragen der Zuhörer von Ihrer Linie abbringen oder Sie werden die übrigen Anwesenden verärgern. Wenn Zuhörer ihre Hände heben und sich zu Wort melden (oder noch schlimmer, ihre Fragen laut herausschreien), lassen Sie sie höflich, aber bestimmt wissen, dass Sie zu einem späteren Zeitpunkt im Laufe des Seminars Fragen annehmen werden. Und dann halten Sie sich an dieses Versprechen.

Wenn schließlich der Zeitpunkt gekommen ist, wo Sie Fragen entgegennehmen, sorgen Sie dafür, dass jeder im Publikum die Fragen hören kann. Es ist störend, wenn man nur eine Seite der Konversation mitkriegt, denn so wird es sich für die Zuhörer anfühlen, wenn sie die Fragen nicht hören können. Sie können die Frage über Ihr Mikrofon wiederholen, um sicherzugehen, dass Sie sie verstanden haben, und um dem Publikum zu helfen, die Fragen zu hören.

Wenn Sie möchten, können Sie ein separates Mikrofon für Fragen aus dem Publikum bereithalten oder Ihr eigenes benutzen. Allerdings sollten Sie Ihr Mikrofon nicht an redselige Zuhörer weitergeben, sonst werden Sie es nie zurückbekommen!

Readings für Ihre Zuhörer

Wenn Sie Heiler, Hellseher, Medium oder Engel-Reader sind, werden Sie wahrscheinlich öffentliche Readings für Mitglieder aus dem Publikum durchführen. Das ist nicht wesentlich anders als Readings via Telefon oder unter vier Augen, außer dass sie viel kürzer und durch das Mikrofon verstärkt sein werden. Achten Sie darauf, dass die Person, der Sie das Reading geben, steht und ein Mikrofon zur Verfügung hat (oder abwechselnd Ihres benutzt), damit jeder die Interaktion sehen und hören kann. Bei kleineren Seminaren ziehe ich es vor, hinunter ins Publikum zu gehen und mich neben die Person zu stellen, der ich das Reading gebe. Auf diese Weise kann ich eine tröstende Umarmung anbieten oder meine Hand auf die Schulter des Betreffenden legen, falls heikle Emotionen hochkommen. Bei größeren Veranstaltungen ist das nicht immer praktisch, also bitte ich vertraute Heiler im Raum, »Mikrofon-Läufer« zu sein, weil sie eine beruhigende Präsenz haben und der Person, der ich von der Bühne aus das Reading gebe, das Mikrofon hinhalten.

***

Ich bin mit vielen Rednern auf Tour gewesen und habe mit ihnen auf der Bühne gestanden. Einige von ihnen sind nach wie vor gut in Form und präsent, während andere in der Versenkung verschwunden sind.

Fast jeder Redner empfindet einen gewissen Grad an Nervosität, wenn er auf die Bühne geht. Das ist die menschliche Natur! Tatsächlich ist es die Natur aller fühlenden Lebewesen, denn Untersuchungen haben gezeigt, dass andere Spezies auch Leistungsangst haben!

Eine geniale Studie beschäftigte sich unter anderem damit, Kakerlaken beizubringen, wie sie erfolgreich durch ein Labyrinth laufen konnten. Als Nächstes brachten die Forscher ein »Publikum« von Kakerlaken hinzu, damit sie ihre Gefährten bei deren Unterfangen beobachten konnten. Sobald ein Publikum da war, vergaßen die Versuchstiere, wie sie laufen mussten!

Die Forscher kamen zu dem Schluss, dass die Leistungsangst in unserer Natur liegt. Sie stammt von einer Art geteilter Aufmerksamkeit: Ein Teil von uns ist auf unsere Leistung fokussiert und ein anderer auf die Reaktionen des Publikums.

Und wenn es auch wichtig ist, die Stimmung und das Verhalten Ihrer Zuhörer zu beobachten (wenn zum Beispiel alle zur gleichen Zeit zu husten und unruhig zu werden beginnen, ist die Zeit für eine kurze Unterbrechung gekommen), muss Ihr Fokus auf Ihrer Aufgabe, Ihrem Vortrag, Ihrer Heilung und Ihrer Führung liegen. Lassen Sie alle Bedenken darüber los, ob die Menschen im Raum Sie verurteilen oder mögen.

Fokussieren Sie sich darauf, Ihre Zuhörer zu segnen, nicht zu beeindrucken … und alles wird gut laufen.

* * *

17

*S*ie sind ein spiritueller *H*eiler

Wenn Sie sich angeleitet fühlen, Heiler zu sein, sind Sie bereits einer. Sie müssen nur noch die professionelle Komponente hinzufügen. In Wahrheit ist jeder von uns ein Heiler, da wir nach dem Antlitz Gottes geschaffen wurden, dem *ultimativen* Heiler. Doch manche Menschen bringen diese Natur schneller und leichter zum Ausdruck als andere.

Nehmen Sie sich einen Moment Zeit und rufen Sie sich Ihre eigenen Heilungserfahrungen ins Gedächtnis zurück. Auf welche Art haben Sie dazu beigetragen, sich selbst und andere (auch Haustiere) wieder in einen Zustand des Wohlbefindens zu bringen?

Während Sie sich an diese Momente erinnern, zollen Sie sich selbst Anerkennung dafür, dass Sie einverstanden und der Kanal für göttliche heilende Energie gewesen sind. Das hat nichts mit Lobeshymnen auf das Ego zu tun; vielmehr ist es das Akzeptieren positiver Verantwortung, göttlich geführte Handlungen vorzunehmen. Das allein ist schon gesund!

PROFESSIONELLER HEILER WERDEN

Bei meiner Radiosendung auf HayHouseRadio.com rufen immer viele Menschen an, um zu fragen, wie sie ihren Traum, Heiler zu werden, zu einem Beruf machen und tatsächlich davon leben können.

Wie wir bereits an früherer Stelle besprochen haben, hängt dies von Ihrer Einstellung zum Thema Selbstständigkeit ab. Sie müssen selbsttätig handeln können, um Ihr eigener Boss zu sein. Wenn das nicht Ihre Stärke ist, sollten Sie in Erwägung ziehen, zunächst nur einen Teil Ihrer Zeit im Gesundheits- oder Heilungsbereich zu arbeiten. Sie werden auf keinen Fall gleich eine Praxis eröffnen wollen, die Ihren Lebensunterhalt sichern soll, da jedes Anzeichen von Bedürftigkeit potenzielle Klienten abschrecken wird.

Eine andere Möglichkeit besteht darin, in einem Heilungszentrum zu arbeiten, damit Sie ein sicheres Einkommen haben oder wenigstens dank Ihres Arbeitsplatzes einen ständigen Zustrom potenzieller Klienten.

Wenn Sie ein Heiler sein wollen, ist der beste Rat der, tatsächlich *heilend tätig* zu sein. Nehmen Sie jeden Tag Heilungen vor. Sie können bei sich selbst, Freunden, Verwandten und Haustieren anfangen, damit Sie immer mehr Erfahrung und Selbstvertrauen gewinnen. Bitten Sie die Personen, an denen Sie ihre heilenden Fähigkeiten ausprobieren, Ihnen nach Möglichkeit Referenzen zu geben.

Der Wendepunkt zwischen Ausübung Ihrer heilenden Fähigkeiten und dem Sprung ins Berufsleben als Heiler liegt allein bei Ihnen. Sie müssen die uneingeschränkte, klare Entscheidung treffen, dass Sie jetzt für Ihre Arbeit kompensiert werden wollen. Sicher, gelegentlich werden Sie auch umsonst arbeiten, entsprechend Ihrer inneren Führung. Doch jetzt erwarten – und manifestieren – Sie Bezahlung für Ihre Heilungstätigkeit. Und so ist es!

Nehmen Sie sich die Zeit, über diese Intention nachzudenken und Ihre Gedanken dazu aufzuschreiben. Sie werden jegliche Schuldgefühle (wahrscheinlich aus früheren Inkarnationen) hinsichtlich Bezahlung für spirituelle Tätigkeiten neu artikulieren müssen. Ansonsten werden Sie Klienten und Einnahmen in unbewusster Selbstsabotage wegstoßen.

Vergessen Sie nicht: Indem Sie sich erlauben, für Ihre Leistungen bezahlt zu werden, sind Sie in der Lage, mehr Zeit mit Ihrer heilenden Arbeit zu verbringen. Eine ausreichende Vergütung ermöglicht Ihnen, einen sinnlosen Job aufzugeben, damit Sie eine sinnvolle Karriere kreieren können, die anderen Menschen Heilung und Segen bringt.

Betrachten Sie die Sache so: Wenn Sie sich gestatten, etwas zu empfangen, haben Sie mehr Ressourcen zur Verfügung, die Sie anderen zugutekommen lassen können.

Um eine Möglichkeit für Ihre Arbeit zu finden, beten Sie täglich um Gelegenheiten, anderen zu helfen. Ich liebe das Gebet des heiligen Franziskus: »Oh Herr, mach mich zu einem Werkzeug deines Friedens.« Dann achten Sie auf Menschen, die in Ihr Leben treten. Vielleicht wurden sie vom Himmel gesandt, um Ihnen bei Ihrer heilenden Arbeit zu assistieren. Achten Sie zudem auf jegliche göttliche Führung, die Sie drängt, in Aktion zu treten.

Vorträge über Heilung

Vorträge über Ihre Arbeit zu halten ist eine wundervolle Möglichkeit, sich, Ihre Praxis und Ihre Heilungsmodalität bekannt zu machen. Selbst wenn Sie sich selbst nicht als professioneller Redner sehen – oder keiner sein wollen –, können Sie vielen Menschen durch einen öffentlichen Vortrag große Heilung bringen. Folgende Möglichkeiten stehen Ihnen zur Verfügung. Sie können:

- vor Publikum über die von Ihnen bevorzugte Heilungsmodalität sprechen,

- diese Modalität an einem oder mehreren Zuhörern demonstrieren (oder, wenn möglich, an allen Zuhörern gleichzeitig),
- anderen zeigen, wie auch sie diese Art von Heilung vornehmen können.

Über Heilung schreiben

Wenn Sie sich angeleitet fühlen, zu schreiben, sollten Sie vielleicht beginnen, indem Sie Artikel für metaphysische Magazine verfassen. Ideal ist es, diese Artikel monatlich einzureichen. Das wird sowohl Ihr Selbstvertrauen und Ihr Schreibtalent fördern als auch der Öffentlichkeit helfen, sich mit Ihnen und Ihrer Arbeit vertraut zu machen.

Vielleicht werden Sie ja geführt, ein Buch über Heilung zu schreiben. Falls ja, empfehle ich Ihnen unbedingt diese Erfahrung, da sie lebensverändernd ist – und für Ihre Karriere sehr hilfreich.

Potenziellen Buchautoren empfehle ich zudem, sich diese essenziellen Ratgeber zu besorgen:

- *How to Write a Book Proposal* von Michael Larson (Verlag Writer's Digest Books). Dieses Buch gibt Ihnen eine Schritt-für-Schritt-Anleitung, wie Sie ein gut verkäufliches Konzept zusammenstellen können, das Ihnen zu einem Buchvertrag verhelfen wird. Ich selbst habe diesen Rat und Konzeptvorschlag in Larsons Buch befolgt, mit positiven Resultaten.
- *Writer's Market* (Verlag Writer's Digest Books; auch als CD erhältlich). Dieser Ratgeber listet US- und ausländische Verlage entsprechend ihrer Schwerpunkte auf (die Themen der Bücher, die sie herausbringen), zusammen mit den jeweiligen Kontakt- und Einreichungsdetails. Achten Sie darauf, die neueste Ausgabe dieses Buches zu kaufen, da die Informationen aus dem letzten Jahr zum Teil nicht mehr gültig sind.

- *Dan Poynter's Self-Publishing Manual* (Verlag Para Publishing). Sehen Sie zu, dass Sie eine neuere Ausgabe dieser Publikation finden, die regelmäßig auf den neuesten Stand gebracht wird. Dieses Buch gilt allgemein als Ratgeber für das Ja, Nein, Wie, Wann und Warum im Bereich Self-Publishing.

Brauche ich einen Manager oder Literaturagenten?

Mit einem Wort: *Nein.*

Lassen Sie uns mit Managern beginnen: Ich habe am Anfang meiner Karriere als öffentliche Rednerin mit ein paar von ihnen gearbeitet. Die erste Managerin war wundervoll, doch sehr mit ihrem Hauptkunden beschäftigt; wir wurden zwar Freunde, doch schließlich trennten sich unsere Wege. Der zweite Manager war vergleichsweise teuer – er nahm sich die Hälfte meines Einkommens. Als ich diese Beziehung beendete, verklagte er mich, um weiterhin die Hälfte meines Einkommens zu kassieren. Das war wirklich nicht lustig.

Obwohl Sie vielleicht keinen Manager brauchen, werden Sie wahrscheinlich Hilfe brauchen beim Buchen von Terminen oder Vorträgen. Das gilt vor allem dann, wenn Sie nicht von Natur aus organisiert oder geschäftsorientiert sind. Wäre Ihr Ehepartner, Ihr erwachsenes Kind oder Ihre beste Freundin bereit, Ihnen für ein vorher festgelegtes Honorar zu helfen? Wenn nicht, sollten Sie in Erwägung ziehen, einen Studenten zu finden, der Ihnen stundenweise assistieren kann.

Vermeiden Sie es jedoch, jemanden zu beauftragen, der zu ambitioniert, mürrisch oder suchtabhängig ist oder meint, Ansprüche stellen zu müssen. Auch diese Menschen sind alles andere als lustig und können Sie viel mehr Zeit kosten, als wenn Sie alles alleine machen würden.

Wenn die oben genannte Liste von Personen nicht realisierbar erscheint, müssen Sie Ihre eigenen Termine managen – was eine wunderbare Erfahrung persönlichen Wachstums sein kann. Ja, ein Heiler oder Hellseher zu sein ist eine sehr intuitive Angelegenheit, in erster Linie von der rechten Gehirnhälfte gesteuert. Doch Sie können diese Fertigkeiten mit Aktivitäten der linken (logischen) Gehirnhälfte ausgleichen, wie zum Beispiel Terminabsprachen. Sorgen Sie lediglich dafür, sich zunächst zu erden, um Doppelbuchungen bei Ihren Klienten zu vermeiden.

Was Literaturagenten betrifft, können Sie ein Buch auch ohne einen Agenten veröffentlichen, es sei denn, Sie wenden sich an einen Verlag, der in jedem Fall einen Agenten fordert, wie beispielsweise Hay House.*

Falls Sie sich an einen Literaturagenten wenden, um Sie zu repräsentieren, würde ich Ihnen eines der Bücher von *Writer's Digest Books* empfehlen, die Agenten entsprechend ihrer Spezialgebiete auflisten. Die Bücher zeigen Ihnen darüber hinaus die beste Möglichkeit, wie Sie sich erfolgreich an diese Personen wenden können.

Meine Lektorin bei Hay House hat mir einmal die folgenden Qualitäten in potenziellen Autoren und Büchern genannt, die sie eventuell verlegen würde:

1. Eine frische Herangehensweise an ein bestehendes Thema, oder ein neues Thema.

2. Makellose Grammatik und Rechtschreibung.

3. Eine erwiesene Erfolgsbilanz der Selbstvermarktung Ihrer eigenen Person und Ihrer Bücher, entweder mit einer Liste von Vorträgen, Radio- oder Fernsehauftritten, veröffentlichten Artikeln und/oder der Schaffung einer Website, die eine Menge Besucher anzieht.

Wenn Sie und Ihr Buch die oben genannten Qualitäten haben, dann legen Sie los! Wenden Sie sich an einen Literaturagenten, und ich werde gemeinsam mit Ihnen beten, dass Ihr Buch veröffentlicht wird. Vielleicht sehe ich Sie bei einem kommenden Autorentreffen!

* * *

*Bitte beachten: Ich selbst habe keinen Agenten, also fragen Sie mich bitte nicht nach einer Empfehlung. Auch habe ich keine spezielle »Verbindung« bei Hay House, die es mir ermöglichen würde, Ihnen zu einer Publikation zu verhelfen; glauben Sie mir, ich habe es versucht! Und ich bitte um Verzeihung, da ich wirklich nicht die Zeit habe, Ihr Manuskript zu lesen, zu bewerten oder zu unterstützen. Bitte verstehen Sie, dass ich keine Zeit hätte, meine eigenen Bücher zu schreiben, wenn ich jedes Manuskript lesen würde, das mir geschickt wird.

18

Selbstfürsorge für spirituelle Lehrer und Heiler

Wie ich im Laufe dieses Buches immer wieder erwähnt habe, weiß ich, dass Sie ein Mensch sind, der *gibt*. Es ist Teil Ihrer Lichtarbeiter-Persönlichkeit und globalen Mission. Und dennoch, wie ich ebenso wiederholt betont habe, ist es für Ihr inneres Gleichgewicht erforderlich, all das Geben mit Empfangen oder Nehmen auszugleichen. Denn sonst sind Sie wie ein Auto, das ständig mit Höchstgeschwindigkeit gefahren wird, ohne eine Pause zum Auftanken.

RICHTLINIEN FÜR HEILUNGSARBEIT

Ihre Aufgabe als spiritueller Lehrer und Heiler ist eine lebenslange Mission, und ich möchte, dass Sie Ihre Arbeit viele Jahre lang genießen. Hier sind ein paar Richtlinien, um Langlebigkeit zu garantieren:

1. Ehren Sie Ihren Körper als den Tempel, der er ist

Dies ist die wichtigste Empfehlung, die ich Ihnen geben kann. Diese Art der Arbeit kann physisch anstrengend sein, vor allem wenn Sie als Redner oder Seminarleiter viel unterwegs sind. Gut für sich selbst zu sorgen wird Ihnen die Energie und Gesundheit geben, die Sie brauchen werden, um dem mit Ihrem Beruf einhergehenden Stress standzuhalten (wie zum Beispiel lange Aufenthalte auf Flughäfen, ein Leben aus dem Koffer, zeitliche Einschränkungen, Leistungsdruck, Interviews, Deadlines und anstrengende Zuhörer oder Veranstalter).

Die Topredner, die immer noch gut in Form und gefragt sind, sind diejenigen, die täglich trainieren, sich gesund ernähren und Alkohol, Zigaretten, Marijuana und andere Drogen und chemische Stoffe jeder Art meiden.

Die Redner und Seminarleiter, mit denen ich früher gearbeitet habe und die ihren Körper mit zu viel Feiern ruiniert haben, sehen sich heute nicht mehr in der Lage, diese Arbeit zu verrichten.

Ausdauer und Kondition hat man nur, wenn man seinen Körper mit dem richtigen Treibstoff versorgt. Das beinhaltet alle Prinzipien des gesunden Menschenverstandes, von denen Ihnen Ihre Schutzengel täglich erzählen: ausreichend Schlaf, Entgiftung, körperliches Training, Meditieren und so weiter.

Viele spirituelle Lehrer und Heiler ernähren sich hauptsächlich von biodynamischem Obst und Gemüse und meiden künstlich »veredelte« Lebensmittel. Viele von uns sind Vegetarier oder Veganer, da wir sensitiv sind für die Energie, die in dem Fleisch misshandelter Tiere enthalten ist. Außerdem haben die Engel viele von uns angeleitet, eine gluten- und laktosefreie Ernährungsweise zu pflegen aufgrund der Sensitivität unseres Körpers gegenüber diesen Substanzen. Glauben Sie Ihren Engeln, vertrauen Sie den Signalen Ihres Körpers und folgen Sie ihrer Empfehlung für eine gesunde Lebensweise.

Darüber hinaus kann der Himmel Ihnen helfen, das Verlangen nach Alkohol, ungesundem Essen und so weiter zu reduzieren, wenn Sie um seine Hilfe bitten. Besonders Erzengel Raphael kann süchtig machendes Verlangen heilen. Denken Sie einfach seinen Namen und bitten Sie ihn um seinen Beistand. Raphael hilft jedem, selbst denen, die noch nie zuvor mit Engeln gearbeitet haben.

2. Würdigen Sie Ihre Grenzen in der Arbeit mit Ihren Klienten

Dies ist meine zweitwichtigste Empfehlung für Sie: Ihre Klienten werden automatisch verstärkt Ihre Nähe suchen, und einige werden regelrecht abhängig. Tun Sie alles Menschenmögliche, um Abhängigkeit zu verhindern. Erlauben Sie Ihren Klienten nicht, Sie auf ein Podest zu heben, weil Sie irgendwann unweigerlich herunterfallen werden.

Ihre Klienten sind Ihre beruflichen Mitarbeiter, daher kann es ungesund und unklug sein, gesellschaftlich mit ihnen zu verkehren. Tun Sie es dennoch, sind diese Personen nicht länger Ihre Klienten. In vielen Fällen werden sie kostenlosen Service von Ihnen erwarten, weil Sie jetzt ihr Freund sind.

Ähnlich verhält es sich, wenn Sie Ihre Heilungs- oder hellseherischen Dienste bekannt machen und Ihre Familie und gegenwärtigen Freunde kostenlose Sessions erwarten. Das ist schön, wenn Sie gerade erst anfangen und noch Übung brauchen, um Selbstvertrauen zu gewinnen oder Referenzen zu sammeln. Machen Sie einfach nur von Anfang an klar, dass Ihre kostenlosen Sessions eine vorübergehende Maßnahme sind, bis Sie beruflich voll in Gang kommen.

Wenn Sie Ihr Geschäft gestartet haben, können Sie natürlich Ihrer Familie und Freunden einen Discount geben ... doch sollten sie immer *etwas* bezahlen. Das sorgt für einen Energieaustausch und hilft Ihnen bei den Kosten, die eine Privatpraxis mit sich bringt.

Zudem habe ich festgestellt, dass wir bei emotionaler Nähe zu Personen die erforderliche Objektivität verlieren, ihnen ein akkurates Reading zu geben. Wir sind zu sehr geneigt, ihnen ein bestimmtes Ergebnis geben zu wollen, daher ist es schwierig, irgendetwas zu sehen (oder eine Botschaft zu übermitteln), das von ihren Wünschen abweicht. Aus diesem Grund ist es vielleicht nicht so eine gute Idee, Verwandte und Freunde als Klienten zu haben. Vielleicht sollten Sie ihnen lieber einen anderen Heiler empfehlen, der wiederum *seine* Verwandten an *Sie* weiterempfehlen kann.

Zudem ist es verpönt, Liebesbeziehungen mit Klienten einzugehen, da dies in der Regel zu moralischen Problemen führt. Ihre Klienten vertrauen Ihnen als einer Autoritätsfigur, daher stellt eine Liebesbeziehung oder sexueller Kontakt mit diesen Personen eine Grenzüberschreitung und Machtmissbrauch Ihrerseits dar, was zu Schmerz und Enttäuschung führen kann. Daher ist es besser, eine solche Situation gleich von vornherein zu vermeiden.

Wenn Sie merken, dass Sie Gefühle für einen Klienten entwickeln, sprechen Sie mit einer vertrauten, erfahrenen Kollegin bzw. einem Kollegen. Ziehen Sie ernsthaft in Erwägung, die Sessions mit diesem Menschen zu beenden, um zu vermeiden, dass Sie sich in eine kompromittierende Situation bringen, die Sie später vielleicht bereuen. Oder beenden Sie die Klient-Heiler-Beziehung, lassen Sie einige Zeit vergehen und beginnen Sie *erst dann* eine Beziehung mit dem oder der Betreffenden … unter großer Vorsicht in Bezug auf die Gefühle aller Beteiligten.

Behandeln Sie Ihre Klienten als Klienten und sehen oder sprechen Sie nur während vereinbarter Termine mit ihnen. Geben Sie ihnen nicht Ihre private Telefonnummer oder E-Mail-Adresse. Halten Sie Ihr persönliches und berufliches Leben getrennt! Wenn ein Klient mit der Bitte um einen Termin anruft und auf die Schnelle ein paar Fragen stellen will, die eigentlich in ein Reading gehören, widerstehen Sie der Versuchung, ihm eine kostenlose Probe zu geben. Anderenfalls wird Ihr Klient glauben, dass er jedes Mal, wenn er anruft, ein Bonus-Reading erwarten kann. Ihre Klienten werden Sie umso mehr respektieren, je deutlicher Sie von Anfang an gesunde Grenzen setzen.

3. Achten Sie auf Ihr Ego

Ihre Klienten und Zuhörer werden Sie mit Lob und Preis überschütten und Ihnen zu verstehen geben, wie wundervoll und besonders Sie sind. Seien Sie vorsichtig in Bezug auf Komplimente und nehmen Sie diese mit einem Körnchen Salz! Der Autor Charles Clark Munn drückte es am besten aus, als er witzelte:»Komplimente sind wie Parfüm, man sollte sie einatmen, nicht hinunterschlucken.«

Wenn Menschen Sie lobpreisen, ist es ein Ausdruck ihrer Zuneigung. Die meisten Komplimente sind übertriebene Versionen der ehrlichen Gefühle, die diese Bewunderer tatsächlich für Sie empfinden, aber nicht auszudrücken wissen. Aus diesem Grund übertreiben es die meisten Leute mit ihren Schmeicheleien.

Wenn Sie ihre Worte zu Herzen nehmen, riskieren Sie, Ihr Ego zu überhöhen, was automatisch passiert, wann immer Sie sich gestatten, sich als etwas Besonderes zu fühlen. Sich als »etwas Besonderes« zu fühlen ist ein Zeichen dafür, sich besser als jemand anderes zu fühlen, was wiederum die Basis für den Glauben an Getrenntsein ist. Und der Gedanke, von anderen und von Gott getrennt zu sein, ist die Grundlage jeglicher Angst und Schuldgefühle. Es ist gesünder, Komplimente in dem Sinne anzunehmen, dass wir *alle* auf die gleiche Art besonders und begnadet sind.

Da Komplimente ein Geschenk sind und es wichtig ist, uns selbst zu erlauben, etwas zu empfangen, gibt es anmutige und bescheidene Möglichkeiten, sie entgegenzunehmen und dennoch Ihr Ego in Schach zu halten. Zum Beispiel sind ein Lächeln und die Worte »Vielen Dank« immer angemessen und ausreichend.

Geben Sie innerlich die Komplimente an Gott weiter, der die Quelle von allem ist, was Ihr Klient an *Ihnen* schätzt.

Bitte vergessen Sie nie, dass Ihr Ego komplett auf Angst basiert, hundertprozentig nicht außersinnlich ist und *absolut keine* heilenden Fähigkeiten hat. Wenn Sie sich also erlauben, die schmeichelnden Bemerkungen Ihrer Klienten hinunterzuschlucken, verlieren Sie den Kontakt mit genau den Fertigkeiten, für die man Sie überhaupt erst gelobt hat.

Wenn Sie sehen, wie Heiler und Hellseher für sich als »überaus talentiert« oder »bester Hellseher der Welt« werben, machen Sie sofort kehrt. Diese Personen haben ihre Komplimente geschluckt und sich voll dem Glauben ihres Ego an Getrenntsein ergeben. Und Sie möchten auf keinen Fall, dass Ihnen das Gleiche passiert.

4. Geschäftliche Entscheidungen beruhend auf innerer Führung

Viele Heiler eröffnen ihre Privatpraxen aufgrund intensiver göttlicher Führung. Alles fließt wunderbar, weil ihre Aktionen ein schönes, solides spirituelles Fundament haben.

Doch wenn sich finanzielle Probleme einstellen, können die Aktionen eines Heilers unter Umständen von Angst motiviert sein. Er kann nicht länger auf seine innere Stimme hören, also entscheidet er sich für Handlungsschritte, die auf Angst basieren – was seine Praxis in eine völlig andere Energie und Richtung lenken wird.

5. Wie Sie mit Ihren veränderten Beziehungen umgehen

Wenn Sie glauben, dass Ihr Beruf als spiritueller Lehrer oder Heiler Ihr Leben verändern wird, haben Sie recht. Doch geschieht dies nicht immer so, wie Sie es vielleicht erwarten. Vor allen Dingen Ihre Beziehungen verändern sich. Ihre neue Karriere gibt anderen Menschen tiefe Einblicke in Ihre Glaubenssätze. Falls Sie in der Vergangenheit dazu neigten, Ihre Gefühle für sich zu behalten, werden Sie sich jetzt vielleicht ein wenig entblößt vorkommen ... vor allem wenn Ihre berufliche Entscheidung von Ihrer Familie und Ihren Freunden mit Zurückhaltung, Spott oder gar Widerstand quittiert wird.

Oder Sie merken, dass manche Menschen auf Ihr neu gefundenes Glück und Ihren Erfolg neidisch sind. Vielleicht haben sie ja Angst, dass Sie sich so sehr verändern werden, dass Sie nichts mehr mit ihnen zu tun haben wollen.

Doch die größte Veränderung wird in Ihrer Beziehung mit sich selbst stattfinden. Sie werden beginnen, sich mehr als je zuvor zu würdigen, also halten Sie sich von Aktivitäten zurück, die harsch oder »unharmonisch« scheinen. Das kann für Ihre Familie und Freunde bedrohlich sein, die bisher daran gewöhnt waren, dass Sie zu allem Ja sagen.

Gehen Sie nach Möglichkeit am besten offen und ehrlich mit diesen Veränderungen um. Falls das Kräftespiel in Ihrer Familie ehrliche Diskussionen nicht erlaubt, können Sie mit den Schutzengeln Ihrer Angehörigen sprechen, um alle Ängste, Gefühle von Trennung oder Missverständnisse zu heilen.

MORALISCHE BEDENKEN

Als spiritueller Lehrer und Heiler werden Sie das Vertrauen Ihrer Klienten gewinnen, und einige werden Ihnen intime persönliche Informationen mitteilen. Sie sollten die Privatsphäre Ihrer Klienten ehren und nicht leichtfertig darüber schwatzen. Was Ihre Klienten sagen, ist vertraulich, genau wie es bei einem Arzt oder Anwalt der Fall wäre.

Und wenn Sie beschließen, die Geschichte eines Klienten in einem Buch oder Artikel wiederzugeben, müssen Sie entweder die schriftliche Erlaubnis des Betreffenden einholen oder seine bzw. ihre persönlichen Daten so verändern, dass niemand erkennen kann, um wen es sich handelt. Zum Beispiel könnten Sie einen männlichen Klienten in einen weiblichen verwandeln und seinen Beruf, Alter und Wohnort ändern. Halten Sie sich nur an die Kernstücke der Geschichte, insoweit sie anderen helfen werden, die darüber lesen.

Halten Sie Ihre Versprechen gegenüber allen ein, einschließlich Ihrer Klienten. Seien Sie pünktlich, aufmerksam, freundlich und respektvoll zu jedem einschließlich sich selbst.

Falls ein Klient zu Ihnen kommt und von Selbstmord spricht, *horchen Sie besonders auf und seien Sie vorsichtig.* Seien Sie lieber zu vorsichtig und bitten einen Arzt oder Psychologen um Hilfe. Versuchen Sie nicht, bei einem solchen Klienten Superman oder Superwoman zu spielen. Ihre Rolle besteht darin, den Notarzt zu rufen und erfahrene Helfer ihren Job machen zu lassen, um das Leben dieses Menschen zu retten.

Und bitte seien Sie sich auch Ihrer Ausbildungs- und Lehrbeschränkungen in Bezug auf Heilungsarbeit bewusst. Wenn Sie weder Arzt noch Krankenschwester oder Psychologe sind, begeben Sie sich mit Ihrem Klienten bitte nicht in diese Bereiche. Seien Sie sehr zurückhaltend, wenn Sie Readings über Erkrankungen oder eheliche Beziehungen geben. Überschreiten Sie nicht Ihre Grenzen.

Eine wunderbare Idee ist es, eine Geschäftsbeziehung mit medizinisch und psychologisch geschulten Personen zu entwickeln, damit Sie Klienten an sie weiterempfehlen können, wenn Ihre professionellen Limits erreicht sind. Sie können durch Ihre örtliche Kirche, Tempel oder New-Age-Zentren spirituell orientierte Therapeuten finden.

* * *

Bei jeder Situation, die in Ihrer spirituellen Heilungspraxis eintritt, werden Sie geführt und unterstützt. Bleiben Sie immer im
Hier und Jetzt, tun Sie Ihr Bestes, auf Ihre Intuition zu hören
und ihr zu folgen, und übergeben Sie alle Sorgen über die Zukunft Gott.

* * *

Nachwort

Sie *sind* ein
spiritueller Lehrer und Heiler!

Ihr Traum, eine spirituell basierte Karriere aufzubauen, ist viel mehr als nur eine müßige Fantasie. Er ist ein klares Zeichen Ihres Schicksals und Ausdruck der Neigungen Ihrer Seele.

Wenn Sie Ihrem wahren Weg folgen, werden Sie eine sehr glückliche Welt erleben. So viel unnötige Angst ist das Resultat einer nicht erfüllenden Tätigkeit, nur damit man seine Rechnungen bezahlen kann. Wenn Sie dagegen eine sinnvolle Karriere aufbauen, nimmt Ihr ganzes Leben plötzlich Form an.

Machen Sie sich bewusst, dass Sie seit vielen Inkarnationen ein spiritueller Lehrer und Heiler sind. Ohne Frage sind Sie es in Ihrem ganzen *bisherigen* Leben gewesen, auch als Kind (denken Sie einfach zurück und Sie werden sich an Momente erinnern, wo Ihre Talente und Interessen deutlich zutage traten).

Halten Sie sich diese Identität klar vor Augen, dann werden Sie automatisch entsprechend handeln. Investieren Sie jeden Tag fünf oder mehr Minuten in die Realisierung Ihres Traums, und die Türen zu Ihrem neuen Leben und einer glücklichen Zukunft werden sich öffnen. Alles ist schon da und wartet, Sie müssen nur noch loslegen!

Welchen Schritt müssen Sie als Erstes vornehmen? Sie *haben* ihn bereits vorgenommen, indem Sie von Ihrem idealen Beruf geträumt haben. Und jetzt verwandeln Sie den Traum in Wirklichkeit, indem Sie auf die Antwort hören – wirklich *hören* –, die Ihr höheres Selbst Ihnen gibt, wenn Sie die Frage stellen: »Welche Veränderungen soll ich deinen Wünschen entsprechend jetzt in meinem Leben vornehmen?«

Vertrauen Sie der Antwort, die Sie bekommen ... und folgen Sie Schritt für Schritt dem Weg Ihrer Lebensaufgabe. Ich wünsche Ihnen viel Freude dabei!

Doreen

Anhang

SPEZIALITÄTEN DER ERZENGEL

Ariel – Verbindung mit der Natur, Tiere und Naturgeister (zum Beispiel Feen); Manifestation Ihrer weltlichen, materiellen Bedürfnisse; Führung bezüglich Karriere oder Berufung in den Bereichen Umwelt- oder Tierschutz.

Azrael – Heilung Trauernder; hilft Seelen beim Übergang in die geistige Welt; unterstützt Trauerbegleiter.

Chamuel – Universaler und persönlicher Frieden; hilft, Verlorenes wiederzufinden.

Gabriel – Überbringer wichtiger und klarer Botschaften; hilft allen, die als »Boten« tätig sind (Lehrer, Autoren, Schauspieler und Künstler); hilft bei allen Aspekten der Elternschaft einschließlich Empfängnis, Adoption und Geburt.

Haniel – Erweckung und Vertrauen in Ihre spirituellen Gaben der Intuition und Hellsicht; führt durch einen Lebensrückblick, damit Sie Veränderungen im Hinblick auf die Art, wie Sie leben wollen, vornehmen können.

Jeremiel – Entwicklung und Verständnis spiritueller Visionen und Hellsicht; Loslassen alter, überholter Strukturen; hilft und heilt Frauen bei Problemen bezüglich ihrer physischen und emotionalen Gesundheit.

Jophiel – Verschönert Ihre Gedanken und Gefühle und stimmt Sie heiter; beseitigt Gerümpel jeglicher Art aus Ihrem Leben.

Metatron – Heilige Geometrie und esoterische Heilungsarbeit; arbeitet mit den universalen Energien einschließlich Zeiteinteilung und »Zeitschleifen«; hilft hoch sensitiven Personen (vor allem den Jugendlichen, die als Indigo- oder Kristall-Kinder bezeichnet werden).

Michael – Schutz, Mut, Selbstvertrauen und Sicherheit; Führung bezüglich der Lebensaufgabe; Reparatur technischer und elektronischer Geräte.

Raguel – Heilt Streitigkeiten oder Missverständnisse; stellt die Harmonie wieder her; bringt wundervolle neue Freunde in Ihr Leben.

Raphael – Heilung von Menschen und Tieren; leitet Heiler bei ihrer Ausbildung und Arbeit an; Führung und Schutz für Reisende; bringt Sie in Kontakt mit Ihrem Seelengefährten.

Raziel – Verständnis der Geheimnisse des Universums; Erinnerung und Heilung früherer Leben; Verständnis esoterischer Weisheit, wie zum Beispiel Trauminterpretation.

Sandalphon – Nimmt die Gebete der Menschen und leitet sie an Gott weiter; führt und unterstützt Musiker.

Uriel – Seine Spezialität: intellektuelles Verständnis; Konversationen; Ideen, Einsichten, Erkenntnisse und Momente der Erleuchtung; Schule, Studium und Prüfungen; Schreiben und Reden.

Zadkiel – Hilft Schülern und Studenten, sich bei Prüfungen an Fakten und Zahlen zu erinnern; heilt schmerzhafte Erinnerungen; hilft Ihnen, sich an Ihren göttlichen, spirituellen Ursprung und Ihre Aufgabe zu erinnern; hilft uns zu vergeben.

***

NIMBUS-FARBEN DER ERZENGEL

Ariel – Blassrosa
Azrael – Cremeweiß/ Beige
Chamuel – Blassgrün
Gabriel – Kupfer
Haniel – Blassblau (Mondlicht)
Jeremiel – Dunkelviolett
Jophiel – Dunkelrosa
Metatron – Lila und Grün
Michael – Königsviolett, Königsblau und Gold
Raguel – Blassblau
Raphael – Smaragdgrün
Raziel – Regenbogenfarben
Sandalphon – Türkis
Uriel – Gelb
Zadkiel – tiefes Indigoblau

* * *

MIT DEN ERZENGELN ASSOZIIERTE KRISTALLE UND EDELSTEINE

Ariel – Rosenquarz
Azrael – Gelber Kalzit
Chamuel – Fluorit
Gabriel – Kupfer
Haniel – Mondstein
Jeremiel – Amethyst
Jophiel – Rubellit oder dunkelrosafarbener Turmalin
Metatron – Wassermelonen-Turmalin
Michael – Sugilith
Raguel – Aquamarin

Raphael – Smaragd oder Malachit
Raziel – Klarer Quarz
Sandalphon – Türkis
Uriel – Amber
Zadkiel – Lapislazuli

***

MIT DEN ERZENGELN ASSOZIIERTE
ASTROLOGISCHE ZEICHEN

Michael, Raphael und Haniel – die Aufseher über alle anderen Engel
Ariel – *Widder*, der leichte, sorglose, heitere Geist
Azrael – *Steinbock*, der Heiler, der mit Sterblichkeit, Übergängen und Finalität zu tun hat
Chamuel – *Stier*, der beharrlich das findet, was gesucht wird
Gabriel – *Krebs*, der fürsorgliche und hart arbeitende Elternteil
Jeremiel – *Skorpion*, der die Wahrheit sagt und sich gerne in Schattenbereiche begibt
Jophiel – *Waage*, Liebhaber von Schönheit, Ästhetik und Ordnung
Metatron – *Jungfrau*, der hart arbeitende, tüchtige, erfinderische, wissbegierige, ernste Perfektionist
Raguel – *Schütze*, der kontaktfreudige, gesellige Friedensstifter
Raziel – *Löwe*, der dramatische Regenbogen von Farben und strahlendem Licht
Sandalphon – *Fische*, der empfindsame, feinsinnige Träumer
Uriel – *Wassermann*, der Denker und Analytiker
Zadkiel – *Zwillinge*, der gesellige und lernbegierige Geist

***

Quellennachweise

Kapitel 6:

1 Stevenson, I. (1992) »A Series of Possibly Paranormal Recurrent Dreams«, *Journal of Scientific Exploration*, Ausgabe 6, Nr. 3, Seiten 282–289.

Kapitel 9:

1 West, D. J. (1960) »Visionary and Hallucinatory Experiences: A Comparative Appraisal«, *International Journal of Parapsychology*, Ausgabe 2, Nr. 1, Seiten 89–100.

2 Stevenson, I. (1983) »Do We Need a New Word to Supplement ›Hallucination‹?«, *The American Journal of Psychiatry*, Ausgabe 149, Nr. 12, Seiten 1609–11.

3 Osis, K., Haraldsson, E. (1997) »At the Hour of Death«, Third Edition (Norwalk, CT: Hastings House).

Anmerkungen

1 *Engel-Therapie, Engel-Therapie-Practitioner, ETP, Engel-Intuitiv* und *Engel-Therapeut* sind die deutschen Entsprechungen der internationalen Markenbegriffe *Angel Therapy, Angel-Therapy-Practitioner, ATP, Angel Intuitive* und *Angel Therapist*. Nur Personen, die durch ihre Teilnahme an Doreen Virtues *Engel Intuitiv (Angel Intuitive)* oder den *Engel-Therapie-Practitioner-*Kursen (*Angel-Therapy-Practitioner-*Kursen) zertifiziert wurden, sind lizenziert, diese Begriffe zu benutzen.

2 Stevenson, I. (1992) »A Series of Possibly Paranormal Recurrent Dreams«, *Journal of Scientific Exploration*, Ausgabe 6, Nr. 3, Seiten 282–289.

Über die Autorin

Doreen Virtue ist Psychologin und Familientherapeutin. Sie stammt aus einer hellseherisch begabten Familie und nutzte schon als Kind ihren »sechsten Sinn« zur Kommunikation mit ihren »unsichtbaren Freunden«. In der von ihr entwickelten Engel-Therapie verbindet sie ihre Kompetenz als Psychologin mit ihren spirituellen Fähigkeiten. Doreen Virtue lebt in Kalifornien und gibt weltweit regelmäßig Workshops, in denen sie ihre Engel-Therapie unterrichtet. Weitere Informationen erhalten Sie unter www.angeltherapy.com.

Von Doreen Virtue sind in unserem Haus erschienen:

Die Engel-Therapie (Allegria)
Chakra Clearing (Allegria)
Engel-Notruf (Allegria)
Feen-Notruf (Allegria)

Erzengel Raphael
Erzengel Michael
Der Tempel der Engel
Medizin der Engel
Erzengel und wie man sie ruft
Botschaft der Engel
Die Zahlen der Engel
Die Heilkraft der Engel
Die Heilkraft der Feen
Engel Gespräche
Neue Engel-Gespräche
Engel der Erde

Dein Leben im Licht
Das Heilgeheimnis der Engel
Zeit-Therapie
Kristall-Therapie
Engel-Hilfe für jeden Tag
Die neuen Engel der Erde
Der Hunger nach Liebe

Meditationen zur Engel-Therapie (CD)
Rückführung mit den Engeln (CD)
Erzengel Michael (CD)
Das Geschenk der Engel (CD)
Medizin der Engel (CD)
Die Engel von Atlantis (CD)
Die Engel der Liebe (CD)
Heilkraft der Engel (CD)
Himmlische Helfer (CD)
Heilgeheimnis der Engel (CD)

Das Engel-Therapie-Orakel (Kartendeck)
Das Engel-Orakel für jeden Tag (Kartendeck)
Das Heil-Orakel der Feen (Kartendeck)
Das Erzengel-Orakel (Kartendeck)
Das Erzengel Michael-Orakel (Kartendeck)
Das Heil-Orakel der Engel (Kartendeck)
Das Orakel der himmlischen Helfer (Kartendeck)
Das Einhorn Orakel (Kartendeck)
Magisches Orakel der Feen (Kartendeck)

Angel Reading (DVD)

Das spannendste Buch des neuen Jahrtausends

JAMES REDFIELD
Die zwölfte Prophezeiung
von Celestine
Deutsche Erstausgabe
Geb., 320 Seiten,
€ [D] 19,99
€ [A] 20,60, sFr 33,90
ISBN 978-3-7934-2205-1

Allegria

JAMES REDFIELD

DIE ZWÖLFTE PROPHEZEIUNG VON CELESTINE

Allegria

Das Vermächtnis von Celestine birgt eine neue Einsicht, mit der die Welt verändert werden kann. Die Suche nach der Zwölften Prophezeiung entwickelt sich zum Kampf für eine freie, selbstbestimmte Spiritualität, die der Menschheit das Überleben sichern soll. Wer die Zwölfte Prophezeiung erfüllt, kann die Menschheit vernichten oder in eine neue Zukunft führen. Am Berg Sinai beginnt ein tödlicher Kampf zwischen den Fundamentalisten der alten Weltreligionen und einem kleinen Kreis von Menschen, die die wahre Botschaft von Celestine verstanden haben ...

Im Dialog mit der Seele

HORST KROHNE
Geistheilung
Dialog mit der Seele
Geb. € [D] 18,00
€ [A] 18,50, sFr 32,90
ISBN 978-3-7934-2186-3

Horst Krohne fragt nicht, warum wir krank werden, sondern wie wir gesund werden können. Das von ihm in diesem Buch dargelegte Prinzip der Geistheilung beruht auf der Vorstellung, dass durch geistige Beeinflussung und Unterstützung der Patient sein körpereigenes Energiefeld wieder in den gesunden Urzustand zurück versetzen kann. Im Mittelpunkt stehen dabei Krohnes Erfahrungen mit dem Chakra-System, zu dem er in diesem Buch die erstaunlichen Behandlungsergebnisse der letzten fünf Jahre verarbeitet.